《富国策》校注

[英] 亨利·法思德 著　（清）汪凤藻 译　张登德 校注

中国社会科学出版社

图书在版编目（CIP）数据

《富国策》校注／（英）亨利·法思德著；（清）汪凤藻译；张登德校注.
—北京：中国社会科学出版社，2023.7
ISBN 978 - 7 - 5227 - 1985 - 6

Ⅰ.①富…　Ⅱ.①亨…②汪…③张…　Ⅲ.①西方经济学　Ⅳ.①F0 - 08

中国国家版本馆 CIP 数据核字（2023）第 096194 号

出 版 人　赵剑英
责任编辑　刘　芳
责任校对　李　敏
责任印制　李寡寡

出　　　版　中国社会科学出版社
社　　　址　北京鼓楼西大街甲 158 号
邮　　　编　100720
网　　　址　http://www.csspw.cn
发 行 部　010 - 84083685
门 市 部　010 - 84029450
经　　　销　新华书店及其他书店

印刷装订　三河市华骏印务包装有限公司
版　　　次　2023 年 7 月第 1 版
印　　　次　2023 年 7 月第 1 次印刷

开　　　本　710 × 1000　1/16
印　　　张　17.5
插　　　页　2
字　　　数　261 千字
定　　　价　98.00 元

目　录

《富国策》英文底本序言与摘要

《重译富国策》

《富国策》（白话文）

《富国须知》

附　　录

导　读

《富国策》为西方经济学说传入近代中国的首部译著。原书名 *Manual of Political Economy*，为英国剑桥大学亨利·法思德（Henry Fawcett）著。作者为英国古典经济学派的继承者，曾任英国国会大臣、邮政署长。该书在 1863 年出版后，在英国反响较大，多次再版。晚清中国开展洋务运动之时，京师同文馆曾用此书作为教材，后于 1880 年由同文馆副教习汪凤藻译成中文出版，在清朝后期知识界和朝野上下影响较大。对此书进行整理和校注，不仅对中国近现代史的教学和研究有较大价值，而且书中关于亚当·斯密、大卫·李嘉图、约翰·穆勒等英国古典学派学说，欧文、傅立叶等空想社会主义学说的介绍和评价，对于加深马克思主义发展史的认识具有重要价值。

一　校注《富国策》的价值和意义

校注《富国策》具有以下意义。

第一，有利于推进洋务运动史、中国近代教育史的研究。洋务运动时期，为了满足与外人打交道的需要，洋务派在 1862 年成立京师同文馆。其中在该馆的五年制和八年制的课程表最后一年皆有"富国策"①课程，同时使用英国经济学家法思德②的《政治经济学手册》（*Manual of*

---

① "富国策"是近代中国对经济学的译称。此外，尚有富国学、富国养民策、平准学、计学、理财学、轻重学、货殖学等译称。

② 在近代中国还有多种译称，如法斯特、法斯德、福西特、福塞特、洁思特、法赛等。

Political Economy）作为教材。为了方便教授和阅读，1880 年同文馆副教习汪凤藻将其翻译成中文出版，译名为《富国策》。同文馆作为近代最早的培养外语人才的专门学校，其培养计划和课程设置对教育史的研究具有重要的参考价值。同时，该书的出版适应了洋务运动"求强""求富"的需要，与 1886 年翻译出版的《富国养民策》，被认为是清政府"官方作为致富图强的指南的两部经济论著"①。所以，该书对于探析洋务运动时期国人知识结构和认知具有重要的学术价值。

第二，加强西学东渐和中外文化交流的认识。鸦片战争以来，在追求民族独立和国家富强的背景下，西学逐渐传入中国。最初传播主体是外国传教士，他们翻译的多为与船坚炮利有关的自然科学类书籍，而社会科学类书籍相对偏少。洋务运动时期《万国公法》和《富国策》的翻译出版，为国人认识西方法律学、经济学提供了重要基础和帮助。《富国策》的英文底本为英国剑桥大学教授法思德在 1863 年出版的成果，通过中文译本及英文底本的比较分析，可以探究 19 世纪 60 年代英国社会的阅读范畴，以及中国开展洋务运动时国人对西学关注的焦点。对照 19世纪 60—90 年代的英国和中国，可以加深对两国文化空间和政治空间的认识，促进文明交流互鉴。

第三，加深马克思主义经济学的认识。马克思称法思德为"英国的博爱主义经济学家"，并在论著中常引用法思德的经济学说作例证。列宁指出，英国古典政治经济学是马克思主义的重要来源之一。而《富国策》的作者法思德属于英国古典学派的经济学家之一。日本学者森时彦说，《富国策》著者法思德是"英国古典学派最正统的继承者，其教科书被称为是自由主义经济学的标准解读"②。英国学者布莱克等人认为，法思德是"英国'古典'正统观念的捍卫者"③。中国学者唐庆增认为，该书作者法思德为"英国经典学派（Classical School）经济家之后辈"，

---

① 王亚南：《研究古典经济学的现实意义》，《人民日报》1962 年 1 月 13 日。
② ［日］狭间直树编：《梁启超·明治日本·西方：日本京都大学人文科学研究所共同研究报告》，社会科学文献出版社 2001 年版，第 219—220 页。
③ ［英］R. D. C. 布莱克、A. W. 科茨、克劳弗德·D. W. 古德温编：《经济学的边际革命》，于树生译，商务印书馆 2020 年版，第 225 页。

译本《富国策》为"西洋经典派学说之流入我国，当以此书为嚆矢"①。马克思、法思德同为 19 世纪中人，法思德的《政治经济学手册》（1863）、马克思的《资本论》第一卷（1867）同在 19 世纪 60 年代写作问世，而且同取材于英国社会，所以《富国策》中提到的斯密、李嘉图、马尔萨斯、约翰·穆勒等英国古典经济学说，欧文、傅立叶等空想社会主义学说，对于我们了解马克思主义经济学发展史具有重要价值。

第四，为研究经济学说史、教育学史等领域提供重要文献资料。目前学界有些论文和著作对于《富国策》做了相关研究，同时也有学者对相关资料作了初步整理。例如，2019 年，樊秋实编的《近代西学东渐文献丛刊》（经济学卷）②包括《富国策》，使用鸿宝书局 1902 年本作为底本，此为这本古籍首次公开出现，不过没有校注；2021 年，南方日报出版社出版了张锦冬校注的《富国策》，对《富国策》中的部分概念、人名、地名等做了简要校注，将《富国策》的整理推进了一大步，不过书中有些重要内容没有校注，甚至还有错校之处。所以，当前已有的成果虽然为我们认识《富国策》提供了方便，但是存在某些局限，与《富国策》直接相关的重译本、白话文推演本等也没整理，所以《富国策》的整理和研究还有很大的空间。本书根据《富国策》1874 年版英文底本，③结合 1880 年版京师同文馆聚珍版本，以及美华书馆排印本、乐善堂排印本、鸿宝书局石印本等中译版本，对《富国策》进行整理和校注，同时对与《富国策》相关的《重译富国策》、白话文《富国策》、《富国须知》等原始资料也进行整理，这既可以加深对《富国策》认识，也为以后相关研究提供重要文献资料。

---

① 唐庆增：《清代泰西输入我国之经济思想》，载中国经济学社编《中国经济问题》，商务印书馆 1929 年版，第 320—321 页。

② 樊秋实编：《近代西学东渐文献丛刊》（经济学卷），广陵书社 2019 年版。

③ 1880 年《富国策》中译本依据 1874 年版英文底本，而不是 1863 年初版本。见张登德《求富与近代经济学中国解读的最初视角——〈富国策〉的译刊与传播》，黄山书社 2009 年版，第 95 页。

二　《富国策》著译动因、主要内容及影响

（一）《富国策》的原著者及撰写动因

《富国策》的作者亨利·法思德（Henry Fawcett，1833 — 1884），是英国威尔特郡的索尔兹伯里（Salisbury）一位布商的儿子，曾在国王学院和剑桥大学接受教育。1856 年，他通过了剑桥数学荣誉学位考试，并很快成为该校三一会堂的一名研究员。1858 年，在父子两人外出打猎时，其父误伤了法思德的眼睛，致使他双目失明。虽然很痛苦，但他"仍然保持了学术上和政治上的兴趣"①。他放弃了做律师的计划，"眼睛失明使他被迫放弃了攻读对职业生涯有利的律师专业"，而投入政治经济学的研究，"投身经济学是 25 岁时使他失明的一次射击事故的结果"②。1861 年，他参加在曼彻斯特举行的英国科学促进协会年会，并在会上发言支持达尔文的进化论，认为达尔文是真正的科学英雄。③ 从1863 年起，他一直担任剑桥大学的政治经济学教授，④ 1864 年任自由党的下院议员，1880 年在格拉斯顿（Gladstone）内阁担任邮政部长，1883年被选为格拉斯哥大学校长。著作有《政治经济学手册》（*Manual of Political Economy*，1863）、《英国劳动者的经济地位》（*The Economic Position of British Labourer*，1865）、《贫穷的原因和救治办法》（*Pauperism：its Causes and Remedies*，1871）、《自由贸易与保护贸易》（*Free Trade and Protection*，1878）等。

法思德从 19 世纪 60 年代开始研究经济学。他在写《政治经济学手册》时，经常征引和评论许多英国学者的著作和观点。由此可以看出，

---

① 商务印书馆编辑部编：《近代现代外国哲学社会科学人名资料汇编》，商务印书馆 1965年版，第 740 页。

② ［英］约翰·伊特韦尔（John Eatwell）等编：《新帕尔格雷夫经济学大辞典》第 2 卷，陈岱孙主编译，经济科学出版社 1996 年版，第 318 页。

③ ［美］托马斯·利文森（Thomas Levenson）：《追捕祝融星：爱因斯坦如何摧毁了一颗行星》，高爽译，民主与建设出版社 2019 年版，第 81 页。

④ 1884 年，法思德去世后，由阿尔弗雷德·马歇尔（A. Marshall，1842—1924）继任剑桥大学政治经济学教授。

法斯德的志趣所在和思想源流，也可知法思德受其他经济学思想影响之大。他经常引用亚当·斯密、约翰·穆勒、大卫·李嘉图、马尔萨斯等人的观点。尤其是他受约翰·穆勒的《政治经济学原理及其在社会哲学上的若干应用》（1848）影响较大。马克思曾说，约翰·穆勒是法思德理论问题的老师，"政治经济学大专家福塞特先生渴求获得学术上的声誉的奢望完全是以供中小学生用的约翰·斯图亚特·穆勒先生的政治经济学简明教程的通俗本为基础的"①。他写的"《政治经济学指南》（1863 年），按穆勒修订的亚当·斯密（Adam Smith）的传统，详细叙述了传统的古典政治经济学。他要给学生（不管大学生、政治家还是一般读者）提供一个对经济学知识的清晰、贴切、不算复杂的情况介绍，并说明这些知识在变动复杂的现实世界中的运用。"② 因为"所有对政治和社会问题感兴趣的人都会渴望掌握一些政治经济学学科的知识。穆勒先生的著作是如此完整和详尽，致使很多人不愿意花费大力气去掌握它。也许，为此他们会希望读一些相对容易或较短的作品"③。因法思德比较推崇穆勒，为此他写了政治经济学的简化通俗本。当然，他在写作时，"是以一种坚决的非教条的自由派经济学家的态度进行的，把那些既定的戒律式的原理实际应用到政府面临的具体政策问题上。由于没有能力在应用经济学中进行系统的研究，他对于可能把他引向理论研究的抽象推理不感兴趣，而在这一领域中，他失明所遇到的障碍将会少一些。不过，虽然他为自己挑选了一个把古典理论通俗化的教师的任务"，所以，"他努力对非专业人员就基本经济分析的内容和政策含义进行直接现实的不加修饰的解释，因此也就比任何其他 19 世纪末的英国政治经济学教授的著作所获得的同时代听众都要广泛得多"④。同时，他的妻子 Millicent Garret Fawcett（米利森特·加勒特·法思德，1847—1929），对他写

---

① 《马克思恩格斯全集》第 18 卷，人民出版社 1964 年版，第 76 页。
② ［英］约翰·伊特韦尔（John Eatwell）等编：《新帕尔格雷夫经济学大辞典》第 2 卷，陈岱孙主编译，经济科学出版社 1996 年版，第 318 页。
③ 英文原著 1863 年版序言。
④ ［英］约翰·伊特韦尔（John Eatwell）等编：《新帕尔格雷夫经济学大辞典》第 2 卷，陈岱孙主编译，经济科学出版社 1996 年版，第 318 页。

作该书帮助很大。其妻是当时一位著名的妇女参政运动者。1867年同亨利·法思德结婚。1872年，两人合著《论文与演讲集》，她写了14章中的8章。

该书在1863年由英国剑桥的麦克米伦公司（Macmillan Company）出版发行，后受到英国社会高度重视，出现1864年、1869年、1874年、1876年、1883年、1888年、1907年的版本，其中后两个版本为法思德去世之后由其妻帮助修订出版。该书出版之时，正值中国开展洋务运动，随着西学东渐和"求强""求富"的追寻，这本书传到了中国。

（二）西学东渐与《富国策》的翻译

在鸦片战争前后，曾经有三本关于西方经济学的书籍通过中文形式传到中国。德国传教士郭实腊翻译两本著作，如《制国之用大略》（1839），分民需、货币、税收、国用、军事、教育、财源和答问八篇，论述治国的根本原则，涉及部分西方经济学知识，"这是一本政治经济学的简明读物"①；《贸易通志》（1840），把西方近代商业概念、常识等传播至中国，为"鸦片战争时期介绍西方商业制度最为详细的一本书"②，"实际上是西方经济学著作的中文缩略版"③。另外，美国传教士鲍留云翻译的《致富新书》（1847），涵盖了政治经济学的主要内容，"是一部篇幅不大的政治经济学通俗读物……而且它非常可能是最早的中文经济学教科书，在中西文化交流史上具有独特的意义"④。因刚刚开始睁眼看世界，大多数近代中国人的阅读范围依旧沉浸在科举制度下的四书五经之中，故这三本书在当时没有产生多大的影响。19世纪60年代清廷推行洋务运动之时，首先以"求强"为目标，主要举措是练兵制器，创办安庆内军械所、江南制造总局、金陵机器局、福州船政局等军工企业，后来在1874年围绕日本侵台事件引发的海防大讨论中逐渐认识到先富而后强的重要性。马建忠说，"治国以富强为本，而求强以致

---

① 熊月之：《郭实腊〈贸易通志〉简论》，《史林》2009年第3期。
② 熊月之：《西学东渐与晚清社会》，上海人民出版社1994年版，第261页。
③ 邹进文主编：《中国近代经济思想的发展》，经济科学出版社2016年版，第36页。
④ 吴义雄：《鲍留云与〈致富新书〉》，《中山大学学报》2011年第3期。

富为先"①；洋务派的主要代表人物李鸿章也说，"维古今国势，必先富而后能强"②，而"欲自强，必先裕饷；欲浚饷源，莫如振兴商务"③。洋务思想家薛福成说："中国地博物阜，甲于五大洲。欲图自治，先谋自强；欲谋自强，先求致富。"④ 所以"求富"成为洋务运动时期的另一重要目标。与此相应，传教士不断介绍西方"富强之术"，如《中西闻见录》（1873）第 14 号刊登美国传教士丁韪良的《论英国致富之术》等。丁韪良还担任京师同文馆总教习，他为该馆设置的五年制和八年制课程表中将经济学冠以"富国策"之名。在他看来，"富国策"能"使民足衣足食""广发财源""以开发智巧为富国之上策"⑤，所以为使更多的人了解这一学科及其内容，丁韪良督率同文馆副教习汪凤藻将"富国策"课程使用的教材《政治经济学手册》（*Manual of Political Economy*）翻译成中文，以《富国策》为名于光绪六年（1880）出版。

译者汪凤藻（1851—1918），字云章、号芝房，江苏元和（今苏州）人。上海广方言馆首届 40 名学生之一，京师同文馆英文班毕业生，因成绩优异而以户部主事留同文馆并升任副教习。1882 年中举，次年进士及第，随又被点为翰林，授翰林院庶吉士。1887 年随苏州同乡、状元洪钧出使俄、德、奥三国，1892 年担任驻日公使，1894 年中日甲午战争爆发后奉令回国，仍在翰林院任职。1902 年，担任上海南洋公学的"总办"（校长），后因"墨水瓶事件"⑥ 辞职。1909 年，经张之洞保举，担任京师大学堂格致科监。编译有《英文举隅》《新加坡律例》《富国策》《中外政治类编》《海东酬唱集》等书。汪凤藻中英文成绩皆很优秀。丁韪

① 冯桂芬、马建忠著，郑大华点校：《采西学议：冯桂芬 马建忠集》，辽宁人民出版社1994 年版，第 125 页。
② 李鸿章：《试办织布局折》，《李鸿章全集》奏稿卷 43，时代文艺出版社 1998 年版，第1715 页。
③ 李鸿章：《议复梅启照条陈折》，《李鸿章全集》奏稿卷 39，时代文艺出版社 1998 年版，第 1562 页。
④ 蔡少卿整理：《薛福成日记》（下），吉林文史出版社 2004 年版，第 866 页。
⑤ 丁韪良：《富国策·凡例》，光绪六年（1880）京师同文馆聚珍版。
⑥ 墨水瓶事件，指近代上海发生的一次学潮。1902 年 11 月，南洋公学文科教习郭镇瀛见教师座位上竖立一空墨水瓶，认为学生捉弄他"胸中无墨"，便严加追究。时学校总办汪凤藻袒护郭镇瀛，开除 3 名学生引起学生公愤，大批学生退学。汪凤藻因此事辞职。

良认为："同文馆副教习汪生凤藻，夙擅敏才，既长于汉文，尤精于英文。其原书先已熟读，备探秘奥。迨译本脱稿后，复经总教司详加核对，乃呈钦命总理各国事务王大臣批阅，蒙命付梓。"① 可见，该书作为同文馆毕业生翻译的经济学教科书，对于西方经济学在近代中国的传播具有重要意义。

鉴定者丁韪良（W. A. P. Martin，1827—1916），号德三，别号冠西，美国人。1849 年来中国传教，1850 年年初抵香港，在广州、澳门、宁波等沿海一带活动，后回到美国。1862 年又来中国，在北京、上海等地传教。1863 年在京师同文馆教英语，1867 年教万国公法和经济学，1869 年升为同文馆总教习。他在同文馆教授"富国策"时，认为当时世界知识潮流以英国为首，且经济学的发展以英国最为成熟，"论此学者在泰西以英国为最"，所以他选择英国经济学家法思德的《政治经济学手册》作为教材。他说："法思德，英国当今之名士也。幼而丧明，仍矢志勤学，先充国学教习，嗣擢为国会大臣。凡政务之涉于斯学者，无不与议，遂著此书。"同时，"百年来名家迭出，如斯美氏、梨喀多、弥耳氏等，均未如法思德之详而且明。故同文馆向以此学课读诸生"。因此，他在 1880 年督率汪凤藻将法思德书翻译成中文《富国策》，既便利了同文馆师生了解西方经济学说，同时"俾文人学士之留心时事者皆得阅之"②。正是他与汪凤藻两人的合作，使得西方经济学说首次系统地传入中国。

（三）《富国策》内容简介

原著 4 卷 42 章，包括生产、分配、交换、赋税。法思德在前人基础上，对财富、资本、价值、人口、赋税、贸易等方面作了详细分析，对西方经济学说的发展作出了一定的贡献。汪凤藻在翻译此书时，并没有完全翻译全书内容，而是缩减为 3 卷 26 章，其中有些地方作了增译、改译、不译。

《富国策》3 卷 26 章，分别从不同角度和层面研究、发挥了上述主

---

① 丁韪良：《富国策·凡例》，光绪六年（1880）京师同文馆聚珍版。
② 丁韪良：《富国策·凡例》，光绪六年（1880）京师同文馆聚珍版。

题思想。第一卷是《论生财》（Production of wealth），包括总论（Introductory Remarks）、论生财有三要（The Requisites of Production）、论人功（Labour as an Agent of Production）、论资本（Of Capital）、论三要滋生之力（On the Productive Power of the Three Requisites of Production）、论制造多寡之异（Production on a Large and on a Small Scale）、论增益财用之理（On the Laws which determine the Increase of Production）。

第二卷是《论用财》（Distribution），即消费理论，主要包括论制产之义与均富之说（Private Property and Socialism）、论财所自分（The Classes among whom Wealth is distributed）、论地租角逐之道（Rents as determined by Competition）、论工价（On Wages）、论利息（Profits）、论小农躬耕之法（Peasant Proprietors）、论兴乡学以维工价（National Education and other Remedies for Low Wages）、论齐行罢工（Trades' Union and Strikes）、论合本同功（On Cooperative Institutions）。

第三卷是《论交易》（Exchange）即现在的交换、分配理论。主要包括论价值之别（On Value and Price）、论物价贵贱之理（On the Causes which Regulate the Price of Commodities）、论农田物产贵贱之理（On the Price of Agricultural and Mineral Produce）、论人功制造之货物及其贵贱之由（On the Price of Manufactured Commodities）、论钱币（On Money）、论钱币贵贱之理（On the Value of Money）、论邦国通商（Foreign Commerce or International Trade）、论金银流通各国之理（On the Transmission of the Precious Metals from One Country to Country）、论邦国货币互易之理（Foreign Exchanges）、论税敛之法（On the General Principles of Taxation）。

除了讲经济学理论外，值得关注的是，《富国策》中多次提到中国："中国兴教最先，立国最久，特其人狃于信古，故流风遗存，至今犹存者。"（《总论》）"假如英国棉布，一旦盛行于中华，销路极畅，则英国织布局自必添雇多工，以大其业。""工人远适异国，苟其情之所甘或所不禁。如华人之自赴澳大里亚暨美国者，以万千计。"（《论增益财用之理》）"中国与蒙古人互市，则以茶砖为钱币。"（《论钱币》）"英国岁市中华丝茶各巨万斤，华商每愿以金银酬值，而不乐以货物抵换。……通商贸易，悉以金银为重。中国之丝茶固矣"（《论金银流通各国之理》），等等。这些论述是 19 世纪 60 年代英人中国观的重要体现。同时，书中介绍亚当·斯密的分工、赋税学说，马尔萨斯的人口论，大卫·李嘉图的地租说，欧文、傅立叶空想社会主义学说；涉及各国工人和工会为减轻劳动强度和避免贫富悬殊，要求缩短工时、增加工资等西方工人运动及处置策略等，为我们了解西方经济学家学说以及社会主义在中国的早期传播提供了具有重要价值的资料。

（四）《富国策》在晚清的影响

《富国策》最先由京师同文馆 1880 年出版之后，又出现了光绪八年（1882）上海美华书馆排印本、光绪二十四年（1898）刻本、光绪二十八年（1902）上海官书局铅印本、光绪二十八年（1902）上海鸿宝书局石印本。同时，《富国策》的出版引起日本的关注。日本岸田吟香点校的《富国策》，于 1881 年（明治十四年）由乐善堂出版。日本京都大学人文科学研究所教授森时彦考证，此训点本刊行后第 3 年，日本始出版日文译本。①有的学者指出，《富国策》在日本译为《论理簿记》，共三卷，作者柴垣馨，1882 年（明治十五年）出版。②众多版本的出现，反映了《富国策》的受欢迎程度和社会需求，同时从侧面体现了清末图书的文化传播范围。

清末一些报刊和书目表、经世文编等经常刊载《富国策》的推介。《申报》从 1882 年 3 月 8 日起 8 次在"书籍画谱法帖"栏目中介绍上海四马路万卷楼公布的书籍"《富国策》，一元四角"；5 月 11 日起，9 次刊登"千顷堂各种新旧书发售"，其中包括"《富国策》一元四角"。之后，《申报》（1885 年至 1886 年 2 月）多次刊载"乐善堂发售书目"中包括《富国策》；"洋务新书各种地图出售"（1886）中包括"《富国策》一元"；"乐善堂发兑书籍"（1887）包括"《富国策》一元"。《申报》（1890 年 4 月—1892 年 5 月）刊载"乐善堂发兑新旧书籍""新到洋务要书"（上海乐善堂书局）、"新到春季缙绅录"（上海乐善堂书局），都包括"《富国策》一元"的内容。《申报》（1894 年 3 月 8 日）"翻译书

---

① ［日］森时彦：《清末中国吸纳经济学路径考：以梁启超为中心》，载刘凤云等编《清代政治与国家认同》，社会科学文献出版社 2012 年版，第 585 页。

② 梁捷：《调适与维新：19 世纪中国经济思想的转变》，上海财经大学出版社 2020 年版，第 33 页。

目"中指出："总理衙门同文馆历年翻译之书汗牛充栋。兹摘其目录列于左方，考西学者其亦知所取法乎？"其中"《富国策》，副教习汪凤藻译，丁韪良鉴定"。可见，在中日甲午战争之前，《富国策》作为"洋务新书"或"洋务要书"已经备受关注。甲午战争之后，《西学书目表》（1896）、《湘学新报》（1897）、《西学通考》（1898）、《增版东西学书录》（1902）、《皇朝蓄艾文编》（1902）、《中国学塾会书目》（1903）等书曾收录《富国策》篇目内容或者对《富国策》予以高度评价。梁溪勿我室主人用白话文推演《富国策》，发表在《无锡白话报》（1898）上。早期维新思想家陈炽是《富国策》的热情读者，并《重译富国策》，撰写《续富国策》；梁启超通过阅读《富国策》《富国养民策》等译著，改变了经济思想。可见，陈炽、梁启超通过阅读《富国策》等西书，拓展了西学视野和认知能力，为以后参与维新运动提供了思想资源。

《富国策》译刊后，京师同文馆学生有了可资参考的教材，并经常据此出题考试。同时，在京师同文馆的影响下，其他新式学堂陆续开设经济学课程，如广州同文馆、上海格致书院、登州文会馆、京师大学堂等皆以《富国策》作为经济学教材，同时也是应试的重要参考书。例如，1889年，上海格致书院曾以《泰西格致之学与近刻翻译诸书详略得失何者为最要论》为题考学生，其中优胜者包括车善呈等37名学生。车善呈在试卷中评价《富国策》说："《富国策》一书，发生财制产之理，创均富同功之说，捃摘彼国故事，牵掇成编，大旨不外滋生种植、开矿制造，自是泰西理财之术。然中西风土物产不同，以彼例此，必形枘凿。夫生之者众，食之者寡，为之者疾，用之者舒，生财之道，尽于《大学》四言……此岂西人所能知，则其书亦付之存而不论之列而已。"① 在清末山东青州的学堂中，教师经常让学生抄写《富国策》，并时时背诵，以备考试之用。

阅读的体验和感悟因人而异。除了评价《富国策》的积极影响外，当时也有一些批评的声音，尤其是对该书的翻译质量。1896年，梁启超

① 陈仲倚辑：《皇朝经世文三编》卷11，光绪辛丑（1901）夏月上海书局石印本，第4—5页。

在《西学书目表》中高度评价了《富国策》的内容，但是对于译本的准确性表示怀疑："同文馆所译《富国策》，与税务司所译《富国养民策》，或言本属一书云。译笔皆劣。"① 陈炽认为《富国策》的翻译存在问题："因忆十五年前，曾见总署同文馆所译《富国策》，词旨庸陋，平平焉无奇也。……得西人《富国策》原文，与同文馆所译华文，彼此参校，始知原文宏肆博辨，文品在管墨之间，而译者弃精英，存糟粕，名言精理，百无一存。"② 严复也批评《富国策》"纰缪层出，开卷即见"③。当然，清末尚有《富国策》（《益闻录》1888 年连载）并不是对法思德书的翻译，但使用相同的译名；陈炽在 1896 年出版《续富国策》，也可以说是同文馆《富国策》的反响所在。方维规指出，"富国策"概念的流行，与法思德著作的中译本有关。④ 可见，《富国策》在晚清影响之大，不过随着 1902 年严复所译《原富》的出版，国人多通过此书来了解西方经济学说，所以关注《富国策》者少了，但这并不能掩盖《富国策》在晚清中国的影响以及作为首部西方经济学中译本在西学东渐和中外文化交流史上的贡献。

三 《富国策》研究的历史与现状

（一）近代中国学界对《富国策》的关注

晚清国人对于《富国策》的关注，主要从其影响和翻译的角度出发进行片段介绍和评论，并没有对其作具体的研究。民国时期同样缺少研究。唐庆增在研究从清代西方输入我国的经济思想者时，曾提到《富国策》，指出该书译者汪凤藻，"系该馆之馆员，可称为介绍西洋经济思想者之前辈。……原书著者法赛（Henry Fawcett），仅为英国经典学派（Classical School）经济家之后辈。本人于此学，并无重要之贡献。学说

---

① 黎难秋主编：《中国科学翻译史料》，中国科学技术大学出版社 1996 年版，第 639 页。

② 赵树贵、曾丽雅编：《陈炽集》，中华书局 1997 年版，第 274—275 页。

③ 王栻主编：《严复集》（一），中华书局 1986 年版，第 91 页。

④ 方维规：《"经济"译名溯源考——是"政治"还是"经济"》，《中国社会科学》2003 年第 3 期。

多袭自穆勒（J. S. Mill）。其著述与穆勒所作者比较，仅讨论实际问题之处稍多而已。原书固非第一流著作，而译者尤多创造"①。1934 年，华林一在《残废教育》书中曾引用法思德的经历作为例证："英国盲人之办事能力，似非他国所能及，故职业地位常有能升至极高者，如盲人福塞特（Henry Fawcett）之任邮务总裁，即其例也。"② 同年出版的高希圣、郭真编的《经济科学大词典》中载有"福塞特"词条："福塞特（Henry Fawcett），英国经济学家，生于一八三三年。二十六岁时失明，在盲目中著成《经济学便览》，因被剑桥大学推举而为经济学教授。他又被选为国会议员，在议会中占了重要的地位，一八八〇年为驿递总监，为邮政尽力的地方很多。一八八四年死。"③ 同年，潘念之、张采苓在编《思想家大辞典》时"专取世界的思想家，即对于人类活动之过程上尽其思想的贡献者，加以简略的介绍"，其中包括法思德："福塞得·亨利（Henry Fawcett 1833—1884）英国经济学家。二十六岁失明，于盲目中公布《经济学便览》一书而得名，被推为剑桥大学经济学教授。他又曾当选为国会议员，在议会中占重要地位，1880 年任格兰斯顿内阁交通总监。他在经济学上大体继承穆勒底学说，在实际问题上对劳动阶级有很多同情，说极端的个人自由与国家干涉均不合理。著作有《英国劳动者底经济地位》《自由贸易与保护贸易》。"④ 这些评价，与晚清相比，增加了法思德的生卒年代，认识到法思德不仅在经济学方面有所著述，还在国会议员岗位上为邮政贡献较多，并指明其经济学著作多参考约翰·穆勒的著作等，但是同样缺乏从内容上对《富国策》进行系统研究的论文和著作。

（二）中华人民共和国成立至改革开放之前对《富国策》的简单评论

在这一时期，因马克思主义经济学占据主导地位，所以学界对于西方经济学的研究相对较少，关注《富国策》的研究成果自然不多。1956

---

① 唐庆增：《清代泰西输入我国之经济思想》，载中国经济学社编《中国经济问题》，商务印书馆 1929 年版，第 320 页。

② 华林一：《残废教育》，商务印书馆 1929 年版，第 27—28 页。

③ 高希圣、郭真编：《经济科学大词典》，科学研究社 1934 年版，第 422 页。

④ 潘年之、张采苓编：《思想家大辞典》，世界书局 1934 年版，第 837—838 页。

年，褚葆一在批判资产阶级自由贸易时，曾以京师同文馆翻译的《富国策》作为例子加以论证。他指出，《富国策》第三卷第七章《论邦国通商》讲到李嘉图和约翰·穆勒的自由贸易理论，不过是丁韪良"趁此机会通过同文馆把西方的一套自由竞争、自由贸易的理论搬过来，当然是在为资本主义经济侵略行为作辩护，是想使中国人民信任片面的协定关税，相信帝国主义侵犯中国主权的行为是有利于中国的事情，以便从思想上解除中国人民的武装"。所以，尽管"《富国策》是第一本被翻译成中文的政治经济学书籍，译本的出版比严复译的《原富》的出版还要早二十多年。很明显，崇礼、丁韪良等把西方自由竞争、自由贸易的学说介绍到中国来，目的自然不是要使中国发展工业，而是要使中国永远处于半封建半殖民地的状态"①。可见，作者主要关注《富国策》中的自由贸易说并分析其对近代中国的不良影响。

1957 年，中国史学会主编的中国近代史资料丛刊《戊戌变法》（四）"书目解题"中提到"富国策，三卷，英人法思德撰，汪凤藻译，光绪八年（一八八二年）上海美华书馆排印本，北京大学图书馆藏。是书首卷论生财，二卷论用财，三卷论交易。其所论述，皆当时泰西各国富国之道，故曰富国策"②。编者将《富国策》放在《戊戌变法》参考书中，在一定程度上表明了《富国策》对于清末维新派及维新运动产生了一定的影响。1961 年，孟氧、集士在编《资本论》第 1 卷的历史典故注释时，谈及"亨利·福塞特（1833—1884 年），英国经济学家，剑桥大学经济学教授，晚年当过英国的邮政总监"，马克思曾引用法思德《英国工人的经济地位》（1865）内容，并指出："对于工人阶级非人的生活状况，作者却也流露中虚假的同情。马克思称他为'博爱的经济学家'。他将劳动工资的资本主义限制巧妙地描写成为社会的自然限制……这个命题并不是他的什么发现。"③ 1962 年，王亚南在《研究古典经济学的现实意义》中指出，京师同文馆是专门介绍外国致富强之道的学术机关，

---

① 褚葆一：《资产阶级自由贸易理论批判》，上海人民出版社 1956 年版，第 47 页。
② 中国史学会主编：《戊戌变法》（四），上海人民出版社 1957 年版，第 593 页。
③ 孟氧、集士编：《资本论》第 1 卷历史典据注释（初稿），杭州大学政治系资料室 1961 年，第 192 页。

其在"1880 年译印出来的第一部经济著作，是英国约翰·穆勒的信徒福塞特在 1863 年写的《通俗经济学读本》，题为《富国策》"，是清政府作为"致富图强的指南"的重要经济论著。[①] 1965 年，商务印书馆出版的《近代现代外国哲学社会科学人名资料汇编》中介绍了法思德的生平和著作，提到该书除了有关合作事业的几节外，不过是对约翰·穆勒的《政治经济学原理》的书依样画葫芦，复述一遍，因为法思德受穆勒的影响很深。[②] 可见，在 20 世纪五六十年代，虽然个别文章和著作涉及《富国策》，不过仍然是简单地提及，缺乏系统的研究。

（三）改革开放之后对《富国策》的系统研究

改革开放之后，随着学术思想的自由和研究者思想的解放，学术界出现许多关于《富国策》的研究成果，既有论著中的部分评价，也有对《富国策》的系统研究。

1. 论著中的涉及

否定性的评价。1979 年，李竞能在分析清末传到中国的西方经济学说时，提到汪凤藻将法思德《政治经济学手册》译成《富国策》，认为该书"除了'论生财有三要'这种宣扬生产三要素论的庸俗货色之外，还有所谓'生财之道天定之，用财之道人定之'这种穆勒鼓吹的观点。它还反对欧文等人的'均富之说'，并且贩卖'合本同功'的阶级调和论。像这样一本既庸俗又浅薄的著作，丁韪良竟然吹嘘它说：斯密、李嘉图等人'均未如法思德之详而且明'。……它的出笼，正是在西方列强对中国的政治经济侵略日益猖獗，身为清朝洋顾问的帝国主义分子已经把持中国的海关等经济大权的时候；也正是以李鸿章等人为首的同帝国主义相勾结的大官僚们，大搞所谓'洋务运动'的时候。它的出笼，标志着西方列强对中国的文化侵略的深入，不仅贩卖宗教鸦片和'炮利船坚'的科学技术，而且兜售美化资本主义制度的资产阶级经济学说了"[③]。当然，这种否定性的评价在改革开放之后较为少见，学界更多的

[①]　王亚南：《研究古典经济学的现实意义》，《人民日报》1962 年 1 月 13 日。

[②]　商务印书馆编辑部编：《近代现代外国哲学社会科学人名资料汇编》，商务印书馆 1965 年版，第 740 页。

[③]　李竞能：《论清末西方资产阶级经济学的传入中国》，《经济研究》1979 年第 2 期。

是在谈及《富国策》时引用书中相关内容和该书的影响。

突出《富国策》是西方经济学的第一部中译本。李竞能虽然对《富国策》作了否定的评价，但肯定《富国策》是西方资产阶级经济学的第一部中译本。[①] 叶世昌指出，《富国策》是"中国有西方经济学著作流传的开始，甲午战争前没有翻译出版过古典政治经济学的著作"[②]。胡寄窗提到《富国策》是"资产阶级经济学的第一部中译本"[③]。中南财经大学编《经济科学学科辞典》的"政治经济学"词条中，谈到《富国策》是西方资产阶级政治经济学在我国的第一部中译本。[④]

强调《富国策》出版后的影响。其一，多种版本的出现。熊月之指出，同文馆翻译出版的有些译作受到社会好评，例如《富国策》，"清末学者对此书评价颇高。……此书问世后，有益智书会等多种重印本。日本学者亦将其翻译传播"[⑤]。戴金珊指出，《富国策》除了京师同文馆版本外，"又有美华印书馆本、益智书会本、日本排印本、实学新编本，并在前述《尚贤堂月报》《无锡白话报》等刊物上摘要转载过。其传播之广、影响之大，由此可以想见"[⑥]。其二，作为教材的影响。宝成关认为，《富国策》"为适应洋务派的'求富'需要翻译出版的，并曾作为同文馆'课读诸生'的教本，长时间使用"[⑦]。沈福伟认为，在1902年严复将亚当·斯密译文出版之前，"《富国策》在中国知识界被认为是一本讲商情商理最为透辟，讲理财学繁简得中的佳作。……在清末10多年中，一直被当作新式学校的教科书加以推广，其社会效应远较《原富》为广"[⑧]。其三，对中国人思想观念的影响。王立新认为，《富国策》"把西方政治经济学理论第一次系统介绍给我国，流传较广，对维新派影响

① 李竞能：《论清末西方资产阶级经济学的传入中国》，《经济研究》1979年第2期。
② 叶世昌：《中国经济思想史简编》下册，上海人民出版社1980年版，第82页。
③ 胡寄窗：《中国近代经济思想史大纲》，中国社会科学出版社1981年版，第432页。
④ 中南财经大学编：《经济科学学科辞典》，经济科学出版社1987年版，第400页。
⑤ 熊月之：《西学东渐与晚清社会》，上海人民出版社1994年版，第320页。
⑥ 戴金珊：《中国近代资产阶级经济发展思想》，福建人民出版社1998年版，第186页。
⑦ 宝成关：《西方文化与中国社会：西学东渐史论》，吉林教育出版社1994年版，第310页。
⑧ 沈福伟：《西方文化与中国：1793—2000》，上海教育出版社2003年版，第113—114页。

尤大，梁启超把它作为商政之书列入《西学书目表》。该书对打破传统的'重义轻利'观念有一定的作用"①。沈福伟指出，"《富国策》宣扬的经济思想被一些维新思想家所吸纳"②。戴金珊指出，近代系统介绍西方经济学书中"最早并且最重要的"是汪凤藻翻译的《富国策》，其中涉及马尔萨斯的人口理论、欧文和傅立叶的空想社会主义学说，"中国国内最早知道这些人物，恐怕要从这里算起"③。曾康霖等指出，《富国策》是"近代中国第一部专门介绍西方经济学的著作，对中国学术界产生了巨大的启蒙作用"④。熊金武认为，《富国策》的出版，"标志着西方经济科学理论正规教育的开启和现代经济科学在中国的系统传播，是中国经济思想范式与西方经济科学范式趋同的重要节点"⑤。这些评论主要突出《富国策》在版本、教材、学科、维新派及学术界方面的影响和作用。

　　分析法思德与穆勒的关系。穆勒出生于 1806 年，法思德出生于1833 年。两人相差近三十岁，他们之间存在怎样的关系，学术界对此有些探讨。姜新艳分析了穆勒和法思德的忘年交关系，指出 1860 年在托马斯·海尔（Thomas Hare）的介绍下，法思德与穆勒首次见面，并成为穆勒晚年的好友之一。"福塞特是穆勒的崇拜者。据他在剑桥大学的同事说，在讲课时，他对所有提问的回答都是'读穆勒的书'。他的敌人嘲笑他除了穆勒的《政治经济学原理》，什么别的书也不知道。"穆勒赞赏法思德的人品和作品，并多次去信鼓励法思德从政。⑥ 法思德在《政治经济学手册》中也经常引用穆勒的观点。约翰·穆勒在《政治经济学原理》书中经常提到法思德及其观点。所以，李竞能说，《富国策》原作

①　王立新：《美国传教士与晚清中国现代化》，天津人民出版社 1997 年版，第 372 页。
②　沈福伟：《西方文化与中国：1793—2000》，上海教育出版社 2003 年版，第 114 页。
③　戴金珊：《中国近代资产阶级经济发展思想》，福建人民出版社 1998 年版，第 185、186 页。
④　曾康霖等主编：《百年中国金融思想学说史》第 3 卷下，中国金融出版社 2018 年版，第 617 页。
⑤　熊金武：《近代中国城市化进程中土地制度思想研究》，首都经济贸易大学出版社 2019 年版，第 149 页。
⑥　姜新艳：《穆勒：为了人类的幸福》，九州出版社 2013 年版，第 233、234 页。

者法思德是约翰·穆勒的信徒。[①] 晏智杰指出:"约翰·穆勒之后,在英国出现了一些以穆勒的《政治经济学原理》为依据和蓝本的经济学著作,其中比较著名的有剑桥大学教授亨利·福塞特(Henry Fawcett,1833—1884 年)的《政治经济学指南》。"[②] 马金科认为,法思德的《政治经济学手册》是"主要参照穆勒的《政治经济学要义》写成的"[③]。梁捷认为"福西特的经济学方法主要继承自密尔,他也继承了密尔对底层的关心"[④]。

《富国策》内容的介绍和引用。张明池和傅恩月主编《实用经济工作词典》(1991)、北京大学国情研究所主持编纂《世界文明百科全书》(1992)等书都包括《富国策》的词条,并简要介绍书中内容。杨中新、孙国彬在谈到马尔萨斯人口理论在中国的传播时,提到"《富国策》是19 世纪后期很流行的西方经济学教科书",指出此书用很长篇幅介绍马尔萨斯的人口理论,并分析《富国策》介绍马尔萨斯理论的原因是"要论证工人提高工资的根本途径是减少人口"[⑤]。姜义华编《社会主义学说在中国的初期传播》(1984)中摘录《富国策》中"论制产之义与均富之说"的内容;皮明庥在《辛亥革命与近代思想》(1986)书中谈到《富国策》对空想社会主义的介绍,同时他在《近代中国社会主义思潮觅踪》(1991)书后附录"我国早期介绍和研讨马克思主义、社会主义的论著要目",其中包括汪凤藻翻译的《富国策》;谈敏在《回溯历史:马克思主义经济学在中国的传播前史》(2008)分析了《富国策》中涉及的空想社会主义学说;等等。叶世昌等《中国货币理论史》(2003)、张华勇《晚清币制改革思想研究》(2020)简单分析了《富国策》的货币理论。另外,不少学者在注解《资本论》,批判资产阶级经济学说中的劳动基金说时,经常提到马克思曾引用法思德的《富国策》中的相关观点。

---

① 李竞能:《论清末西方资产阶级经济学的传入中国》,《经济研究》1979 年第 2 期。
② 晏智杰:《古典经济学》,北京大学出版社 1998 年版,第 232 页。
③ 马金科:《长安斋文史辑录》,中国戏剧出版社 2005 年版,第 192 页。
④ 梁捷:《梁捷西方经济思想史讲稿》,复旦大学出版社 2019 年版,第 170 页;密尔,即约翰·穆勒。
⑤ 杨中新、孙国彬:《马尔萨斯的昨天与今天》,吉林人民出版社 1988 年版,第 143 页。

2. 系统研究《富国策》

较早对《富国策》进行系统的研究者为戴金珊。1984 年，他在《读书》杂志发表《〈富国策〉的版本》，纠正了学界对于《富国策》版本存在的相互矛盾而模糊的说法，认为 1880 年京师同文馆铅印本是《富国策》最早的版本。此后，在很长一段时间内，只是在某些著作或论文中涉及《富国策》的内容，并没有专门的研究。直到 2003 年，笔者在《广西社会科学》发表文章，对于《富国策》的著译者、主要内容和影响作了初步研究。① 其后，张登德、傅德元分别分析了《富国策》与西方经济学理论在近代中国的传播的关系。② 至于系统研究《富国策》的著作和论文主要包括：一是笔者的专著，系统研究《富国策》在近代中国翻译出版的缘由、主要内容、翻译过程、《富国策》与其他著作的关系、《富国策》的传播和影响。③ 二是刘晓峰的博士论文，以《富国策》文本为主要研究对象，以社会翻译学为视角，探讨《富国策》的翻译场域的特点、《富国策》文本形式和译介的经济学内容特征、译者采取的翻译策略、促使译者选择这些翻译策略的原因等。同时他撰文专门探讨了《富国策》的译者及翻译模式。④ 三是王天雪从翻译视角出发，利用勒菲书尔意识形态理论对《富国策》翻译行为的审视。⑤

3. 国外成果

英国约翰·伊特韦尔（John Eatwell）等人编《新帕尔格雷夫经济学大辞典》第 2 卷中，对于法斯德的生平和著作有简要叙述。⑥ 不少外国

---

① 张登德：《晚清〈富国策〉的译刊与传播》，《广西社会科学》2003 年第 3 期。

② 张登德：《〈富国策〉与西方经济学在近代中国的传播》，《山东师范大学学报》2008 年第 4 期；傅德元：《〈富国策〉的翻译与西方经济学在华的早期传播》，《社会科学战线》2010 年第 2 期。

③ 张登德：《求富与近代经济学中国解读的最初视角：〈富国策〉的译刊与传播》，黄山书社 2009 年版。

④ 刘晓峰：《*Manual of Political Economy* 汉译本〈富国策〉翻译研究》，博士学位论文，北京外国语大学，2017 年；刘晓峰：《〈富国策〉译者及翻译模式考》，《中国翻译》2020 年第 1 期。

⑤ 王天雪：《〈富国策〉翻译问题初探：从勒菲弗尔意识形态理论出发》，载邓海主编《光华语言论丛》第 3 辑，四川辞书出版社 2013 年版。

⑥ ［英］约翰·伊特韦尔（John Eatwell）等编：《新帕尔格雷夫经济学大辞典》第 2 卷，陈岱孙主编译，经济科学出版社 1996 年版，第 318 页。

学者从励志的角度进一步评价法思德。奥里森·斯维特·马登（Orison Sweet Marden）在谈论"坚毅与勇气"时以法思德为例，"亨利·福塞特用毅力代替了他那失去的视力，他成为了英国历史上最伟大的邮政部长"①；在谈论"路是自己走出来的"时，指出："福西特的故事被载入历史，震撼了无数心灵。……一个风华正茂的年轻人，突然就失去了视力，看不见东西，还能成为国家政要，为世人所敬仰。他的人生目标该是多么坚定，他的意志又该是多么强大啊！"② 达文波特·亚当斯在讨论青年人应该有的见识时，曾以法思德为例分析"精诚所至，金石为开"："政治家福西特先生，双目失明并没有成为他的累赘，他成功地获得了巨大的政治影响。这种持之以恒的信念力量已经成为大多数名垂青史的人的特征。"③ 除此之外，有些经济学家分析法思德的经济学著作及其影响。美国经济学家熊彼特在《经济分析史》中指出："约翰·穆勒《原理》一书的成功是巨大的……就讲授而论，于此之外还必须加上由此而产生的一批其他教科书。即使在英格兰，学生和一般读者似乎也感到需要有一个更简单的本子。而这种需要就为福西特所满足了。"④ 同时，他在《经济学说与方法史论》书中指出："福塞特 1863 年出版了《富国策》（第一版），理论基础是一样的，并且很长一段时间里影响力广泛，堪比穆勒。"⑤ 日本学者森时彦在分析梁启超"变法思想与古典经济学说"时，认为梁启超通过《富国策》《富国养民策》等译著接触西方经济学说，从而产生了相关的变法思想，同时指出《富国策》是同文馆副教习汪凤藻翻译而成，原著者"法思德在自由民权时代的日本也被称颂为自由主义经济的旗手，但是一般读到的实际上是其夫人米梨盛（Fawc-

---

① ［美］奥里森·马登：《性格决定命运》，郭慧心译，陕西师范大学出版社 2012 年版，第 139 页。

② ［美］奥里森·斯维特·马登：《做命运的建筑师：教你如何获得力量并迈向成功》，孔谧译，研究出版社 2016 年版，第 34 页。

③ ［美］达文波特·亚当斯：《二十七八岁就应该有的见识》，陈娇婵译，哈尔滨出版社 2016 年版，第 60 页。

④ ［美］约瑟夫·熊彼特：《经济分析史》第 2 卷，杨敬年译，商务印书馆 1992 年版，第 248—249 页。

⑤ ［美］约瑟夫·熊彼特：《经济学说与方法史论》，武黄岗译，商务印书馆 2018 年版，第 60 页注 1。

ett. Mi11icent）所著入门书的翻译本；汪凤藻翻译的这部法思德本人著作的汉译本，后来曾由岸田吟香经营的乐善堂加以复刻"①。查德·布莱恩特（Chad Bryant）等人指出："1867 年，在一次关于雇佣妇女和儿童进行农业工作的讨论中，布莱顿的盲人自由党国会议员亨利·福塞特（Henry Fawcett）提出了一个截然相反的观点。作为一名经济学家，福塞特刚刚出版了他的《政治经济学手册》（Manual of Political Economy），并将继续发表关于贫困和土地国有化的文章。"② 这些成果也只是从侧面分析法思德的生平和简要评价《富国策》的作用，难以呈现该书在国外的重要性。

综上所述，学界对于《富国策》的研究已经取得了一些成果，但仍存在不足之处，如英文原版与中译本两书所代表的中西经济概念的比较、法思德与约翰·穆勒的关系、中英两国对于此书的阅读和接受的比较、该书在中英两国学术史上的作用等问题，皆需要进一步研究。所以，校注和整理《富国策》以及与其相关的原始资料，对促进中国近代史、中外文化交流史等领域的研究具有重要的学术价值和现实借鉴意义。

四　校注说明

说明（导读）：对著作的著译者、版本、基本内容、史料价值、社会效果等作研究性的解读。

以光绪六年（1880）年同文馆聚珍版为基础进行点校，同时参考美华书馆排印本、日本乐善堂翻刻本、鸿宝书局石印本等，对于书中的专有名词、概念、人物、事件、地名等进行简要注释。为了使读者更好地了解该书的内容，这次点校增加了《富国策》英文底本的 1863 年、1874 年、1883 年、1888 年、1907 年版本的序言和笔者所译相应的中文序言，以及汪凤藻没有翻译的章节英文目录。同时，将《重译富国策》、

---

① ［日］狭间直树编：《梁启超·明治日本·西方：日本京都大学人文科学研究所共同研究报告》，社会科学文献出版社 2001 年版，第 219—220 页。

② ［美］查德·布莱恩特（Chad Bryant）等编：《行走的历史 1800—1914》，张源译，上海社会科学院出版社 2020 年版，第 170 页。

白话文《富国策》《富国须知》等与《富国策》直接相关的原始文献，加以收录整理并予以校注。由于才识所限，校注和翻译难免有欠妥之处，敬希读者指正。同时，附上笔者所写的关于《富国策》研究的 4 篇论文，以供参考。

《富国策》

《富国策》序

　　天地之大德在好生，圣人之大业在富有①。发政之始以足食，聚人之术曰丰财。生之者众，沛然讫于四海；用之以礼，浩乎式于九围②，此法思德所以有《富国策》一书，而丁冠西③先生所以督率汪生凤藻译之而详加核焉。冠西先生陈席上之珍，为泰西之彦，以珠算牙筹之法，施于有政；极航海梯山之远，貎其德音。其于中国政教尤惓惓，因以此书付剞劂④氏焉。统要荒于禹贡，通典则于周官。管仲父⑤必先富民，召信臣⑥好在兴利，邦基斯固，国步无贫，精理所存，见诸凡例。原其心计之用，实与格致相通，一也；恐一夫之失所，俾万邦之协和，二也；以财发身，则上好仁而下好义，三也；修文偃武，则以玉帛不以兵戎，四也。富居五福⑦之一，而好学爱人，务本息争，又具四美⑧焉。其利溥

---

　　① 语出《周易·系辞下传》："天地之大德曰生，圣人之大宝曰位，何以守位曰仁，何以聚人曰财。"

　　② "九围"，即九州。语出《诗经·商颂·长发》："帝命式于九围。"孔颖达疏："谓九州为九围者，盖以九分天下，各为九处，规围然，故谓之九围也。"

　　③ "冠西"，是美国传教士、京师同文馆总教习丁韪良的号。丁韪良回忆："当时懂得中国学问的洋人甚少，所以当恭亲王了解我熟知中国的作家、作品后，立即对我另眼相看，并给我起了一个'冠西'的雅号。此后许多中国人都尊称我为'丁冠西'。"［美］丁韪良：《花甲忆记：一位美国传教士眼中的晚清帝国》，沈弘等译，广西师范大学出版社 2004 年版，第 199 页。

　　④ 剞劂，指雕版，刻书。

　　⑤ 管仲父，即管仲（公元前 723—前 645 年），春秋时期著名的政治家、军事家。"仲父"是齐桓公对管仲的尊称，他曾辅佐齐桓公完成霸业。

　　⑥ 召信臣，字翁卿，九江郡寿春（今安徽寿县）人。西汉官员，为官清廉，喜为民兴利，有"召父"之称。《汉书》将召信臣列为西汉"治民"名臣之一。见《汉书·召信臣传》。

　　⑦ 《尚书·洪范》记载的五福："一曰寿、二曰富、三曰康宁、四曰修好德、五曰考终命。"

　　⑧ 四美，为良辰、美景、赏心、乐事，或者音乐、饮食、文章、言语之美。

哉，为用宏矣，遂承属而为之序。

光绪庚辰^①季春沈阳崇礼^②序

---

①　庚辰，即光绪六年（1880）。

②　崇礼（1840—1907），字受之，内务府汉军正白旗人。同治朝出任粤海关监督，光绪元年授山海关副都统。1879 年迁内阁学士，命在总理衙门上行走，补礼部右侍郎。后历任户部侍郎、理藩院尚书、刑部尚书、协办大学士、东阁大学士、文渊阁大学士。死后谥号文恪。

《富国策》凡例

——富国策为西国之新学，近代最重之。其义在使民足衣足食，无一夫失所。至强兵一道，虽在所不论，然亦有不期而自得之理存焉。

——富国策系属内政而不属外交，重在偃武修和。盖自古殃民穷国之举，未有如黩兵之甚者也。

——富国策虽旨在广发财源，而未尝遗乎仁义。缘若绝仁弃义，则无论再有何策，终难利国矣。

——富国策虽不究夫学业，而间亦旁逮格致诸学，并专以开发智巧为富国之上策，而不外乎智者强之义焉。

——论此学者，在泰西以英国为最。百年来名家迭出，如斯美氏①、梨喀多②、弥耳氏③等，均未如法思德之详而且明。故同文馆④向以此学

---

① 斯美氏，即亚当·斯密（Adam Smith，1723—1790），英国经济学家、哲学家。著有《道德情操论》（1759）、《国民财富的性质和原因的研究》（1776）等。强调自由市场、自由贸易及劳动分工，被誉为"古典经济学之父""现代经济学之父"。

② 梨喀多，即大卫·李嘉图（David Ricardo，1772—1823），英国古典政治经济学的主要代表人物之一。代表作为《政治经济学及赋税原理》（1817），提出比较优势贸易理论。1819年当选为上议院议员，主张议会改革，支持自由贸易。

③ 弥耳氏，或译密尔，即约翰·穆勒（John Stuart Mill，1806—1873），英国著名哲学家、逻辑学家和经济学家。1820年留学法国，结识圣西门、萨伊等人。从1823年起，在东印度公司任职。1865至1868年，当选为英国议会下议院议员。代表作有《逻辑学体系》（1843）、《政治经济学原理及其在社会哲学上的若干应用》（1848）、《论自由》（1859）、《代议政治论》（1861）等。

④ 同文馆，一般指京师同文馆，是清末第一所官办外语专门学校。1862年8月创办，属总理事务衙门。课程开始时只设英文，后来增设法文、德文、俄文、日文。同治六年（1867）又添设算学馆，教授天文、算学。美国传教士丁韪良总管校务近30年。馆附设印书处、翻译处，曾先后编译、出版自然科学及国际法、经济学书籍20余种。1902年，并入京师大学堂，改名京师译学馆。

课读诸生。今译汉文刊行，俾文人学士之留心时事者皆得阅之。

——法思德，英国当今之名士也。幼而丧明，仍矢志勤学，先充国学教习，嗣擢为国会大臣。凡政务之涉于斯学者，无不与议，遂著此书。

——译是书者，为同文馆副教习汪生凤藻，凤擅敏才，既长于汉文，尤精于英文。其原书先已熟读，备探秘奥。迨译本脱稿后，复经总教习详加核对，乃呈钦命总理各国事务王大臣批阅，蒙命付梓。

——泰西纪年悉从耶稣降生始，乃汉平帝元始元年，至今阅一千八百八十年。原书出自泰西，故译者未便易其纪年、历数（附年表以便稽核）。

德三①丁韪良识

---

① 德三，为丁韪良的号。

《富国策》年表

汉平帝元始元年　西历元年

晋武帝泰始元年　西历二百六十五年

隋高祖开皇元年　西历五百八十一年

唐高祖武德元年　西历六百一十八年

宋太祖建隆元年　西历九百六十年

南宋高宗建炎元年　西历一千一百二十七年

元世祖中统元年　西历一千二百六十年

明太祖洪武元年　西历一千三百六十八年

大清顺治元年　西历一千六百四十四年

康熙元年　西历一千六百六十二年

雍正元年　西历一千七百二十三年

乾隆元年　西历一千七百三十六年

嘉庆元年　西历一千七百九十六年

道光元年　西历一千八百二十一年

咸丰元年　西历一千八百五十一年

同治元年　西历一千八百六十二年

光绪元年　西历一千八百七十五年

《富国策》内容

卷一　论生财

第一章　总论

尝谓著书立说，莫难于入手数章，此在博习艺术者，无不知之。是故动理垂于重学①，而入门或昧适从；公论著于几何，而专家犹多问难。良以物理之微，久则自悟，骤则难通也。审是言富国策者，遽欲综论其指归，推原夫奥窔②，又安望初学之相说以解哉？然学者不得因公论自然之理，有所未定，而遂废几何；则亦不得因诸家于此学有所论难，而遂废富国策。所愿有志是学者，去其成见，由浅及深，迨至名物事理，荟萃于心胸，贯通于一旦，然后信此学之益人非浅鲜也。

富国策所论述者，乃生财、用财、货殖交易之道。昔斯密氏首创是学，名其书曰《邦国财用论》③，其实此学所论财用，固合民生国计而言之也。盖财用者，人生衣食之源，天下林总之俦，熙来攘往，不惮经营力作者，无非为植财治生计耳。独是财之一字，虽日用所习见，而其义非经解说，恐难尽人而知。大凡利于贸易之物，皆谓之财。而贸易之利，必生于以有易无，所谓交易而退，各得其所④也。若夫清空之气，固生

---

① 重学，即力学，为物理学的一个分支。

② 奥窔，指隐蔽深曲之处；奥妙精微之处。

③ 《邦国财用论》，即亚当·斯密的《国民财富的性质和原因的研究》（An Inquiry into the Nature and Causes of the Wealth of Nations）的中文译称。在近代中国，该书还有《富国探源》《万国财用论》《富国策》《原富》《国富论》等译名。

④ "交易而退，各得其所"，指相互交易后回家，各自获得所需要的物品。语出《周易·系辞下传》："日中为市，致天下之民，聚天下之货，交易而退，各得其所，盖取诸噬嗑。"

人呼吸之所需，然取之无尽，用之不竭，我非有余，人非不足，即无利于贸易也。水之为物，几于无地无之，亦不得谓之财。然遇通都大邑，人烟稠密之区，雨水不足供其用，则必借人力以运之，于是乎有贸易之利，而水亦居然财矣。安威耳山①，泉所自出也，一渠之水，贱与空气等，及其运至都城，迁地不过十数里，而业水遂足以致富。彼纽利佛公司②，其明验也。是故物之贵贱无常，一视人之好尚有无以为准。有贸易之利者，斯为生财之物，财岂可以拘墟囿哉！

贫富之不同，不独国与国有然，即一国之中，亦有随时变异者。昔英国贫乏，与今之山番③等，彼其时岂无财源之可开哉？今英国所赖以致其富守其富者，不外煤铁等物产。昔皆有之，而不知用，斯不得谓之财耳。是故造物生财，不限疆域，而取财理财之方，则视其国之声教以为广狭也。

厥初生民，大抵猎兽而食，一变为游牧，再变为耕稼，而教于是兴，国于是立矣。今之蛮夷，以渔猎为生，回部④以游牧为业。盖荒陋之习，犹未变革。他若东方之国，其民聚族而居，立长而治，亦见古世之遗风。中国兴教最先，立国最久，特其人狃于信古，故流风遗俗，至今犹有存者。凡此贫富之殊，由于物产者少，由于人事者多。而天下之大，万国之众，或则日进于富强，或则转流于贫弱，或则历久而如故。此其中莫不有所以然之故。英人勇于自新，日思富强其国，而国亦日臻于盛。彼历久如故者，不解其何以不进不退也。是故富国策之学，不独言日进富强之理，亦以明不进不退，及不进而退之故焉。

百年以前，斯氏⑤之书未出。人之论财者，辄谓国非金银不富，此大误也。夫国家之有通宝，所以为易货之币，乃声明文物之一证。虽在教化未盛之国，莫不有之。盖自钱币行，而物之贵贱，不难于核计。设

---

① 安威耳山，英文为 Amwell，有的译为艾姆威尔。英国伦敦附近的一座山，位于赫特福特与伦敦之间。

② 纽利佛公司，原文为 New River Company，今译新河公司，为英国伦敦业水公司。

③ 山番，原文为 Wandering Savage，今译流浪的野人。

④ "回部"，原书为 Arabs，阿拉伯人，是指西亚和北非讲阿拉伯语的居民，绝大多数信奉伊斯兰教。

⑤ 斯氏，即亚当·斯密。

麦一石，值银一两；米一石，值银三两，即知米贵三倍于麦也。又自金银为万国之通宝，而人之懋迁有无于以便。设人载麦一舟，将以贸他物，但售麦得银，而他物俱可价买。向使无钱币之用，则欲以麦易布者，必得一有布无麦之人，方可交易而退。一物如是，凡物无不如是。商贾无由通，即政教无由隆，是钱币之深利于家国也。而人之误以金银为财者，正因乎此。彼见物价之贵贱，悉以钱币计；百货之有无，悉以钱币易，遂谓天下之宝，莫若金银，金银以外，无所谓财。其在邦国，通往来，重商政，亦沾沾为积金之计。不知国之所以富，与财之所以生，不徒在是。今之人仍蹈此误者鲜矣，然积习之久，中于隐微，正有未泯故见者，是书所为不惮烦言也（详见后文论钱币诸章）。

第二章　论生财有三要

天地之所钟毓①，山川之所韫藏②，皆自然之利，财用之源也。然取材以致用，则在乎人。试观煤产于山，诚天生之利薮，而不有人力以取之运之，则无以资其用。特智巧之施，必有所凭藉。机器之制巧矣，而非铜铁不能成。故地利人功，二者交相济，亦交相需也。

所谓三要者，何也？人知因地之利，施人之功，百物可以成，即财用于是足，而不知百物之成，资乎百工；百工之养，资乎饩廪。不有蓄食，何以食百工？不藉人功，又何以有蓄食？盖必为之于先，积之于素，因往以鸠③来，而后百工可兴，百物可成。犹贾者必积本而后可以营利也。然则生财之道，资本又其要矣。

是书论资本之要，多所问难，学富国策者，但视其于此理明不明，即知其于此学能不能。诚能洞彻资本之理，则全书之贯通，可操券获矣。所谓资本，其说非一端，姑举其一言之。曰资本者，撙节之余，此所谓有所节，遂有所生也。人功之所效，不能遽以应取求。农夫力田，需数月之久而谷始登，食始裕。此数月中所恃以养者，乃耕余之食耳。推之

---

① 钟毓，指受美好的自然风光的熏陶。
② 韫藏，指收藏。
③ 鸠，指聚集。

百工，莫不有然。盖惟有所节以为养，斯能奏其功以有所生。若是乎资本之关系于生财者，又岂在地利、人功下哉！

第三章　论人功

生财必藉乎人功，上章已显其理，兹更推论夫功之所由施，斯见物之所由利于用焉。惟天生财，而饬材创制，以适生人之用者，人功也。市廛之货，日用需之，究其制，率非一手一足所能成。试以棉花论，植之者，美国也；织之者，英国也；衣之者也，印度也。苟为之溯其原，究其竟，始知盈丈之布，所需之功，殆有不可胜计者。其在美国，时而种植收采，继而束缚捆载，由内地运至海口，以备商贩，固在在需人矣。其至英国也，非船不能载，则有造船之功；船不能自行，则有航海之功；抵岸必起货，则有人夫挑运之功。他若陆运藉乎铁路，有创造铁路之功；织布赖乎机器，有创造机器之功；而百工之兴作，恃乎饔飧，则更有积本以食之功。因端以竟委，触类而引伸，由巨至细，自粗及精。盖区区一布之微，其人功之众且大若此，他物不从可知哉！

独是财非人功不能生，而人功不必皆生财。故以两类括之：曰生财之功，曰不生财之功。此其异就名而言，虽未尝从事此学者，亦无不稔知之也。

欲明二者之分，又必申论夫生财取财之故。盖万物生于天，聚于人，成于聚。人之不能生物，犹天之不能聚而成之也。如谷之有麦，天之所生也；人则取麦磨之而成面，和之以水与酿，蒸之以火与气而成饼，而后人得市而食之。是其交易之利，出乎人功。而凡致物有交易之利者，皆生财之功也。若农若工若商，其选也。农所以力耕，工所以制造，商所以懋迁有无，皆生财之显者。推之巡街之捕役，查夜之兵丁，所以靖盗寇、保商贾，亦足与于生财之列。惟是生财之功，亦有时而不生财。一工之创，或既举而旋废，则前功尽弃焉。如近年某地之铁路是已[①]，其工方竣，而事主乃以故毁之。其地复售归原主，岂非弃全功于一旦，

---

① "某地之铁路"，原文为 from Chesterford to Newmark，即从切斯特福德到纽马克之间的铁路。

而至有用之功，竟不难化为无用哉！

天下品类之繁，托业之不一其途，复有作为有益，而其功不径能生财者，如闾里之塾师其一矣。数年前，人不重读，识字之工贾，视与不识字者等。佣工之业主，方以为读则妨工。今日有塾，不如昔日无塾。当其时塾师之功，即不谓为有害，必谓为无益，岂果无益哉？特其生财之功不显耳。迄于今，文教日兴，人知读之可贵，始信塾师之有利于国计民生者，非浅鲜也。盖论读书之益，不独巨商大贾为然，下至负贩小民，一技一艺之末，莫不心力并重。能识字知算者，必于所业有裨。然则教人以道艺，牖人以明聪，师傅之功。岂不深有造于富国之道乎？若此者，其始不见生财，徐而思之，虽不径能生财，而实未尝不生财也。不但此也，夫作无益、害有益，人情耻之。不知无益之耗费固可惜，而生人之乐趣亦不可无。欲尽举耳目玩好之事而废之，非惟势有所不能，抑亦情有所不必。何也？一国升平之象，可觇民物而知。其得优游闲暇以行其乐者，必其国之阜于财，足于用者也。况乎人生有作必有息，劳倦之余，得一舒散，而精神顿振，力作愈勤。由是言之，虽供人耳目玩好之事者，亦不尽无益，即不尽为不生财之功也。

审乎此，则所谓生财之功，可得而推其类，定其限矣。旧说，生财之功者，劳其力以利物之用者也。愚谓以此立限，未足赅括。盖按此说，彼教人技巧之工师，必不得与于生财之列。然百工之技巧，实富国之要端。工非师，无以生其巧。工失其巧，国即损其富矣。特是人之论财用，以有形言，遽以无形之技巧为财用，未免失之矫。今第小变其说以立之限曰：生财之功者，或劳力，或劳心，以利物之用者也。如是则师傅之功既可赅，而与世之论财用者，亦无凿枘①之势焉。

生财不生财之分，有益无益之别也。人功既有此别矣，而货物之消耗亦如之。盖天下不能无游民，游民不劳心，不劳力，不耕而食，不织而衣，其所消耗者，犹是农工勤苦之所生，而不能更生一物以裨世，是无益也。故有有益之消耗，有无益之消耗。讲富国策之学者，又不可以不知之。

---

① 凿枘：凿，指榫眼；枘，指榫头。比喻互相投合。

夫作为无益之人，其所消耗，固皆无益矣，而作为有益之人，其所消耗，正不皆有益。何也？人即甚贫，不能无所费于衣食之外。凡外于衣食者，皆非其所需也。非所需而费之，虽出于良工勤农，亦无益之消耗也。此其分于下文论资本章，所关为甚要焉。

第四章　论资本

资本之要，与人功、地利而并重，其说已明，其理易显也。盖百工居肆①，不能即所制之物以为养，则必有蓄于素者供厥取求，而后可从容以成其事。此蓄于素者，资本之谓也。是故邦国之资本，亦节用之余，用以滋生物力，以益其富者而已。

前言人之论财用者，惟金银是宝，诚为世俗之通误。而学者于资本之谓，苟执初见言之，恐亦易蹈此误。盖计资本之多寡，与论财富同。非藉钱币，无由核其数，于是人遂以资本专属诸金银。凡金银而外，皆不得谓之资本矣。显持此说者，或鲜其人，独至奥义②所在，议论所抒，则往往习于误而不自知。是虽辨足饰非，而究于此学无当也。然则何谓资本？资本者，无一定之物，凡积蓄于素，以为生财之本者，皆是也。今使执农人而问之曰：尔有资本几何？诚必以若干金对。顾此若干金者，非真有若干金也，乃据其牲畜、田器、籽种之所值，合之现存之银，都为此数耳。夫农夫何以需资本乎？曰市田器也，市牲畜也，市籽种也，雇佃工也，则是农夫虽真有若干金，犹必易市诸物，而后田事可成也。资本之谓，顾可以金银囿哉！

人知资本之无定物，即知一国之资本，不尽见诸运用也。试以谷论，大抵今年之所入，备明年之所出。或问此所入之谷，应以若干分为资本，曰：举田主所欲用之于有益者，资本之数也。然人无恒心，今日欲用之于有益者，明日或用之于无益。故一国资本，初无常数，惟通一年计之，庶几可核而知耳。

说者曰：食为民之天。人即奢侈，断无暴殄其谷者。审是则一国所

---

①　肆，指铺子，商店。
②　奥义，指内容深刻的道理。

有之谷，何不可尽视为资本乎？曰：否。田主不难货其谷以恣挥霍也。说者又谓谷货于人，谷之用仍在。殆物之类乎谷者，其能否为国之资本？并非物主所得而主欤？惟然而又一难义生矣。要之资本之理，未可更端问难，使学者苦于扞格①而不通，是贵有以辨之。何以辨之？曰：假如田主收谷百石，以五十石易银，供其嗜好之费，则五十石之所值，已耗于无益矣。此五十石之谷，能视为资本乎？不然也。盖就谷而论，虽经易主，其足以为人朝夕饔飧②之需者，曾不少异。然使田主以所易之银，不耗于无益之嗜好，而用于有益之经营，则其国之资本，不更多此五十石之谷乎？或谓此嗜好之物，既有业之者，必有售之者。即不售于田主，亦必售于他人。其业本无益之业，似损国之财者，不在售主而在业主也。不知人无嗜好，何以有嗜好之物。业主成之，实售主有以启之。是故国之资本，增损在民，奢侈则损，节俭则增，所谓资本者撙节之余也。撙节云者，非藏之于勿用，乃用之于有益，以为生财之本耳。适言凡人奢侈，则损国之财，节俭则增国之财。由是知人之耗其财以恣嗜好者，不独无益于国家，并无益于工贾。其有益工贾者，乃铢积寸累、经营植产之流也。此说世俗咸非之。世俗于纨袴之子，挥金如土，则曰彼虽损己，而实利人。其济世之功，有足多者。若躬行节俭之人，则反无此美誉，而一遇荒歉，辄为众怒之所归，比比然也。

不知一国之资本，百工所赖以赡养者也。资本愈多，则工食愈富，兴作愈众。今试有人于此，初则货其谷以恣挥霍，继则改行，以挥霍之资佣工人，一变易间，其所系于工人者为何如乎？当其挥霍也，惟美食鲜衣之是务。就其一端言之，设以千金制华服，在织匠多售千金之货，必增雇织造之工。是若人以千金制美衣，不啻以千金佣织工，似有益于织业也。然而其衣一敝，则千金立尽，衣之者虽炫耀于一时，而要不能更有所滋生，假使径以千金佣工作，则所作之工，皆滋生之财，而国必益富矣。

或者谓此就一国之所系而言则然，若第就工贾而言，亦有以异乎？

---

① 扞格，指互相抵触。
② 饔飧，指做饭；早饭和晚饭、饭食。

夫举百工而合计之，损于此必益于彼。若人以佣佃之资而制衣，天下少一佃工，即多一织匠；以制衣之资而佣佃，天下多一佃工，即少一织匠。诚无所出入于其间，然织匠因制衣之人少而汰其工，工汰则本轻，本轻则有余资，有余资则将别托一业以营利，是天下少一织匠，不独多一佃工也。故雇工之人愈多，则役工之人愈众，有必然者。

独是前言人之嗜好，并无益于工贾，其说至不易明，欲急索解人不得焉。试申论之，有人以千金之产，变价而市绣，宜其有益于业绣之工，而与无端毁其千金之产者异矣。不知人而毁其市绣之金，业绣者必将汰其工，必将有余资以别托一业，如前所言然，其经营也如故，其获利也如故，曾不以市绣之人少而有所损也。少之既无所损，多之岂有所益哉？然则嗜好信无益于工贾，而民之足以富其国者，乃断断在节俭而不在奢侈也。

夫耗其财以适一己之口体者，信与国计民生，两无裨益矣。若出资雇工，以为无益之举，如造苑囿、凿池沼等事，不犹有裨于工匠乎？试论之，设人以百金凿一沼，天下固多此百金之工价也。故就工价而言，则较诸口体之是适者，耗财同而公与私有间矣。顾与适口体者较，则此为愈；与作有益者较，则此究为无益之耗费也。何也？是故用财之道，凡分三等：一用财于有益之工，既可赡养工人，又可滋生物产，凡业农业贾之类是也。二用财于无益之工，虽亦赡养工人，而不能滋生物产，如筑亭凿沼之类是也。三用财于嗜好之物，既不能滋生物产，又不能赡养工人，凡役志于口体者皆是也（或讥富国策为教人以"为我"之书。夫"为我"者，正以娱耳目适口体为事者也，乃富国策不以此辈为有裨于工贾，则其非为我之学，岂待辨哉？）。

此章言财之用于有益以滋生物产者，谓之资本。如制造之机器，商贾之屯货，农夫之耕具，暨赡养百工之工食，皆资本也。乃一国所用之资本，每不能尽其利。不能尽其利，则不啻伤其本矣。何以言之？工不巧，器不利，一役之兴，或废于已始。百工之食，恒浮于所需，凡此皆足以伤本。工食浮于所需，何以亦伤本也？盖工有余资，则有嗜好。即英国之工人论之，统计吸食烟叶之费，岁糜银九百万两。夫食烟叶，非徒无益，而且有害，有害则此九百万之用，不独不能滋生物产，并足以消耗物力，非伤本之尤哉？

说者谓一国之资本，诚无纤毫之糜费，则本以愈积而愈多，既无运用之地，将有壅滞之虞，故必有所糜以疏通之。盖资本者，撙节之余，本之日益增。由于俗之日益俭，富者节其嗜好之费以佣工。工既多，所成之货亦必多，业者众而售者寡，壅滞之形，可想而见。虽讲是学者，不免持世俗之见，以为富者之浮费，必不可无，而不知非也。资本一增，情形顿异。试执两说以衡之：一则财加多而民亦加多，一则财加多而民不加多也。其民亦加多者，以所增之本，赡所增之民，出入相抵，财之不患壅滞也易显；其民不加多者，百工已有职业，本虽增，又何加焉。此非申论之不明也。夫富者以浮费之所节，易而佣工，而国本无游民，则此所增之本，诚似无所用之。盖人既节无益之费，则向之业无益者，不难改其业以务有益，其本仍在。固于新增之本无所需，然所谓国无游民者何欤？必百工各勤于业，以作工几何，得价几何也。夫百工未有不愿增给其价者，特以资本只此数。故工价亦只此数耳。今资本既增，则工价可长，工价长则向之仅足给衣食者，今且得从容自适于衣食之外。而人之以陶情玩好之事为业者，惟富室是赖。今且见售于工作之人，而其业加盛矣。而或者曰：资本日益增，工价日益长，久之民生各足，无欲不偿。是率天下以惰者。此说也，不知家给人足，生民之庆。劳力者，由是可以节其劳，纾其力，不至如今之疲惫困苦，欲罢而不能，岂不美乎？况人之禀性，初非好劳，迫于衣食，斯不得已耳。是故治国之道，莫善于使民有以节其劳。观于民之犹未得所休息，而知斯世已臻上理之说，殊失之夸也。

夫民有心思而不知辟①，民有筋骸而不能息，蚩蚩者②历数十百年而如故矣。富国策之学，所以示人以休息民力之方，使之优游暇豫③，得从事于弦诵，以扩其明聪。盖胥一世而进于康乐者，富国策也。彼鄙

---

① 辟，指法律。见《左传·昭公六年》："民知有辟则不忌于上。"
② 蚩蚩者，指平民，百姓。唐柳宗元《断刑论下》："且古之所以言天者，盖以愚蚩蚩者耳，非为聪明睿智者设也。"
③ 优游，指生活悠闲；暇豫，指悠闲逸乐。

视此学者，亦思体国经野①，有裨世道之书，曾无有逾②于此者乎？

资本为撙节之余，言之详矣。自有此说，而人误以财之藏于勿用者当之，此大谬也。盖资本不见之运用，不能有滋生之效。以价佣工，工价即资本也。然工必以所得之价，易市衣食，而后可以成其事。设人有谷若干，其得谓之资本者，以其能赡养百工也。若徒储于仓而不用，即不得谓之资本矣。推之一切器用亦然，如火轮气机一具，纵极耐久，亦仅能成工若干，终有敝败之时。惟器用能代人之力以生财，至于敝败而后已，故器用亦谓之资本。是以一国之资本，无论何物，必自其见之运用者言之，非自其藏于勿用者言之也。

特是虚言其理，尤贵实征诸事，试举一二端言之。假如一国为敌所陷，肆其蹂躏，府库为之匮，仓廪为之虚，宫室器用为之毁尽而无遗，若是乎国之资本几尽丧，而生财之道绝，宜其一蹶不复振矣。然而兵燹之余，往往不数年而顿复旧观者，何也？良以一国之资本，恒有所虚糜，其所生之利，原无需所用之本之多也。即如工价之给，每有余于衣食之外，凡衣食所余者，皆去之无伤者也。故一国虽经兵燹，苟田器犹存，则但有一年之食，百工依然可作，农夫依然可耕，诚无妨于生财之道，即无异乎兴复之速也。若并田器而无之，斯为害较大，兴复较难矣。

邦国自通商以来，国计日裕，则恒产日多。以英国论之，铁厂之多，铁路之广，商舶之众，制造之盛，机器之巧，具见其储财之富，而布帛粟米之充积于廛者不计也。使英国而遽丧其所有之食，苟百工犹足以疗饥，则一年之久，不难复其旧。若一旦敌国凭陵，蹂躏遍境，举其宫室器用之类而尽毁之，则元气必不能骤复，而所受之害，视古昔小弱国之失陷者为远甚矣。是故国之恒产，年多一年，即战之祸害，日甚一日，施受之际，易地皆同。观于邦国通商之盛，庶几无轻启兵戎之患哉！

或问国家有额外之费，如征伐剿抚等事，其将贷于民乎？抑将增税敛乎？英国之政，则主贷民，故所负国债，甲于欧洲。惟一千八百五十

---

① 体国经野，指把都城划分为若干区域，由官宦贵族分别居住或让奴隶平民耕作。泛指治理国家。出自《周礼·天官·序官》。

② 逾，指越过、超过。

四年，葛兰司登①掌度支，尝建议更张，嗣后兵费，悉以加征赋税给之，俾无贻后世子孙累。一时国会深是其议，以为法至良意至美也，然终格于势而不行。故其时攻俄之役②，复贷民五千万磅焉。夫称贷于民，诚不免贻后世累。若权其损益轻重，当何所为之限制，正未易片言断也。

借贷之款，非出于国人之资本，即出于浮费之所节。国家贷民之财，偿民以利，民固未有不愿者。民之财，即农工商贾经营事业之资本也。有所贷于上，必有所减于下，使国家以所贷之财，仍用之于国中，则谓于资本无所损可也。惟国家有事称贷，往往以为军火之用，举凡枪炮、药弹、水雷等物，既不可赡养百工，又不能滋生财用，苟其用之，莫能复之。审是则贷民之举，诚有损于国之资本，而百工亦隐受其损者也。

然此特就用于军火者言之耳。若以所贷之财，用诸有益之工，为民兴利，如浚河道、造铁路、屯田、开矿等事，非国家为之，民孰能为之？如是以为用，则贷民之举，不独不伤民之财，且能增国之富。又况国家此等巨款，大半恒贷自异邦，如俄罗斯之官铁路、印度之各项工程，取贷于英国者甚巨，其于本国之财，岂非所动支者少，而所增益者多耶？

夫用诸军火，则损其财，用诸要工，则益其富。若是乎，凡称贷于民以兴创工程者，其皆有利无弊矣乎？而不然也。大抵有所营造，官办恒不如民办，官办则虚糜恒多，实济恒少，虽其事非国家莫能举，而终不能无此弊。观于印度之工程局，斯可知矣。

或问所贷之款，自国家耗之，其损国也，甚于民间自耗之，何也？夫执一说以衡之。今使欲通核一国之财，则凡贷其财于上者，其所执之契券，必去而弗计，否则重出其数矣。譬甲有田百顷，以五十顷契于乙，此五十顷之契，固为乙之财，而不得谓为甲之财。缘此五十顷者，即在甲田百顷以内，非乙别有五十顷也。彼民之贷财于上者，亦犹是耳。诚

---

① Gladstone，即威廉·尤尔特·格莱斯顿（William Ewart Gladstone，1809—1898），英国政治家、经济学家。多次出任英国财政大臣，英国首相。1845 年加入罗伯特·皮尔内阁，任殖民地事务大臣和贸易大臣。1853 年进入乔治·汉密尔顿·戈登内阁，任财政大臣。1868—1874年，格莱斯顿第一次领导自由党组织政府，进行了各项改革。

② 原文为"the Russian War"，即克里米亚战争。1853—1856 年在欧洲爆发的一场战争，是俄罗斯与英国、法国为争夺小亚细亚地区权利而开战，战场在黑海沿岸的克里米亚半岛。后来被称为"克里米亚战争"，又称克里木战争。

使所贷之款，尽出自国人，则虽朝廷概置弗偿，于国之财用曾无毫末之增损，况乎上有所称贷，则下益务节俭，上贷于民而耗之，与上不贷于民而民自耗之，诚无以异也。特是民自耗之，不过耗之而已。上贷而耗之，又必岁偿其息于民，此其所以异耳。

其贷财于天下，则下之资本减，而百工因受其损，似也。然而其功效有不可掩者。盖诚能用之要工，则非惟不损国本，抑且能增国本。其增之之道，或民俗以此而益俭，或异国之本假以为我用也。夫如是，则百工且立受其益矣。印度铁路之费，几几尽贷自英国内一千一百万磅（一磅约当三两三钱），为国人营造铁路之工价，是印度工人显得此一千一百万磅之利。即如其国佣工之资本，忽增此数也。至于国计之利益，则视乎铁路之功用。印度铁路之所入，犹未足以偿贷款之息，乃加征赋税以补之。是故国家贷财之举，苟可增益其资本，则虽用之于无益之工，其工人必受其利。所不利者，惟雇工之富户。盖资本既加，工价即因之以昂耳。

然则贷财之效，因乎用财之方。用之无益，则举国受其损；用之有益，以兴民间不能兴之利，则于国计大有裨也。

所谓以军火之需，列诸无益之耗者，非谓武备可以不修也。国家有事征伐，动糜巨万，诚耗费矣。然兵不足，器不利，则无以御外患。一旦有变，民失其恃，其于国计民生之故，所关岂浅鲜哉？是故军火之需，乃国家不能已之经费，正以为利用厚生计也。

夫国家额外之用，筹之于称贷者，其利弊有如此矣。若筹之于加征则何如？大抵加征之法，各国不同。以英国论之，则不外二法：一曰入款税，一曰货物（如茶、糖之类）加征税。入款税者，或取自入款，或取自资本。设有富户应征入款税一千磅，彼不难节其浮费以给之。以所节之费纳税，则并不减其本，本不减，则百工不致受其损。故征入款税，必以不伤本为要义焉。或者谓民间因入款有税而节费，节费则嗜好减而市物少，市物少则销路滞，而百工因以受其害。不知人之嗜好，不独无益于国计，并无益于民生者也。诚使所征之税尽出于入款，而非出于资本，则百工非惟不受损，抑且受其益矣，何也？国家既筹是款，必有运用之方，或以制造船只，或以兴办要工，莫非工人之利也。或又谓入款之税，可无损于富户，不能无损于工作贫民。此又不然。盖工人自食其力，仅足以给身家，初无入款之可计。故英国入款税，未尝征诸工作之民。富如英国，虽加征甚重，亦不致遽伤资本，不过有余之家，浮费顿减不能穷其奢极其欲耳。而于生财之道，固无妨也，独是加之不已，则国即至富，其究必至伤本，本伤则民失其业，而生财之道之失矣。是故入款一税，在贫国行之，则易为害也。

称贷如彼，加征如此，二者果孰愈①乎？第就生财一端而论，自以加征为愈。盖称贷之数多，不免取之自本，只可遇税已至重，无可加征之时，不得已行之耳。然此未可执为定论也。讲富国策者，所当变通尽利，因时因地以制其宜焉。试以印度论，印度之财用，恒处于不足，有所营造，非贷财于异国不为功。故使印度一旦有事干戈，欲筹兵饷，而称贷于国中，非计也。然称贷于国中则非计，称贷于英国则甚宜。何也？贷英国之财，以为印度之用，虽半皆耗之于军火，而要其营造战具，必佣工人，则工人食其利，修路造桥，以为军旅也，而平世②商贾利其便。若是则岁偿之息，其所生之利足以给之，即不然，其所伤国本，亦不至如贷于国民之甚也。

由是观之，一政之举，为利为弊，不可执一而论。印度之不宜贷于国而宜贷于英，固已。然而印度，英之藩属也，贷于英者愈多，则其民离畔英国以图脱累之心亦愈甚。则是贷财于英，印度之利，乃英国之患矣。是故贷财之举，不独当审诸富国策之理，又必揆乎时，度乎势，期于有利无弊而后已，是在执政者有以权而决之也。称贷与税敛，二者之利弊互见。然则定税法者，可不力除其弊，以求无伤于资本乎？是故货物可税，质料不可税。今使税布者，不税诸已成之布，而税诸未织之棉，则业户必将出其本资以纳税，而业本减矣。若俟其织布而后税之，彼不难稍昂其价以为偿，于业本固无毫末之损也。

是章论凡足以济生财之用者，皆谓之资本。故资本不可以工食概，必兼机器、宫室及一切器用而言。惟工食之为资本，与机器之为资本，其为用有不同：一则消之顿尽，利在运；一则经久始敝，利在恒。故别

---

① 愈，指较好、胜过。
② 平世，指太平之世。

其名曰运本①，曰恒本②。二者之分，关于要义者甚多。试论之，运本之用主乎暂，其利可以立得；恒本之用持乎久，其利必以渐收。农夫雇工力田，一年所给之价，一年之收获足偿之。若购一灌田机器，则所费不能取偿于一年之内，必历多年，而后徐收其利也。又一切生料，皆为业户之运本，如棉花生料也，织户织之成布，售其布，顿偿其本矣。惟运本之用，可一而不可再，故其所生之利，必稍有余于本资之外，而后不穷于给。夫资本纵有运与恒之别，而或速或迟，其究必同归于消耗，所以能历久而常存者，赖有滋生之道耳。故运本之消耗速，其滋生亦必速；恒本之消耗迟，其滋生亦不妨迟也。

二有之为用，其不同有如此矣。今使以巨万之资，向惟用之为运本者，今变而用之为恒本，其得失当何如？夫向之用为运本也，以其消耗速，故滋生亦速。今既改为恒本，则消耗迟矣。消耗迟则滋生亦迟矣。试以营造铁路言之，假如本银一千万磅，向以之雇农夫，今以之雇工匠，农夫得食以力耕，其功作所成，顿有滋生之效，而本资可以遽复。工匠得食以造铁路，其有益于国，与农夫等，甚且驾农夫而上之，而特不能遽有滋生之效。此在国家，失于彼者得于此，曾无毫末之损。惟养给百工之食，或因此少减，而百工不免受损于一时。盖百工之食，固给自运本者也。然此一时之损，不难以机器之巧，铁路为用之广偿之。盖机器愈巧，则制造愈富；铁路愈广，则懋迁愈利。制造富，懋迁利，则商贾之业日益盛，而百工均受其利矣。况就英国论之，全以机器、铁路致其富，其易运本为恒本也。消耗甚巨，而弥补亦甚捷，故谓英国之工，并无此一时之损可也。

顾概而言之，则百工不必因资本之变易而有所损；分而言之，则受其损者正不乏其类焉。今试有人于此，以七年之久而精一艺，艺精故受食独多。他人以七日得工价银一磅者，若人以七日得银四磅，良工之所以异于众也。一旦机器（用以制造而代人工）出，而巧者无所施其巧，则将降而与众工伍。而向得四磅者，今亦只可得一磅矣。是若人以有机

---

① 运本，原文为 circulating capital，现译作"流动资本"。

② 恒本，原文为 fixed capital，现译作"固定资本"。

器，而所得失四之三，计一岁实少银一百五十磅，无异积产者，一旦骤失其四之三也。是故一机器之创，必有工作小民，起而沮其用。论者以为无故阻挠，非无故也，彼实受其损耳。朝廷知其受损，又非出于彼之所自致，则当曲加怜悯而设法以体恤之，与之婉言利害，告以愈阻挠则愈益其损，未尝不可解而散也。工作小民，不幸遇此，莫妙于舍其旧而新是图，择其艺之相近者为之。如英国南境之织布匠，自有织布机器，而其利遽夺。持之愈久，其害愈深，向使改而业丝于北境，则迁地为良，不远胜于旧业是执乎！

第五章　论三要滋生之力

生财之要：地利、人功、资本，三者既并重矣，然论其滋生之力，则各有多寡大小之不齐，或因乎时，或因乎地也。以地利言之，今英国有数郡之地，物产至富，昔仅泽国耳、邱墟①耳，以人力智巧之转移，遂使硗瘠者变而为肥美。昔弃之如敝屣，今争得之为良田，此地利之因时而异者也。以人功言之，犹是刈稻粱也，英国一人一日之所作，抵俄人者三；犹是造铁路也，英国一人一日之所作，抵法人者二。其故固由于体气强弱有不同，亦由于技艺巧拙有不等。此人功之因地而异者也。以资本言之，昔所不能兴之工，今以智术之精，机器之巧，莫不创而行之。如开煤、开铁等事，昔有本而无所施，今则用之以尽其利矣。织呢、织布等业，昔用力多而成功少，今则用力少而成功多，且百倍其利矣。此又资本之因时而异者也。审是则欲求地利极其宜，人功极其能，资本极其用，非旁通乎格致之学，博涉夫术艺之精，无由变通而尽利，有断然者。

独是富国策者，理财之书也。所讲求者，生财、用财、贸迁、交易之道耳。必欲推寻夫滋生物力之所以异，则将举化学、医学、算学，暨一切格物之学，合为一书，其势有所不能。然则富国策一学，不可无以限之也，明矣。限之奈何？曰：只论其当然，而勿论其所以然。当然者，如言地利，则第据其肥硗之异，以论其生产之殊。至于肥者何以肥，硗

---

① 邱墟，指废墟，荒地。

者何以硗，此化学事也，非所论也。言人功则第据其强弱之异，以论其功力之殊。至于强者何以强，弱者何以弱，此医学事也，非所论也。是故下文所论三要滋生之力，大抵皆当然之故，就其事势之显异者言之耳。

财之生于地利者，固视土之腴瘠为多寡，而实不尽在土之腴瘠也。何也？天地生物，原以给生人之用，而所以致之合用者，则非人功资本不为功。故计地利者，又必兼计功本之所需，而后可以定。美洲密息江①一带平阳之地，土极肥饶，而所产之麦，运至欧洲者居多，则功本大而利为之减矣。苟使其地生齿日繁，以土产之麦，供土著之民，田不加肥，而利必倍厚，为其无输运之费也。由此言之，凡有便利转运之法，皆为增益地利之方。今天下良田美土，半皆弃之于不耕不种者，徒以距城市太远，输运之费无从出耳。不然，彼瑞士诸山所产之杉木，材大而质美，宜为工师所争购矣，何听其砍伐朽腐若此耶？

是故生齿日益增，则地利日益厚。澳大里亚之草田，向以牧羊为息，然往往贵皮而贱肉。以皮之为物轻，易于输运；肉则居人稀而食之者少，又不便贩运，故弃之无可惜。与英国之贵肉而贱皮，正相反也。自金矿开而工人云集，户口大增，羊之肉顿贵，即牧羊之息顿厚，盖草不加肥，而利则加厚矣。

若夫人巧滋生之力，则与地利交相需，亦交相济也。欲计功之多寡，不难以若干人作若干时，就一日之间计之。要其所生之财，则视乎所因之地利，与所作之人功，以为多寡也。其系乎地利者，上文言之详矣。兹即其系乎人功者论之。

大抵所需于人功者，莫若勤与巧，而民之勤惰巧拙，则因乎一方之风俗人情。如英国阿尔兰岛②民，恒不若英吉利岛民之专且一。勃氏③所

---

① 密息江，原文为 Mississippi，即密西西比河，发源于美国中北部湖沼区，南注墨西哥湾，是世界上最大的河流之一。

② 阿尔兰岛，原文为 Irish，即爱尔兰岛，位于欧洲的西北部，是北大西洋上的不列颠群岛第二大岛，欧洲第三大岛。

③ 勃氏，原文为 Brassey，即布腊西（Brassey Thomas，1836—1918），英国政治家和社会改革家，曾担任英国下议院议员十八年之久。在议会中，他专门研究海军、海运、工业问题。著有《工价考》（1872）、《工会与工资》（1870）、《合作生产》（1874）、《劳工问题演讲》（1878）等。

著《考工》一书，论各国工人优劣甚详。而以英人为第一，谓英国工价，虽较昂于欧洲诸国，然建桥、造路、凿隧等工，在英国为之，所费犹略小云。此勤惰之较也。

至于巧者，技之所由效，非读书无以致之。今天下百工，废读者多，故未知巧之系乎生财者重且大也。夫力田之农工，似无所用其巧矣。然识者谓同一腴田，在苏各兰①南鄙，较在英吉利而所值尤多者。无他，苏各兰之工人农夫，大抵视英人为务学，读书较多，故智巧较胜，而其营利亦因之较厚耳。诚使英国农人，皆知务读以益其巧，则获益之大，不啻其地之加腴矣。不但此也，工人读书，则知敦品；知敦品，则欺诈泯而忠信昭，可无事于监督稽查之费。盖工无忠信，侵亏窃逃之弊害犹浅，监督稽查之费害实深。以多所费，即少所生也。他若烟酒嗜好，皆足以防功，工能改其行以务于正，所裨于生财之道者，岂细故哉！

至于资本滋生之力，又因所凭之人功、地利而殊。人功足，地利美，则滋生亦厚。然亦有不系乎人功、地利者，则器尚焉。所用之器愈精，其所生之利必愈厚。今英国一岁生财亦云多矣，使无机器之助，恐倾国之本为之，所生亦不能逮其半。故滋生大而功本轻，用莫妙于机器。世之权本利者，动以一己之出入计之，如力用之农夫，因用机器而生财倍多。彼则曰：我租田而耕，田之生物，固益盛矣；田之租价，亦增昂矣，倍于人者倍于出，于我何加焉？不知据一己言，利诚不见其有加，合物我而论，则必有分受其益者矣。是故论资本滋生之力，必据其所生之财综而核之，不在一身一家之私计也。

凡所以节省人功者，亦足增资本滋生之力。试以佃工言之，设田主雇工二十人，必另以一人立之监，否则工必惰。此监工之人，受食恒优于工人。假如工人月受银四两五钱，监工月受银十两，都计监工十取其一，此什一之费，浮费也。夫使佃工皆知敦信尚勤，无事于监工之设，则田主工价之费，遽省其十之一矣。工价省而生财不加少，则其资本之所节，又可推广其用矣。此省功以节本之说也。

---

① 苏各兰，原文为 Scotland，今译为苏格兰。在不列颠岛北部，首府爱丁堡。1707 年 5 月，苏格兰与英格兰合并为大不列颠王国。

欲工之勤且敏，必使之以所事为切己而后可。欲工之切己，必使佣工与业主同心同德而后可。其道在与之合伙，合伙则得失均受，休戚相关，工不督而自奋。非惟恶习可以除，且使功本滋生之力，皆由此而增，诚无穷之利也（详见后文诸章）。惜此法世未知之耳。

以上所论三要滋生之力，特举其大略言之耳。进而详之，则增益之法，尤有要者。如斯密氏①所论佣工分职之利，其一端矣。今夫针之为物，至小也，而一针之造，凡更历者几八十役。铸钢而成线，截线以合度，由是而锐其端，利其锋，磨之砺之，整齐而束缚之。使以一手而兼诸役，虽至巧者，日不过造针二十而已。今第分司其役，而一日之间，一人之手，可成五千枚之多，其速二百余倍，即其利亦二百余倍矣。按斯氏之说，分职之所以加速者，其故有三：专一则能生巧，一也；无更役之劳则时不废，二也；各以私智创机器，则事半而功倍，三也。

所谓专一则能生巧者，盖习久则技熟，凡身之使臂，臂之使指，莫不妙造自然。意之所到，目与手随之，其敏捷之神，真有指与物化，而不以心稽者。此不独居肆之百工为然也。彼奏乐之技，亦犹是已。弹琴者手挥五弦，众音毕奏，指法之捷，几几不可思议，而其应弦合节，声之高下疾徐，曾无毫发之爽。自非习熟，何以能此？故专则熟，熟则速，执技者所以不贰事焉。又况工之技精，则饬材辨器，在在有以善其术，不知俪规错矩②，卤莽灭裂③，而有所糜，不又业主之利乎？

所谓无更役之劳则时不废者。盖自此适彼，其间不能无作辍，数数为之，失时良多，苟主一而无适，则静而有常，自无此弊矣。斯氏曰：凡人更适一役，往往舍业而嬉者有顷，及其就役也，又事非所习，恒不能得心而应手。盖身虽至而心犹未至焉。故当其始，非惟不能相示以巧，相陈以功，抑且近于玩愒而不知慎。此荒嬉疏忽之习，在村邑之工人，

---

① 斯密氏，即亚当·斯密。

② 俪规错矩，指违背改变正常的法则。出自《楚辞·离骚》："固时俗之工巧兮，俪规矩而改错。"

③ 卤莽：粗鲁。灭裂：草率。形容做事草率粗鲁。出自《庄子·则阳》："君为政焉勿卤莽，治民焉勿灭裂。"

尤所不免。村邑之工，俄顷必更其役，易其器，一日之间，更历数十事，卒至因循懈怠。虽遇至急之务，而无由淬厉其精神，岂不误乎？愚按此论自非虚谬，特不若是之甚耳。

所谓各以私智创机器，则事半而功倍者，其说虽不尽确，而要非无征也。盖人各有专司，则因熟生巧，日思有以利其器善其事，较诸兼营并骛者，其心思之聚散利钝，固自不同，如火轮气机之合页，昔以一童子专司其启闭，其后自行合页，即创自此童子。虽以瓦德①之巧，未尝及此，所谓因熟生巧也。

愚谓佣工分职，不必为创造机器之由，而机器之创，实为工职之所由分。何也？机器能代人工作，而每作一工，必有人以专司之。如织布机器，自漂棉以至而织成布，其间凡历若干役，即分若干职，以专厥司，是分职之疏密，系乎机器之用也。又如舟艇之造，其初分职甚疏，自美国创行造艇机器，而一艇之制，不数时而工可竣。然工职之分，自此而密矣。

英国名算家拔氏②尝论匠工分职之利，尤有要者，曰：技巧异等。诚斯氏之所未及也，即以造针之事明之。造针之工，精粗不等，工价亦不等，若针头之系，整齐束缚之事，一儿女子优为之。若钢线之铸，针锋之利，则非技巧精熟之工，不能为之。故一日所给之价银，自五分以至六钱不等。苟不分职，则一手须兼众巧，而日得价银六钱者，亦将兼役价止五分之工。是使精巧者分其功以司粗役，废时失事，孰有甚于此乎？拔氏尝核算之，谓工不分职，则用本多而成功少，势也。即使一人所造之针，能抵十人合造之针，针价之昂，犹几将四倍于今焉。又云：若以造时辰表一业计之，其所失犹不止是。盖表之制最细而巧，缕析之

① 瓦德，原文为 Watt，即詹姆斯·瓦特（James Watt, 1736—1819），英国发明家，第一次工业革命时期的重要人物。1757—1764 年在格拉斯哥大学担任仪器制造师，1769 年制造出第一台有实用价值的蒸汽机，世人称之为"蒸汽机之父"。1785 年瓦特被接受为英国皇家学会院士，1814 年成为法国科学院 8 名外籍会员之一。

② 拔氏，即查尔斯·巴贝奇（Charles Babbage, 1791—1871），英国数学家、哲学家、发明家。曾就读于剑桥大学三一学院。1812 年，协助建立分析学会，向英国介绍欧洲大陆在数学方面的成就。1828—1839 年在剑桥大学担任数学教授。1832 年出版《论机器和制造业的节约》一书，发展了亚当·斯密关于劳动分工的思想，分析了分工可以提高效率的原因。

可以分百役，若表面，若表匣，其工之较粗者也。至于机条之细，齿轮之精，如航海所用之时辰表，历久而不差毫厘，则擅此巧者甚鲜。惟能之者少，故工价之重，亦远迈寻常，而人亦莫与之争衡。苟使此奇巧之工，精粗并骛，则不独失时，亦且损其巧矣。故工职之分，莫妙于技巧异等，使之各尽其所长，实于生财之道有裨焉。今制造之法，精而益精，斯工职之分，细之又细，用是各奏其能，而生财至速也。

匠工分职之疏密，固系乎机器之用矣。然亦视货物销售之广隘以为衡。假使造针之业户，设肆于荒僻新垦人烟稀少之地，而仍详分其职，以十人言之，一日当造针五万枚，其地所售，或仅可销其半耳。苟又无外地通商，则所成之数，远浮于所销之数矣。造针者不欲闭其肆，歇其业，势必裁汰工人而后可。设十人者而留其五，则以五人兼十人之役，分职不能如前之详，而一日所造之针，且不止减半焉。

工役之道，其要在乎分职，而其功又赖乎合作，二者盖相需而并重焉。合作有二类，韦氏①别其名曰同合，曰异合。同合者，同业相济，以若干人合作一役，如起一重，造一路，开一矿，建一桥，皆非一手一足所能成，故必合众力为之，所谓众擎易举也。异合者，异业相济，以若干不同役之工，合而成一役，如棉花一物，自种植以至织而成布，制而为衣，其间更历之役，类而推之，引而伸之，几几不可以数计，一不备则功不成，所谓不相谋而适相成也。

大抵生人日用之经，其利在于互市。此之所需，彼为致之；彼之所需，此为致之。不啻有成约于其间，非然者，将如上古之民，不相往来，凡一切饮食衣服器用，动须躬自为役，而力有所不暇给矣。国如是，国必贫。故凡开一疆，辟一土，经画之要，深系乎此。英国之使民垦荒也，家给田若干顷，使之自食其力而世其利。给田多则地广而人稀，居民之相去远。举凡往来交际，贸易有无之利，皆微之又微，而其地必不能渐进于富庶，是使之贫乏也。民何以贫？为其无异业相济之利耳。盖一家

---

① 韦氏，指爱德华·吉本·韦克菲尔德（Edward Gibbon Wakefield，1796—1862），英国政论家。1833 年出版《英国与美国：两国是合会政治状况的比较》，提出了一套系统的殖民方案和一个新开发国家的经济增长理论。

之田，或独有所宜，以辽阔之故，致不能以所余者易其所不足，则必兼树并艺，而土失其宜矣。纷营旁骛，而人失其时矣。若是者，虽天时地利，兼济其美，亦无补于民生也。是故韦氏极言国家使民开垦，不可给田过多，宜酌建城邑，使务农者环而居之，如是则联络一气，而合作互市之利以兴。居于城者勤于工，居于乡者勤于农，以有易无，各得其所，将见不数年而地日以富，民日以庶。要工举，大利兴，商贾集，骎骎乎有通都大邑之观矣。

试以澳大利亚言之。方其金矿初开，群趋如鹜，人疑垦地之民，皆将辍耕役矿，而稼事之减色必多。岂知始虽有然，不久而仍复其旧，且更有进焉。盖以金矿开而城市户口，陡然大增，粮食顿贵，农利倍蓰，故稼穑之事日益进。维多里阿①一郡，向甚寥落，不数年而繁华殷富，侔②于名都者，职是故也。夫论澳洲之致富，不可谓非由于产金之多，而究其所以然，则噶氏③有言，不在能积其金，而在能散其金。惟散金于四方，而后四方有用之货物，得尽致之。故金矿虽为澳洲致富之源，若就金论富，则所产之金，万不逮其所致之富也。盖户口繁则合作交易之道广，不独农与工日趋于勤且敏，即地之生财亦愈多。何也？土产之物，昔常浮于所需而弃之，今则皆致于用而地无遗利矣。此其所以富耳。

独是人功合作之益，或异业而相济，或异地而相成，全系乎转运之便利。转运愈艰，则获益愈细，印度之所以常处于贫弱者，道路不良，贸迁多阻，异地不能相与以有成耳。当一千八百六十年间，印度西北诸省大饥④，米价在其地以居奇而甚昂者，在邻邑仅半其值，而竟不能以

---

① 维多里阿，原文为 Victoria，今译维多利亚，以英国 19 世纪维多利亚女王的名字命名。1857 年，富兰什河发现金矿，它成为冒险家和淘金者的乐园，1859 年维多利亚成为自由港，1862 年组成维多利亚市，1868 年成为不列颠哥伦比亚省的首府。1871 年加入加拿大，成为加拿大最西部省的首府。

② 侔，指相等，齐等。

③ 噶氏，原文为 Cairnes，指约翰·埃利奥特·凯尔恩斯（John Elliot Cairnes，1823—1875），英国经济学家，被人们描述为"最后一位古典经济学家"。1856 年担任都柏林三一学院政治经济学教授，1866 年担任伦敦大学政治经济学教授。有《政治经济学的特征和逻辑方法》（1857）、《政治经济学若干基本原理新论》（1874）等著作问世。

④ 1860 年印度上多卜饥荒，饿死 200 余万人。

相济，岂非恨事？故印度一日不良于转运，即一日莫进乎富强。以种棉一业言之，售诸英国者，虽岁值数百万之多，而其业不见加盛。为其土人必兼艺五谷，不知有无之可通。盖诚如邻邑之米，不能救待毙之饥，无怪其沾沾焉惟食之是虑也。所谓异合之道，在于异业之相济固已，而凡人之运用资本，亦此道也。盖以一人所积之资，分而用之于百工，则百工莫不资之以为生。推之邦国之通商，何莫非相助相生之理。英国通商遍天下，即由是以致其富，而天下各国正未尝不赖以益富焉。

夫分职之利如彼，合作之利又如此。二者表里互资，功用各著，岂不诚其需而并重也哉？

第六章　论制造多寡之异

制造之法，有聚散利钝之不同，而生物之多寡因之。或因时而异，或随业而殊，其于三要滋生之力，所系非浅鲜焉。大凡机器之创，以工力聚制造多为利。如纺棉织布一业，昔归手艺，业户散处分作，不相应求，其时诚无所用其鸠而聚之。自机器出而工始分职，人有专司，向之散处分作者，乃非萃聚不为功，而生物亦必以多为贵矣。即机器纺棉局论之，纺针愈多，则成线亦愈多，固也。然以一局安置一万针，与以两局各置五千针，权诸本利，孰为愈乎？业此者当能辨之。要之分设两局，规模较小，苟使置针过少，不足尽所用机器之力，则其利自不如大者。又使工职之分，彼详而此略，则利必不如彼。不但此也，大抵监工之费，无分于工人之众寡；司机之匠，无分于机器之大小，则又大者得计而小者失算也。观于今英国制造各局，日益扩充，可见寡生诚不若多生之利。盖设如纺针一万之局，需本银六万两者；彼纺针五千之局，至少亦需银三万三千两，是功不止于减半，而本则未及减半也。

生物虽利乎多，而要必视其物销售之广狭以为准。若所售之数，不敌其所生之数，斯其失计为何如乎？盖物滞于售，必将停制造以迟其生，于是机器闲置，则锈坏而本伤矣。工匠闲居，则游食而本愈伤矣。得失攸关，焉可不计？至于销售之广狭，则因时地为变迁。大抵用愈繁者变愈微，用愈简者变愈大耳。

夫生物之道，贵多不贵寡，其大较矣。然制局有大有小，势不能偏废之。何也？彼有二万针之纺棉局，其成功固远多于他局，而其需本几十二万两之多。人之具有本银十二万两，又愿以之业纺棉者，不可多觏①。即纺棉局之有二万针者，或仅数处耳。此数大局所纺之棉，未必遂给于用，则小者不可废矣。故制局之营利，小恒不如大。而其业仍并行而不悖者，为夫大者之不数数见也。

或谓制造货物，诚使业愈大者利愈多，又何虑资本之不足？富饶如英国，甚大之制局，独力能为者，纵不多觏，要无难以股分鸠资之法，合伙为之，如是则大业咸举，而小者可废矣。不知股合之公司，其本虽足，而其弊正多。夫制造铁路船只，开浚河渠等工，需本浩大，固非公司不能为。至若寻常之工，则公司为之，恒不如独业者之精勤而节省。盖公司之股分②，往往股多而分小，故一切经画，股主每不过问，惟凭一司事纪纲之。人之为人谋不如为己谋，情也。此司事者而亦预于股分也犹可，否则纵无背信欺蒙之事，要其心力之所用，视为己者必有间矣。以独业者之尽心稽查，其工或犹不免于怠惰，况不甚切己之司事乎？工惰则费繁，费繁则利薄。公司之坐是以致闭歇者，比比然也。苟有术焉，使在事之人若工，同心同德，无不切己图之，斯公司之利，胜于寻常业户多矣。抑又有难者，寻常业户，可以零卖，而公司则不能，缘零卖则事繁而利小，愈非勤慎耐劳者不辨耳。

英国都城及北地诸郡，多有合伙开设店肆者，亦股分公司之类，而竟以零售获利。何也？所设之肆，不外日用衣食之需，其交易也，市而不贳③，故无亏短之弊，固非他业公司所得而同焉（按西国合伙设肆之例，恒约法凡股主之家，日用所需，不得市诸他肆，故其获利如操券云）。虽然，股分公司一法，生财究广，实与国计有裨，是在朝廷有以鼓舞而董劝之。盖民间资本，分之则不足，合之则有余。以千人计之，人有银百磅，或不足以经营事业，若合而为一，得银十万磅，则甚大之

---

① 觏，指看见；遇见。
② 股分，今为股份。
③ 贳，指出租、出借。

制局，不难立举，而国中多一巨贾，即少若干闲民，以其生财广而佣工众也。

至于农户之大小，种田之多寡，其理亦准此矣。英国数年以来，农业之扩充，远逾曩昔，膏腴之地，农人租田而耕，每户率二千余亩之多。今一二户所耕之地，数十年前二三十户分种之，究其故，则因乎机器之用耳。二十年前，打稻悉以棍牌，今则纯用机器，而农乐其便，欲使之复用棍牌，必夷然弗愿矣。又耕田昔以人力，今以气机，其用亦年盛一年。故自有机器而农户用本倍多焉。顾打稻机器一具，佳者值几四百磅，小户之农，非惟力不能致之，且所产较微，亦不足供机器之工作。盖其工作也，非有十数人分司之不可，今大户之农亦未能家置一具，大抵租用者多。然其费颇大，且非应手可得，非计也，若在小户，尤为失计。盖不独租器，兼须雇工以役之，凡短雇之工，其价必昂，又不能及时而致，故得不偿失耳。

气机耕田，亦不利于小农者。小农之田恒小，围以藩篱，界以阡陌，其弃地良多，而气机之用，宜乎宽广，每一回折，必废其时，两端阻于藩篱，则耕犁有不及之地，又须别为一行耕之，于彼于此，一转一移，徒多劳费耳。故同一气机，以之耕田一区方六十亩，较诸耕田二区各三十亩者，其时半之，其费仅三之二焉。

即以人功论之，亦大者之成效多，而小者之成效寡，何也？牧羊八百头，需人若干者；牧羊四百头，亦需人若干焉。有田二千亩，需一仆夫者；有田一千亩，亦需一仆夫焉。凡此皆见大农之利，厚于小农。机器之用愈广，则大农之利愈厚，有断然者。盖田大而户富，则人力足而用本多，机器良则弃地少，是地利人功资本，皆因之而增滋生之力也。

然此为种谷之农言之耳。若以他事言之，如畜牛取乳、种植果品等事，则又惟小户是宜。盖此等事功最细腻，非爱养栽培，殷勤而调护之不可。欧洲之植橄榄艺葡萄者，终岁劬劳，爱护备至，如慈母之鞠①其子。业牛乳者，慎其饲养，早夜经心，其辛勤况瘁②，断非大户之农所

---

① 鞠，指抚育。
② 况瘁，指憔悴、劳累。出自《诗经·小雅·出车》。

能胜云。

第七章　论增益财用之理

一国之中，若所谓生财三要者，己无不各极其能，则欲增益财用，非于三者有所扩充不可。如农田无遗利矣，则宜设法以益其地；百工无遗力矣，则宜设法以益其功；资本无遗用矣，则益设法以益其本。故凡增地增功增本之法，合之皆增财之法也。

邦国土地有限，而未垦者必多。原其故，或以硗瘠，或以低洼，耕不偿费，斯弃之耳。诚如是，则虽欲开垦，民必无乐从者，可奈何？夫然而梨氏①之地租新说，不可以不讲矣。

夫国有荒地，既由于耕不偿费，然则凡垦一荒，其必有以转移土脉使之可耕也明矣。转移之法奈何？讲求耕牧，其一端也。英国挪佛②一郡，昔为荒地，嗣审其土宜，广植萝葡，居民以之牧羊，而获利特厚。又撒里司白里平原③之地，土本硗薄，自肥以鸟粪而产谷极富。又伊里岛④田向苦卑湿，后用机器竭其水，土脉特肥，今每亩租价银一两五钱焉。此缘耕牧之艺日益精，而荒地因之开垦者也。

至于民数加多，则民食不足；民食不足，则粮价增昂，而农易为利。于是乎荒田可垦，不独新垦之地，由无利而至有利，并使旧耕之田，莫不益厚其利，是民愈庶则地之生财愈多也。今澳大里亚草田，荒弃尚多，异时必有以致其利者，如西澳之民，一千八百五十一年，其数八万；及一千八百六十一年，其数增至五十万。民数六倍于前，即需食六倍于前。故数年以来，澳洲之地粮价加昂，而地日益加垦焉。

邦国土地，其地利之厚薄不等。盖论地利，不独计其土脉若何，并

---

① 梨氏，原文为 Ricardo，即大卫·李嘉图（David Ricardo，1772—1823），英国古典政治经济学的主要代表人物。

② 挪佛，原文为 Norfolk，今译为诺福克，位于东英格兰东安格利亚地区的非都市郡。诺福克历史上是古代英格兰东安格利亚王国的重要组成部分。

③ 撒里司白里平原，原文为 Salisbury Plain，今译索尔兹伯里平原，位于英国英格兰威尔特郡南部高原，史前遗物巨大石柱群所在地。

④ 伊里岛，原文为 Isle of Ely，今译伊利岛，位于英国剑桥郡。

当计其坐落如何。每有甚肥之田，以距城市太远，遂使耕不偿本而荒弃之，是与瘠土无异也。乃世之论地利者，只以土之肥美当之，混而不分，于理遂多扞格。若富国策所谓地利，必兼土脉坐落而权之。审乎此，而知地利之厚薄，视乎所需功本之多寡。所需功本愈多，则其地之地利愈薄。功本者，合耕种输运之费言之也。彼远于城市之良田，谓其利薄者，正以输运之费浩大耳。惟民数既增，民食不足，斯利薄之地，亦必以渐耕种，虽所获较微，而势不能不推广焉。然邦国财用之增，必有其限，以其地愈推而利愈薄，终必至于一无所利也。梨喀多氏[1]创为地租新说，实本乎此。

夫利薄之地，既以不得已而推广耕种之，则其所产之粮食，功本较大，价值亦必较昂。然粮价不可以独昂，则必使市价与之俱长，而后其货可售，其利可得。夫至于市价俱长，则旧业农者，功本犹是，而得价忽优，其利倍厚矣。所谓不独新垦之地，由无利而至有利，并使旧耕之田，莫不益厚其利也。

然则粮价之长，由于需食之加多。需食之加多，由于户口之加众。吾得于论生财之道，而为之立一说曰：民数增则食物有腾贵之势。曰势者，其效不必立见，而其理则有可决。凡富国策之论事皆准此（如算家论地心摄力之理，谓凡物下坠，苟无阻力，则一秒中行十六尺。今之物下坠，殊不尽然。物愈轻则速愈小，盖因风气上压之力阻之耳。然虽阻之使下坠之速小者，要不能使之终不下坠，则地之摄力，无论有阻与否，固自有使物一秒下坠十六尺之势也。学算者，不得因有风气阻力，而谓重学摄力之理不可信。则讲富国策者，岂得因效之变易，而遽议其非邪？）顾英国之民，自一千八百四十一年至六十一年，二十年中，加多四百五十万，而麦价反贱于前，何也？此其故夫人而知之。当一千八百四十八年以前，英国禁洋米入口，今则禁纲已驰，海运日通，外洋入口之米，岁以二百万石。虽甚远之国，亦输运相接踵，来源广故粮价非惟不贵，而反加贱焉。盖一弛禁之故，其所裨于英国者，不啻国中顿增若干膏腴之地

---

① 梨喀多氏，即大卫·李嘉图。

云。向使密息江①一带，良田所产之米，运至英国，其价能廉于薄田之所产，不又将源源而来，而成英国之膏腴哉？此增益地利之说也。

若夫人功之增益则有二：工不加多而功效倍捷，一也；工数加增而功效随之，二也。其工不加多者，因乎机器之用，上章已论之矣。兹即工数之增者言之，大抵无论何项货物，销售广者需工必多。假如英国棉布，一旦盛行于中华，销路极畅，则英国织布局自必添雇多工，以大其业。或问此添雇之多工，果何自而来乎？曰：国中需工既多，则工之滥竽他业者，将舍其旧而新是谋；民之糊口异域者，将归求之而利自足。又况利之所在，天下归之。商贾集，百工来，何虑招徕之无自乎？

夫需工之多，由于贸易之盛。贸易盛则工价优，而民生日以裕，于是穷民得遂其婚娶，而生齿繁矣。英国户口册，查因面食价贱，而工作小民，得谐匹偶者遽多，此其明效大验也。或谓贸易盛则工价优，理固可信。顾此增给之工价，又将安出乎？曰：自国之资本无疑，工价一增，则各业所用之本，必因之而增也。盖贸易既盛，商贾之利必益厚，故业主不独所获者较多，其所用者亦较多，或借贷以扩充之，或腾挪以挹注②之可耳。或又问工数加多，则需食亦加多，将何自而给乎？曰：需食多，则粮价有腾贵之势，使利薄之田，可以推广耕种，上文固言之矣。

以英国近年之实效论之，商贾之业，则日新而月盛也。百工之数，则有加而无已也。资本之用，则愈扩而愈广也。而且工价优于昔，生齿繁于前。工价优，生齿繁，皆足令需食多，故虽务农垦荒，国中无不尽之地利，而粮食之来自异国者，犹岁以巨万计。英国户口增而米麦并不加贵者，职是故耳。至于他项食物，不能得自异国，如米麦之易者，其价固无不增昂矣。如牛羊肉、乳酪之类，皆取给于本国者居多。数年以来，其价奚啻③倍蓰，非无入口，特转运之费大，不足以平市价。观此而知民数增则食物有腾贵之势，其说信不诬也。是故英国百工之盛衰，可以食物之贵贱卜之。使外洋入口之物，年多一年，国中耕牧之事，精

---

① 密息江，原文为 Mississippi，即美国密西西比河。
② 挹注，把液体盛出来再注入，比喻从有余的地方取些出来以补不足的地方。
③ 奚啻，指何止，岂但。出自《孟子·告子下》。

而益精。俾所需食物，不致加昂，则庶民日进而有功，反是则将见其退而不见其进矣。此增益人功之说也。至若增益财用，亦系乎资本之加多者。盖耕牧精，荒田垦，非本无以益地利；佣工伙，创制繁，非本无以益人功，此固与增地增功之道，一以贯之者也（自此节以至章末，原书别为一章，兹连类而合之）。

夫资本者，节俭之余，无论为恒本，为运本，理无二致。故欲增本，必增俭。人之所以尚俭者，其意有二：图匮于丰，一也；营利求富，二也。凡财用之节，由于第一意者居多；而国家之资本消长增损，则一系乎第二意焉（按消长之故，其常而有恒者，可不繁言而解。其变而无定者，非条分缕晰之不能明。如地球绕日，乃无数摄力为之，其诸行星之力，视太阳之力为甚微。然欲测其轨道，非详究诸行星摄力变易实行方位之理，则莫由得高卑盈缩之差，富国策之学，亦犹是也）。大抵国之政教愈进，其民俗愈知远虑，以为后日之计。百年前，耶稣教会尝设教于巴拉怪国[①]（南亚美洲小国）。其俗浑噩，人无心计，教会给以籽种，使之稼穑，其人乃炊而食之，亦知播其种则数月后之收获倍多，而顾不能以后日之大利，易其目前之小贪。人而如此，其灵于禽兽者几何矣。彼鸟知绸缪牖户以防患，海龙知横木截水以得鱼，下至犬类，亦有知积储食物以为饥饿地者，可以人而不如之乎？英国之民，深以节用求富为计。论一人之身家，不能定其节财多寡之数，若合而言之，则无论人居何等，其日用所费，恒有其则，而所入余于所出之数，即其撙节之数也。是故节财之多寡，视乎国计之盈虚。苟其贸易盛，制造精，凡足以益人之入，继国之富者，即足以益财之节者也。

民间日用之费，亦视食货之贵贱以为多寡，往往有物增贵而用减少者。昔印度国帑不足，因加盐税，征百分之十八，及都一岁计之，所得仅百分之十二，可见盐价增则食之者寡。又偿加征糖税过重，竟至毫无益于库款，亦此理也。惟茶叶、面饼之类，就英国言之，率以为日用所

---

① 巴拉怪国，原文为 Paraguay，今译巴拉圭。是南美洲中部的一个内陆国家。巴拉圭原为印第安人居住地，1537 年沦为西班牙殖民地，1767 年西班牙殖民者把耶稣会教士驱逐。1811 年，巴拉圭宣布独立，成立巴拉圭共和国。

必需，故其销售之数，不必因价值之长落而有所增减。使茶面而贱，则中户上户所费必减，费减则积财多，而资本因之有加。至于力作小民，罔知生计，茶贱则食茶多，面贱固可有所节，而所节之费，又将他用，终归于无余而已。是故食货价贱之所利于贫民者惟二：日用易给，一也；富户费加少而本加多，工价因之以长，二也。

资本增损之故，每系乎营利之厚薄，上文既言之矣。盖利厚则人皆以积蓄相尚，而所积必多。凡国家需用巨款，不难贷之于民者，往往由此而给。大抵以本生息，随时而有定则，不及则不餍①人欲，有断然者。彼富户纵不因生息不餍所望，而遂耗费其本，亦将怠于储蓄，而积财有减乎？曰：有减无疑也。要知利息薄，则富户之资本，运用于国中者日益少。英国积本之富，甲于天下，利但厚，虽巨款不难立筹。国家有事称贷，数百万可猝办。而于恒本运本，曾无毫末之损。盖所贷之款，不皆取给于闲蓄之资，天下万国，几几无处无英人资本也。故第视国中制造之多，铁路之广，商船之众，而不思天下之贷财于英者，普遍于五大洲，则不足以尽英国之富也。若俄，若土，若印度，若澳大里亚，若加那大，若美，若南亚美洲民政之国，莫不贷财于英以应其要需。不独国家有然，外国商民因创办大工，借资于英者，亦不可枚举。如各国铁路，成于英本者甚多。加那大之铁路②，贷银一千五百万磅焉。印度之造铁路、浚河、屯田、筑道诸大工，悉借英本为之。又南美洲山矿，其最佳者，半皆英商所办。观此而知英国一岁所聚之财，其迁流运用于异域者，实十之六七焉。是故英国无论何项工程贸易，一旦需增款一万万磅之多，但一截留，可立致耳。然则英国之本，营运于境内者，其多寡不系乎所积之数，而系乎所留之数。欲衡其所留之多寡，虽不一故，而要以本国与外国利息之厚薄为权也。

前言英国贷财于民，虽巨款无损于国本，固也，然不可以例。法兰西等国，为其出口之财甚少，无可为截留之举也。如近年法为德所败③，

---

① 餍，指满足。

② 加那大之铁路，原文为 the Grand Trunk Railway of Canada。

③ "近年法为德所败"，包括后面讲的"法德之役"，指 1870—1871 年的普法战争。普鲁士王国为了统一德国，与法兰西第二帝国争夺欧洲大陆霸权而爆发的战争。战争是由法国发动，最后以普鲁士大获全胜，建立德意志帝国而告终。

其军费及赔款，皆取贷于民，一时得数万万磅。筹之不可谓不速，然其款大半系商民营运之本，非闲蓄不用之财。盖法德之役，蹂躏遍国中，生意歇绝，故商民无所用其本，而得输纳如斯之易。尤为害者，罢战之后，所需赔偿德国兵饷二万四千万磅，又悉称贷于国中，则国本大伤，而兴复为益难矣。

他如印度之国计，与英亦迥殊者。英之资本无穷，而未垦之沃土绝少，印度反是，故其生财之道，迥不相同也。就英而论，资本至足，不难扩充其用，但商业益盛，则工价将长，工价长，工食多，而未垦之地又绝少，则食物必腾贵耳。若印度则地利人功，皆无不足，而独绌于资本，非贷之异国，无以增益生财之道也。

由是观之，英之增益生财，道在广筹民食，使无腾贵之虞。筹之之法，或广为采办，或精求耕牧，或扩充田地皆可。若印度则道在增益资本，而其势非旦夕所能。何也？印度之沦于祸乱者，垂数十百年，强弱相侵，民无宁岁，故人皆有不克自保之虑，相率以营财为戒，惧其贾祸也。有所积，则大半埋藏之，唯恐人知，而不敢作资本之用。习久相沿，寝成风俗，故英人治其地，莫善于立法申禁，除暴安良，使闾阎无侵夺之患，则人皆尚积蓄，务经营。增益资本之道，无过于此。今印度亦稍获是益矣。任抚绥之责者，慎无厚敛于印民以重困之可耳。英国设官印度，非重禄无愿就者，则此项经费，诚不得已，外此当竭力撙节，毋使有所浮费也。

增益生财之道，英与印不相同固已，乃更有迥异于二国者。如西印度群岛①（在美洲南北之间，古巴亦在其内），地利资本者皆至足，而独少人功，所以然者，因禁贩黑奴入口也。方未禁之时，土既沃饶，又属

<hr />

① 西印度群岛，原文为 The West India islands。为大西洋及其属海加勒比海与墨西哥湾之间有一大片岛屿，属于拉丁美洲的一部分。把这些岛群冠以"西印度"名称，实际上是来自哥伦布的错误观念。1492 年，意大利航海家哥伦布奉命率团队横渡大西洋，于 10 月 12 日登上巴哈马群岛东侧的圣萨尔瓦多岛，他误认为该岛是东方印度附近的岛屿，并且把这里的居民称做印第安人。后因该群岛位于西半球，故称西印度群岛，沿用至今。西印度群岛原为土著居民印第安人的故乡。从 15 世纪末叶开始，相继沦为西班牙、英国、荷兰、法国、丹麦和美国的殖民地。

于英，则资本无虑不给。而阿洲①黑人又复贩买无禁，则所谓生财之要，三者俱备矣。自贩奴有禁，而人功遂无所资。盖黑人既脱籍，动作得以自由，非复如向之习耐劳苦，且束缚既久，人性沦失，浑浑噩噩，无欲无求，山果野蔬，不劳而给，饥得食，渴得饮，复何役役②为哉？大抵劳力者欲食其力耳。若天地自然之产，足以养之，无怪其甘心游惰以毕世也。是故其地则肥美如前，而半皆荒废，地主富于资而无所施。释放之黑人，既不肯力作，欧人又不能耐其苦，生财之道穷，向之田产，岁值银一万磅者，今弃如敝屣焉。然则西印度岛，非得人功接济，别无生发之道。接济奈何？曰：厚给工价，使人自至，一也；生齿日繁，使居民渐知营欲，二也。盖工人远适异国，苟其情之所甘，或所不禁，如华人之自赴澳大里亚暨美国者，以万千计。澳洲居民初未尝招之使来，且恐夺其利，令华人至澳者，纳地丁银③十磅，以立之限云。使华人知西印度岛亦可获利与澳美等，吾知去者必络绎于道，而人功不患不足矣。虽然，今之去国无禁者，只英德与中华耳。英人德人不能居热道，树艺于烈日之中，设华人终不愿至其地，则更无不期而至者矣。所谓不期而至者，无事招徕之谓也。若夫雇工（古巴华工之类）乃他国派船携资，赴马拉加诸岛④，雇募土人，搜罗抉剔，为之给川资，许为觅工，载之以去，如是以载至毛力失岛⑤暨西印度者，不可胜计。要其在路之凌虐，时或与黑奴无异，甚非不期而至之谓也。然此惟奉官能为之，若出于私商，则无公然驱迫力作之权，其势必不能行。使私商而亦有是权，则雇工一事，直与贩奴无纤毫之别矣。

---

① 阿洲，原文为 Africa，今译作非洲。

② 役役，劳苦不息貌。出自《庄子·齐物论》："终身役役，而不见其成功。"

③ 原文为 poll-tax，即人头税。汪凤藻译为"地丁银"，我国古代的赋税制度。康熙时，清政府规定以康熙五十年（1711）的人丁数作为征收丁税的固定丁数，以后滋生人丁，永不加赋。雍正时，又实行"摊丁入亩"，把丁税平均摊入田赋中，征收统一的地丁银，成为清朝划一的赋役制度，叫"地丁银"制度。

④ 马拉加诸岛，原文为 Malay Archipelago. 今译作马来群岛。位于太平洋和印度洋之间，包括菲律宾群岛、小巽他群岛、大巽他群岛及摩鹿加群岛。

⑤ 毛里失岛，原文为 Mauritius，今译毛里求斯。非洲东部的一个岛国，位于印度洋西南方。1810 年英军占领毛里求斯岛。根据 1814 年巴黎和约，成为英国殖民地。英国从印度运入大批移民从事垦殖。

黑人以无所营求而惰于服劳，则欲去其惰以进于勤，非启其知识，诱以好尚不为功。但令饮馔知求乎精，服御知尚乎美，则日用将有所不给。日用不给，则人自奋志功作，而其地无荒废之虞。英人之精勤无已，正事事与西印居民相反，惟其有好尚，有志愿，故举国皆勤于职业以冀其偿。惟天地自然之产，不足以供人取求，故非殚精竭虑，矢志有恒，无以为温饱之计。小民勤劳以食其力，中户敏勉以副其志，英之富强，恃此道也。

至于美国生财之道，其情形又有不同者。三要之中，惟人功较短。然其生财甚速，非如西印度之缺乏人功，田皆荒废也。以美较英，则地亩贱而人功贵，究其故，凡游历美国者无不知之，而率无有论及之者。大抵美国树艺之事，视英为草率，田原之上，芜莠不除，所以然者，非其民情风俗，有异于英也。使英之农人，易而耕于美之野，亦必变计而从俗。何也？假如在英国种田六百亩，岁给地租银二百磅，又以二百磅为工价之费，其一岁所出，足偿其工本矣。若更以二百磅添雇佃工，加功耕作，其利虽不能以倍，而人顾以为得计，而不愿更租一田者，无他，地亩贵耳。至于美国，地广而租贱，与其加功于已种之田，自不若更种一地之利，以故美国农家所雇佃工，恒少于英，其所以草率者以此，一则地贵而工贱，一则地贱而工贵，其势然也。

此章论增功增本增地之理，合而为增益生财之道。即英、印、西印、美四国而衡量之，已可知因地制宜之义矣。英以足食为要，印以增本为需，西印以招工为急，美虽三要俱备，而终有地广人稀之患。今英美各以所有余，易其所不足，英所需在民食，而得之于美；美所需在人工，而得之于英，交相济，实交相利也。

生财之道，大要已备乎此，后文推论所及，随在更有以发明之。夫然而用财之道，可进详矣。

卷二 论用财

第一章 论制产之义与均富之说

用财之道，已略见上卷。要其分散多寡之理，未尝论究。举凡工价何以有低昂，利息何以有厚薄，地租何以随时随地而不同，皆有待于发明。是卷所论，实事求是，如工人罢工要挟，所系于工价利息者何如？古今各国田制不同，所系于民生稼穑者何如？当一一详论之。其义在利济困穷，振兴商贾，兼爱者固实获我心，为我者亦克偿奢愿，则是卷之有裨生计，不视上卷为尤要乎？

夫用财之道，以分散为义，必人已畔域之分定，而后人得各有其产业。人各有产业，而后财用可以分。顾人之有产业，必赖国家设官立法以维护之，始无攘夺之虞。故邦国律例，半皆为维护产业而设，特因时因地，随在迥殊。虽一国之中，有后先变异者，如黑奴未禁①以前，英人蓄之如私产然，或买或卖，一维其便。欧洲中古之世，列国分土而治，耕其地者，供役使惟谨，有事则各出人马衣甲以助，此因时而变者也。他如英国例，民间田产，或遗令子孙永守，或传与遗腹子女，皆可自主。法国例，则子女均分，遗令不得而阻之。又如财产或多人共主之，或典而据之。欧洲各国田地，大半皆属民间，而印度则属诸朝廷。凡此情形之歧异，非详述各国史载，无由得其所以然。夫各国分产属田之例，诚非富国策所暇论究，然于生财用财之理，大有关系。则讲求是学者，正不可不审察及之也。

大抵生财之道天定之，用财之道人定之，何也？天生材物，人功因之而财以生，要其所加功力之精粗多寡，必视其材质而施。又况天时有寒暖之殊，地脉有肥硗之异，权固操诸天也。至于已成之财，而分散以利其用，则法由人立，或束缚于旧制，或听人以角逐，惟各国自主之。

---

① 黑奴未禁，原文 the Act of Emancipation，即美国总统林肯在 1862 年发表的宣言，即《解放黑人奴隶宣言》，主张从 1863 年 1 月 1 日起所有美利坚联邦叛乱下的领土之黑奴应享有自由等权利。

特其制既定，于彼于此，不能无得失利弊之较，则非立法者所得自主，而考论之责，是在乎富国策矣。

听人角逐之制，惟英国最尚行之，他国或多以旧制为重。故是书所论功效，不可执英国以概其余。即如地租一节，英国贵贱悉听诸民，使自为之计，而义大里①则遵定制，半其所产以偿地租焉。又英国田地所出之利，地主、租户、佃工三项瓜分之，乃他国或地主与租户合为一手，或租户与佃工合为一手，分其利者只两项耳。至若小农据田一区，躬耕自给，欧洲所在皆有，是直合三者为一矣。凡此歧异得失之故，不可不讲求也。

贫富之不均，由于人之有私产。国愈富则愈不能均，无下古今之常势也。于是有创为均富之说者，其策不一，而终不可行。使英国一旦遍籍民间之财产，按数而均分之，吾知日积月渐，仍归于贫富悬殊而止。何也？斯人之材力，赋禀不同，其强而明者，以精勤而日致其富；其愚而柔者，以怠忽而渐归于贫，其势固然。故既制私产，许民各治其生计，即不能无贫富之悬殊。若更许民间以遗令传产，已富者或益继其富，则贫富之相悬，且愈甚焉。

仁人长者，深悯夫贫人之苦，虽在至富之国而亦不免也。因思不去私产之制，必无以均民财，遂创议立策，革除私产，使人共享其利，此均富之说②所由来也。英国温氏③首创此说，其法令若干家联络一气，通力合作，计利均分，相助相济如家人然。不知此惟一家之亲能行之，欲使陌路之人而不分畛域，以今日之人情而言，势必不能。夫均富之法，诚格于势，而当今不均之弊，亦有不可不思者。就英国民俗论之，人以

---

① 义大里，今译作意大利。

② 均富之说，原文 socialism，今译作社会主义。

③ 温氏，原文为 Owen，即罗伯特·欧文（Robert Owen，1771—1858），英国的空想社会主义者，也是一位企业家、慈善家。1799 年，他购买一家企业，进行改革社会不合理状况的试验。他的改革原则是既有利于工厂主，又有利于工人。1817 年，他在《致工业和劳动贫民救济协会委员会报告》中提出建立合作社来解决失业问题的主张。1824 年，欧文到美国创办新和谐公社，公社实行生产资料公共占有、权利平等、民主管理等原则。1829 年，欧文回到英国，投身工人运动。

材力相胜，强干多能者，角逐愈工，拥资愈厚；彼柔弱寡能之辈，则常处于贫乏。苦乐悬殊，未始非天地间憾事。但欲如均富之说，以为补救之计，则今日之人，实鲜其德。盖必心存克己，而又具仁慈宽广之怀，浑物我之见者，始能甘心劳役，以为己谋者兼为人谋也，而谓人心不古如今日者而能之乎？

法国傅氏①之说，较为变通。其法以二千人为一邑，每邑受地方九里，制为恒产，世世相传，或劳心，或劳力，或供资本如合伙经商然。其地出产，无分老弱壮者，各给以衣食之需，有余则计邑人之工力、资本、才能，而分之以为酬。分之法，由邑长区别材力，列为三等（列等之法，由邑人公定），酌其多寡，称量而与。令邑人同作而不同爨，异室而居，使其知所撙节焉。论者谓人皆得自然之养，则冻馁无虞，必将怠于勤，而邑人之生计以坏。愚谓此与英国济贫法②无异。今其国日富，未尝因此而有损于民俗之勤也。傅氏之说，所最难者，人未必甘服于所列之等，则争竞在所不免，一也；人生日用之计，最忌他人侵预，欲以邑长维制之，其势甚难，二也；出产苟富，分财既均，则婚嫁之费易给，而邑之生齿必繁，其地将不足以为养，三也；食不足则价日昂，不久而人困于贫乏，四也。有此数难，其法复不可行。是故欲去民之私产以均民富，乃断断乎其不能者。特创此说者，其悯世之心，爱人之意，则正未可厚非耳。

第二章　论财所自分

夫财之生，既系乎地利、人功、资本矣，则所生之财，自当分属之。

---

①　傅氏，原文 Fourier，即夏尔·傅立叶（Charles Fourier，1772—1837）。法国哲学家、思想家、经济学家、空想社会主义者。主要著作有《关于四种运动和普遍命运的理论》《论家庭农业协作社》《经济的和协作的新世界》等。批评当时资本主义社会的丑恶现象，主张以"和谐制度"来代替资本主义制度。这个"和谐制度"是由一个个有组织的合作社组成，它叫"法朗吉"。"法朗吉"通常由大约一千六百人组成。在"法朗吉"内，人人劳动，男女平等，免费教育，工农结合，没有城乡差别、脑力劳动和体力劳动的差别。

②　济贫法，原文 poor-law。1601 年，英国伊丽莎白女王颁布并实施《济贫法》，规定凡年老者可在家中接受救济；贫困儿童可在他人家中寄养，成年后可去做学徒；流浪者被关进监狱或送去教养院。1834 年议会通过《济贫法（修正案）》，规定受救济者必须是被收容在习艺所中从事苦役的贫民。

地主所应得者地租也，佃工所应得者工价也，租户所应得者利息也。之三者，乃财之所自分也，至其所得之多寡大小，固有维制之则，仍视乎方俗而殊。如英则地租贵而工价贱，澳大利亚则地租贱而工价贵。澳之租户可获什一之利，英则止及其半。观于二国之歧异，而他国之不相同可知，所当一推其故而论究之也。

地租、工价、利息，诚为财之所自分，而三者不必恒分属诸异人。其分属异人者，独英国有然。英国之例，大率地主为一类，以地出租，功本非所问也；租户为一类，以本佣佃，耕作非其事也；佃工为一类，以力服役，资本无所与也。至于他国则殊不然。法兰西南境，暨义大里、荷兰等国，多行小农躬耕之法。小农云者，有田一区，以为恒产，人功资本，皆由自给，无待外求，所谓合地主、租户、佃工为一手者也。无地主、租户、佃工之分，斯无地租、工价、利息之判，而一岁所获，独享其利，似亦计之得矣。然欲实核其得失，仍必分计而知。分计之法，谓假如其田系租而得，则应给地租若干；其本系借而得，则应给利息若干；其人功系雇而得，则应给工价若干，总计所需而开除之。如其犹有赢余，则小农之利独厚，而三者之分，诚不如其合矣。后章当详论之。

若夫印度则又异是，田地皆属诸国家。农户量其功本之所能给，租田而耕之。或殷实之户，先租得官田，而后转租于农民，是合租户、佃工之利于一手也。至于用黑人耕作之处，其主蓄之为奴隶，役之如牛马，刍豢而外，更无所需，是但有地租，而无工价之费也，其情形迥然不同，另详别章。

此章论用财之道，而只及农田耕牧之事者，以百工商贾之间，其财所自分，亦不外乎此，特较委曲耳。如羊毛、牧田之所出也，迨织之为衣而其值倍昂，此即织户之利，为业主利息及织匠工价之所由给。盖一切物料，既为业户所购，即为业户之资本。故分其利者，只功本两项也。

夫工价为分财三项之一，固指人功而言。然所谓人功者，不必其力迳能生财者也。如农田所产之物，当其将至城市也，水运则有船费，陆运则有车费，与佃工之需给工食无以异。推之治道有修筑之费，巡街有兵役之费，农户莫不与焉，皆当归入人功而计者也（详见后文）。

至于地主等三项分财之多寡，或系乎角逐，或限于俗例，往往相附而行，惟系乎角逐者多耳。俗例之有关于各业者，不可殚述。举其大者要者言之，则如义大利诸国，以田亩出产之半为地租定额，其一端也。大凡国政愈敏，民生愈勤，则角逐之风亦愈甚。人无贪得之心，无以兴商贾之利，贪得斯角逐矣。然角逐之说，有似于征夺，高谈仁义者耻之，动以为贪私鄙吝。天下贫富之不均，穷民之困苦，每因乎此。不知角逐之道，非惟无害于贫民，而且有益，何也？市贾角逐以求售，则百物之价贱；业户角逐以营利，则佣工之价优。是故角逐者，不独市贾用之，即售主亦用之；不独业户用之，即工人亦用之。卖者之不能索值于实值之外，犹买者之不能靳①予于实值之内也。佣主之不能刻减于常价之内，犹佣工之不能求多于常价之外也。交相制即交相利，曾何害于贫民乎？

角逐之道，行于各国者，有甚有不甚，而以英国为最。观于英之农工商贾，无所不用此道，几不料天下犹有拘于俗例，如租田、佣工、售货等事，悉制以定则者矣。

人无贤愚，皆不免为习所囿，信哉是言，而习之所结，浸成俗例，国政因之，牢不可破。原其立意之初，或未尝有所计较，而历时既久，得失判然。明明利之所在，用角逐而其效可睹者，以格于俗例而不行，人之安于习也。若性之成，往往法令之所不禁，以事非素习而弗为。即如义国地租一事，相沿以所出之半为额，则人皆习焉不察，不愿少亦不求多，虽其地所值不止于此，而彼亦不计也。他若讼师之润笔，医生之酬劳，则有成例焉。手艺学徒几何年，然后给工价几何，则又有成例焉。若此者不一而足，或泥于限制，或稍有变通，要之不离乎习俗而已。

夫财之所自分，既不外地之租，本之息，工之价矣。今将合计各项所得之多寡，当先论角逐者所得如何，而次及囿于习俗者之所得，庶几两两相形，而得失显焉。

---

① 靳，指不肯给予；吝惜。

第三章　论地租角逐之道

今欲详述各国田制之原，则非博考各国之史策不可。盖一王兴起，征诛得国，辄以地分赐元勋，以为报功之典。今英国犹有世守其赐田者，皆其祖宗所受诸维廉第一①者也。夫地以力得，亦必以力守。当其初法律未统于一尊，财产未臻于巩固，人之受封地者，自公侯以至卿大夫，各赖私邑之民保守之，于是地主与佃户有维系固结之势，有事则征以车徒，资其指臂，而田租弗论焉。自国法大定，革封建之制，创一统之朝，人皆克保其身家，安据其产业，而地主租户始以市道相交。地主以地招租，愿租之租之，人所不择也。纳租多者得之，价所必争也，所谓市道也。

大抵地租之贵贱，视乎土脉之肥瘠者半，视乎坐落之便否者亦半。同一腴田，而去城市远则输运艰，租即因之有减。故欲定田亩之值，必兼斯二者而计之，此人所共知也。至欲得其多寡之数，以为随时之准，则未易以片语明焉。

一国之中，地利之厚薄，大相悬殊，甚且有邻近之田，而贵贱迥异者。假如有田二区，以土脉或坐落之故，一贵一贱，租价殊焉。其贵贱之差，即二田地利厚薄之差也。又如更有一田，耕之仅足以偿工价本利，若是者，其租必甚微而不足数。以租价甚微不足数之田，较诸善价之良田，则二田厚薄之差，即良田之全数租价也（篇内凡言地利厚薄皆兼土脉坐落言之）。

此即梨氏②田租法所由创也。其法浅近著明，学者方忽焉而不加察，又岂料辩而驳之者，多出于学士文人哉？今试申论其说。窃以为法良意美，殊无可驳之条也。盖国中地利，不能无厚薄之悬殊者，势也。既悬

---

① 维廉第一，原文为 William the Conqueror，即威廉一世（1027—1087），英格兰诺曼王朝第一任国王（1066—1087 年在位）。为了消灭反抗者，他率军讨伐，四处征战，以"征服者"闻名于世，称"征服者威廉""征服王威廉"。1086 年，他在索尔兹伯里召开封臣宣誓效忠大会，把全英四分之一土地和大部分森林划归王室所有，其余土地分封给随他征战有功的诺曼贵族。受封者必须宣誓效忠国王，并且保证履行各种义务。

② 梨氏，指大卫·李嘉图。下文出现的"梨氏"，指同一人。

殊矣，则必有下下之田以为之限，或因土瘠，或因地僻，仅足偿工价本利而无余。夫田愈厚则租愈大，论两田厚薄之较，必计其租之大小而知。而田之厚薄，又视出息之多寡为衡。然则地租者，实田亩出息多寡之差耳。此梨氏立法之常解也。特所谓出息，非出产之谓，二者迥异，不可不辩。

举田之物产所值，统而言之，一切工价本利，未经开除者，谓之出产；已经开除而所赢余者，谓之出息。假如甲乙二户，甲田出息较乙田多银一千圆，则甲能多给租价一千圆。使乙田下下，其租甚微不足数，即其出息亦必甚微不足数。然乙何以不舍此他适？则以出息者，乃开除工价本利之余，其地之出产，固足以给其费也。夫甲以出息多乙一千圆，故能多给田租一千圆。所以无论何田，其租之所值，当其出息之数，而以下下之田为之准也。甲既力能给租一千圆，则以角逐之道论之，其地租当可多至一千圆。因工价本利，已有所出，甲虽尽以出息偿租，而无伤素业也。苟使甲户之地主，索租浮于一千圆，则其本利有减，甲必舍此而他适矣。故地主索租，必不能浮于所值之外也。至甲亦不能有所靳于应给之价者，则角逐之道迫之耳。明于田事者，不难预计其地出息之多寡。核知出息之数，不止甲所愿给租价之数，则人将增其租以夺之矣。甲何利焉，此之谓角逐也。

是故角逐之道行，则田租不出乎梨氏之法。盖梨氏专主角逐之效而言，绝不计及他故之，或足以阻挠而扞格之也。譬诸地球为日所摄，绕日而行，皆谓成椭圆道，实则诸行星各有摄力，常使地球出入于椭道内外，特撼之甚微，可以不计。故天算家第依椭圆立法，而推测已能密合。今政俗如英国，角逐之道，通行于闾阎。田租一节，虽偶有旧习之乘，亦可不计，则竟谓今日租价，尽合乎梨氏之法，可也。

梨氏法谓无论何国，必有下下之田，耕之仅足偿工价本利者。今别之曰田限，明可耕之地，限止于此。其更下于此者，苟无时势变迁之故，则不值开垦者也。所谓时势变迁者，或人心变而易餍，或地利变而加厚，是已。地利加厚之道有二：物产之销售广，而价为之昂，一也；耕牧之艺益精，而物产愈富，二也。上文设言乙户所耕为下下之田，出息几于无有，故租价亦必几于无有。所谓田限也，然未尝不可变易之，使其利足以给地租，而田限因之有降焉。试进论之。

民生之计，不外乎以本营利，而各国利息之厚薄，往往不同。在澳大利亚以银放借，利可什一，且有田契抵押，故其地富户不愿经商。盖经商之利，苟不能远过乎此，则不若此之逸而稳也。在英国放借，即五分息亦不易得，故经商者多，但得有什一之利，其心已餍足矣。若荷兰则放借之利，视英尤薄，民间尝以二分息贷银于国家。假使英国一旦放借之利，亦薄如荷兰，则商民求利之心，愈易餍足。虽薄于什一，亦将以贸迁为务。夫如是，则农田之利，亦相形见厚，而田限可降矣。盖前此乙户之田为下下，以其利仅可什一，而薄于什一者，人皆不愿耕之。今既利心有减，不必什一而已足，则田之更下于乙田者，亦皆可耕，而乙田无复居下下矣。乙田非下下，则乙当以今此下下之田，较其出息，而酌量纳租矣。然则通行之利息益薄，斯田亩之租价益昂，有断然者。异日澳洲必有明验。盖英澳利息之悬殊，其势不能持久。一旦澳洲放借之利，与英国等，吾知旷土必以次开垦，而田限为之降，田租为之增焉。此人心变而易餍之说也。

地利之系乎艺事者，何也？今稼穑之艺，视昔已精矣。若精益求精，心更有进焉。明其事者，谓以机器代耕，所费必省，果尔，则工本轻而各田之出息加厚，出息厚则租价将因之而增。租价既增，田限必降，因机器可以省费，故向之不值开垦者，今皆在可耕之列也。由此观之，用机器代耕，惟创行之始，其利暂归租户，久之则地租加长，而利专属之地主矣。顾租户亦终有与人共享之利，利何在？在日用易给耳。盖工本轻则物产多，而食物因之以贱（其故详见下章）。审是凡足以减农户之工本者，必增地之租，反言之，则功本加多，地租必减少，理至显也。功本何以加多？工价长则加多矣。就英国论，佃工之价，在百工为最轻，国家设法以均之者至周且备。立学塾以开其知识，使之声价自增。造铁路以利其往来，使之去就自择，而且假民以出洋之便，则百工不至拥挤，又不独业佃者之利也。夫财之分也，以地租、利息、工价为断，益于此者必损于彼，故佃工之价既增，利息、地租之数必减（此以出产之数仍其旧而言之）。而租户之利息，必以通行利息之厚薄为衡。苟通行之利息无所减落，则租户必不肯自薄其利，而所损者必在地租矣。

按梨氏法，凡田亩之租，以其地出息所浮于下下田者为准，则遇佃工价长，当问田限有降否，田限降则田租无虑减色。如其物产未尝加昂，农事未尝加精，地利依然，而工价独长，则田限将不降而反升。前之居于下下，而本利犹给者，今皆不值耕种而弃之，田租能不减色乎？由是言之，地主之利与佃工之利，相妨者也。又使市面通行之利息加厚，则租户之利息亦必加厚。下下者不足取偿，势将弃之，而田限又升，地租又减，是地主之利与租户之利，又相妨者也。人之辩斥梨氏法者，大都以此，不知所谓相妨者，第就事势一端而言，非地主、租户、佃工三者之中，有所偏利，即于国计大局有妨也。假如地利变而加厚，犹是田亩，出产顿多，则三者之利，同时加厚矣。是故相妨之说，不过论分财多寡之间，彼此互为消长，乃自然之理，岂梨氏之法使之然哉？按地租之贵贱，系乎户口之增减者尤大。英国数十年来，户口增四之一，即需食亦多四之一。假令需添之食，尽取给于国中，则必添种地亩。盖谷贵则农利加厚，故田限可降，田限愈降，则地租愈长，是户口一增，而粮价与地租必因而俱长也。地租之所以长，其故有二：假如纳粮完租，粮价既因销售之广而加昂，即租之所入亦加长矣。虽粮食昂贵，小民所苦，英国特驰旧禁，放洋米入口，以平市价。通前十年计之，岁入米一万四千万磅之多。然近来英国荒芜之地，以次开垦者，不一而足。可见农户之利，究厚于曩时，而地租必已加长无疑，此其一也；户口增，农利渥[①]，则土脉将设法转移，卑湿者干之，硗瘠者肥之，而地利因之加厚，即田租因之加昂，此其二也。

若是乎地利之厚薄，因乎自然者少，因乎人巧者多。今英国有数郡之田，昔皆菹泽，今成膏腴，苟非人巧，何以至此。夫以人力转移之故，而出产顿增，则此所增之出息，当即作为地租否？按此等地亩之租，与寻常因乎自然之厚薄者不同。就农户而论，但有余于工价本利外者，不难尽以偿地租，而于地利之出于自然与出于人巧，可不计也。惟人巧之施，必藉资本，而资本之给，不皆出自地主，则地租内当酌提若干，以偿所用之本，是名则一而实则隐判为二矣。近年英国著令，许地主借本

---

① 渥，指多、厚。

以兴转移土脉之举。如用机器起水，雀粪沃土，及修治庄房等事，其债户应得本利，即于地租内逐年抽还，按其所借之数六分起息，以二十二年为限，本利一律清偿。在租户骤得此额外之利，租虽加贵，亦甚乐从。某姓贵族，不治生计，家已中落，田地半皆荒废，今用借本之法，费银七万磅以治其田，而所收租价，除照例抽偿债户外，所余尚多，不数年而家业复盛焉。故此法之利于地主者，不待二十二年之后，方其始而已有获也。乃其利如此，而地主之绌于本者，犹不尽踊跃以图功，殊不可解。英国近数年治田之效，虽前此所未有，然各郡田亩之有待于讲求经画者，尚不一而足。何地主之自弃其利数耶？

今由梨氏租田之说，而得一奇论焉。曰：田租者，与粮价无涉者也。此说布格尔①（英国文学名家）云：非好学深思者不能知之。愚谓其说虽奇，其理正不难解。假令英国一旦遍籍民间田产，豁免地租，使人受而耕之，将见所需之粮食如故也，所种之地亩亦如故也，惟粮价不加贱故也。使粮价而加贱，则凡下下之田（其租本甚微不足数）向之出产几几仅足偿工价本利者，皆将亏折而委弃之矣，然需食未尝加少，即下下之田断难听其委弃。下下之田既不能委弃，即粮价断不能加贱，是豁免地租，特良田农户之利，而无裨于民生日用之经，无之不加贱，则有之不加贵可知。故曰，田租与粮价无涉也。惟是粮价之贵贱，视乎户口之众寡。而户口之众寡，田限之升降，又田租之贵贱所致也。田租贵，田限降，则粮价必昂，然则田租虽无与粮价，而粮价未始不可由田租而验也。

梨氏之法，专主角逐而言，世有格于习俗，如印度等国，彼其田制之异，迥然不同，未可执此以论也。

第四章　论工价

前言资本者，工价之所自给，然则工价之贵贱，必以资本人功之消长为率矣。人功不加多，而资本加多，则工价长；人功加多，而资本不

---

① 布格尔，原文为 Buckle，即亨利·托马斯·柏克尔（Henry Thomas Buckle, 1821—1862），英国历史学家和社会学家。著有《英格兰文明史》。

加多，则工价落，其理易明。人之恒言曰：工价系乎应求之故，意亦与此同，特不如是之明切耳。盖以本运工谓之求，必资本富而后求工者多也；以功给役谓之应，必人功足而后应工者众。故言工价之贵贱，以资本人功之消长为率。初非有异理，而意则显著矣。

此说所以究工价取给之原，亦以明资本、人功无增减，则通国之工价必无增减也，而所以济惠穷民之术，即寓乎此。夫人心皆仁，中户以上，无不念切悯贫，而不得所以加惠之法，富国策故将推原其故，而思以恻隐之心，见诸济施之实事也。以英国言之，佃工终月仅得银八九圆，于工价为最贱。人苟悯佃工之苦，其可不究其价之所以贱乎？按英国资本之增，至近年而愈速，诸国罕有伦比。其通商之盛，财用之足，实为前此所未有。簿书具在，班班可考①也。自一千八百四十九年至六十一年，此十二年中，出口进口税各加一倍，至今而出口税又岁增八千万磅。在一千八百四十九年为六千万磅者，今则为两万万磅焉。顾国家通商日见其盛，而工作小民未食其利，非工价一无所增也，特所增甚微，而百物加昂，所入仅抵所出耳（百工中亦有食其利者，要特业之数种而已）。国人柏腊息②氏《工价考》一书，记载详明，确凿可据。其书未出，鲜不谓工价亦与财用而俱长矣。兹试据其数端言之：布根黑郡③机器局，有工十三种，以一千八百六十九年较诸五十四年，内惟四种工价略增，三种无所增减，余六种则反有减焉。西耳纳斯郡④官船厂，亦有工十三种，自一千八百四十九年至五十九年，内惟三种工价略增，自一千八百五十九年至六十九年，则概无所增。退姆斯江⑤沿岸各船厂，有工二十种，其工价在一千八百六十五年，视前十四年有增，而至六十九年，复

---

① 班班可考，是指事情源流始末清清楚楚，可以考证。出自宋代陈亮《与韩无咎尚书》："本朝二百年之间，学问文章、政事术业，各有家法，其本末源流，班班可考。"

② 柏腊息，即 Thomas Brassey，见前文"勃氏"注解。与后出现的"柏氏"为同一人。

③ 布根黑郡，原文为 Birkenhead，今译作伯肯黑德，是英国西部城市。位于英格兰西北部的威勒尔半岛，临默西河河口，隔河与利物浦相对。

④ 西尔纳斯郡，原文为 Sheerness，今译作希尔内斯郡。位于英格兰岛屿。皇家海军造船厂。

⑤ 退姆斯江，原文为 Thames，指英国的泰晤士河。英格兰西南部的主要河流。英国最大的一条河流。

落如初。其所以增者，因其时美国军务平定，棉花麇集，本轻而利厚，一时逐利者争业织棉，工价为之顿贵。迨一千八百六十七年，棉市拥滞，业户大半折本，银行亏倒，工人失业者以数千计，于是工价复落，贫民生计，艰苦倍甚于前，盖所得几不偿所失焉。柏氏①谓百工中，惟伦敦都城暨曼赤斯德郡②之业营造者，其工价所增为最优，以一千八百七十二年较诸前十九年，营造各业之工价，大抵增三之一，不可谓不优矣。然佣工曾未蒙其利者，何也？假如所得工价，增四之一，而同时房租、米薪、服御等价，亦各长四之一，则出入仍相抵耳。故第见工价有增，而不计日用之贵贱，未可定工利之厚薄也。英国自近年金矿广开，百物无不昂贵，通而计之，不下增十之三，而如煤、肉、牛乳、酪酥、乳饼等物，三十年来，所贵且不止十之三焉。所以百工中，仅有工价优增，而获利依然甚细。彼增而不优，及一无所增者，同此日用，同此居诸，其生计之益窘可知矣。推之佣书、司阍③、巡捕、仆役之属，受禄均有定额，近二十年中，皆处入不敷出之势。观于此，则鲜不谓增益财用虽如是其速，曾无与于利用厚生之道矣。然则将工利之所以薄，与夫工价之或反有减，推而求之，讲而明之，岂非富国策全书中第一要义乎？

夫工价之贵贱，既以资本、人功之消长为率矣，则工利之不加厚，必因人功与资本俱增之故。盖人功之见增，其端有二：佣户加多，一也；创用机器以省人功，而闲废者多，二也。英国数十年来，二者均有之，人功安得不见增乎？夫以英国民数而论，此数十年中，未必大有增益，要知角逐之道行，则求工者愈多，应工者必愈众。欲明此理，莫如查历年户口册，英国近年户口册所载下户婚嫁，大率能及其时者居多，而尤以煤铁矿佣户为最，织布织呢者次之，佃工又次之。盖需工多则工价优，工价优则下户之婚嫁以其时，婚嫁以时，则生齿日繁而给役者众矣。是故工价之贵贱，每相倚伏，而增即减之基也。

凡户口众庶之国，其民食恒不能有余。户口一增，则粮食必贵，有

---

① 柏氏，即前文所指 Thomas Brassey。

② 蛮赤斯德，原文为 Manchester，今译作曼彻斯特。英国英格兰西北部港市，世界上最早的工业化城市。在这里诞生了世界上最早的近代棉纺织大工业。

③ 司阍，指看门的人。原文为 porters，指搬运工。

断然者。以英国论，稼穑之事，非不日求精进也；外洋食物，非不广为招徕也。然而民间日用所需之物，莫不昂贵有差，尤甚者，乳酪、肉之类，其质易败，而难于远求者也。盖凡一物，相需者忽多，而又必取给于国中，则其价立贵，如英国之煤是已。从可知户口增多，其足以减佣工之利者有二端：给役者众，则工价将贱，一也；食物昂贵，则工价之为值也少，二也。

前言人功之见增，不独在佣户之加多，而亦在机器之创用。盖机器愈巧，省功愈多。假如百人之功，今以二十人代之，所省为五之四，所增即不啻五倍矣。英国二十年来，以机器之用，而生财之速，国用之增，无有伦比。然人功因此而就废者，不可胜数。柏氏①《工价考》载，铁业商总某②呈报，该业各店铺，自用机器以来，工匠遽减其半，此明征也。

凡业户遇贸易利薄，或物料短缺，或人功昂贵，辄思创用机器以图节省。若英国商户因美国内乱，棉花来源之绝，购诸远邦，费本甚大，一时争创机器，人功遂以大省焉。美国之尚用机器，尤甚于英国者。美之人功最贵，故业户之筹思最切。农田机器，不惟所用者多于英，而且精巧日臻，英实取法乎美。尝考其国所创农田机器，凡是以减省人功者，日多一日。一千八百四十七年，计创四十三具；一千八百六十三年，计三百九十具；明年，五百六十三具；越二年，一千七百七十八具；又明年，一千八百具，机巧百出，正未有底止也。假使英国佃工，出洋者日益众，则工价必贵，食田之户，亦将多创农田机器无疑矣。由此以观，乃知生财加多，需工不必因之加多也。生财以机器而加多，则需工反因之加少也。人皆以为财用一增，则百工宜均享其利，殊不知获厚利者固多，而受重损者正复不少。盖一机器创，则必有若干类工人，顿无所用其手艺之巧，皆将赋闲失业，别营生计，用违所长，其苦不可胜道。试观于铁业商总所报，工汰其半，被汰之工，必其手艺最巧；得价最优之工，忽然就废，其受损为何如？铁业如此，而受机器之害者，岂独铁匠而已哉！

---

① 柏氏，即前文所指 Thomas Brassey。

② 铁业商总某，原文为 Mr Nasmyth，应为詹姆斯·内史密斯（James Nasmyth，1808—1890），英国工程师。蒸汽锤的发明者。家中拥有一个机器铺。

审是则财用虽增，工利不必因之加厚，明矣。所以然者，英国一岁所积之财，留之国中，以作资本之用者少，贷之外邦，以收生息之利者多。其贷之外邦者，利归本主，与工价无涉。故虽其款甚巨，而自百工言之，则有之一如未有也。欲知英国出贷之款，但观外邦积欠之数。大都欧洲各国财用，无一不出浮于入，其所不足，则大半皆取贷英者也（按欧洲各国财用皆患不足者，实始于法君拿波仑第三①，创霸称帝，耀武观兵，一时诸国从风耀武，秣厉争雄，而国用遂多糜费矣）。

贷财于英者，以俄罗斯、义大利、土耳其、埃及等国为最著。查自一千八百四十八年至一千八百七十年，此二十二年间，俄欠项由一万万磅增至三万万磅；义欠项由三千万磅增至二万八千五百五十万磅；土之借贷，始于一千八百五十四年，自是而后，积欠至九千二百万磅；埃之借贷，始于一千八百六十二年，凡历八年，借四次，积欠至三千六百万磅（以上各数，本拔克斯德氏②《国债论》），自是而后，所借更多。此外如美国因内乱而筹兵费，则称贷于英；印度造铁路（数年间借欠不下九千万磅，专为造铁路之用）、浚河渠、办屯田，则莫不称贷于英。故曰：英国日富，而百工获利甚微者，以其贷出之款多也。虽然，工利之不加厚，则更有故焉。其故维何？曰：需工一多，工价一长，则婚嫁勤而生齿繁，机器出而人功省，此其所以沮抑之者实大耳。

夫工价之贵贱，既与民数之消长相因，则民数所以增损之理，又不可不讲矣。英国马耳德氏③所著《民数论》一书，最为详备，每发诸家所

---

① 原文为 the imperial government in France, for with the establishment of the second empire，指1852 年 12 月建立的法兰西第二帝国，是法国历史上最后一个君主专制政权，由波拿巴家族拿破仑的侄子路易·拿破仑·波拿巴建立，称拿破仑三世（1808—1873）。1854 年，联合英国对俄国宣战，克里米亚战争开始。1857 年，法国与英国对中国宣战，挑起第二次鸦片战争。1859年，对奥地利宣战。1862 年，法国与英国、西班牙入侵墨西哥。1870 年 7 月，向普鲁士宣战，普法战争爆发。

② 拔克斯德氏，指巴克斯特（Budley Baxter, 1827—1875），英国经济学家、统计学家。主要著作有《预算和收入》《国债论》《地方政府和税收》等。

③ 马耳德氏，后文也称"马氏""曼耳得氏"，指托马斯·罗伯特·马尔萨斯（Thomas Robert Malthus, 1766—1834）。英国人口学家、政治经济学家。著有《人口原理》《地租的性质和增长及其调节原则的研究》《政治经济学原理的实际应用》《价值尺度，说明和例证》《政治经济学定义》等。其中汪凤藻将其《人口原理》（*Essay on Population*）译为《民数论》。

未发。其论民数之所以阻其增者，其端有二：曰天数，曰人事。凡人事无权，如饥馑、水旱、疫病、兵革之类，皆系乎天数者也。自人身世之谋益工，室家之计益熟，而婚姻之迟缓者多，婚姻迟则生齿少，而户口不能增，此系乎人事者也。马氏遍考列国之风土人情，各究其民数消长之故，以著为论，或因乎天数者多，或因乎人事者重。观风者盖深有取焉。其书之出，于今数十年矣，而诸家之说，卒无能出其右者，其书不重可贵乎？

民数之不能有长而无消，盖亦造化自然之理也。假令天下之众，婚姻各及其时，而又别无阻抑之故，则不独食不足以养，亦且地不足以容矣。走兽中惟象之生育最稀，间尝论之，设象生三十年而始育，至九十年而止，其间生雌雄各以三，循是以推，历五百年之久，一偶之所衍，已有一千五百万之多。① 观于兽道，而人道不从可知哉！甘氏②尝谓英国阿尔兰岛居民，自一千七百六十七年至一千八百零五年，此三十年中，遽增一倍有余。大抵一国之户口，休养生息得其道，每二十年而倍之，苟无天数人事之阻，将不数百年而充塞宇宙间矣。曼氏③云：亚细亚洲各国，暨昔日之欧洲各国，民数之阻于增，每因饥馑兵革之故，而且于孩提则忽于抚育，于疾疫则拙于医治，而其致疫之故，则未始不因乎食之不足，或数年而一遇，或数十年而一遇，良可哀也。今各国阻抑之端，视昔大有减矣，然亦未能尽免也。以英国言之，贫户之婴孩，夭殇最多，究其故，无非抚育之失其道耳。计有五邑，其贫户婴孩，半皆不及五岁而死。此英国阻抑民数之大端也。其他各国则阻于兵革残杀者有之，阻于婚嫁迟滞者有之（挪威国例，男女必各蓄财若干，足以养生，方许婚嫁。瑞士国俗，男子年不及三十，女子不及二十五，鲜有嫁娶者）。

夫民数之阻于增，正佣工之利也。然亦有民数日增，毫无阻抑，历久而工利不加薄者。如新辟之地，天气得寒暖之正，土脉尽膏腴之美，

---

① 此处关于象的生育的例子，原文有注释 "Darwin 'Origin of Species'"，即英国生物学家达尔文（1809—1882）的《物种起源》。汪凤藻没有翻译这个注释。原著者法思德与达尔文有联系和交往。

② 甘氏，与前文提到的葛氏为同一人，指英国经济学家凯尔恩斯（John Elliot Cairnes，1823—1875）。

③ 曼氏，即马尔萨斯。

地广人稀，田畴未垦，则虽户口日增，不必遽相妨害也。至于繁庶如英国者，使亦无阻抑之故，行将人工充塞，而小民之生计益艰矣。盖中户以上，智虑较周，苟自顾其力不足以赡妻子，使之一如己所享用而无所缺，则大抵宁鳏而不娶。而工作下户，贫而多愚，顾目前不计久远，往往以一时稍有生色，遂各踊跃婚娶。如英国户口册所载，因粮食价落，民间婚嫁之事顿增，其明证也。夫如是，则佣户之生齿，苟无天数之厄，宜其有长无消矣。而不然者，则别有阻抑之端也。英国婴儿未及五岁而殇者，在中户以上，仅十之二，在下户必十之四五焉。其所以殇折独多者，或以贫窭，或以沉湎于酒，遂致忽于鞠养，失于爱护耳。以前十五年计之，苟抚养得宜，则今日国中当多幼孩一百十五万口，而人功自此顿增矣。果使民日迁善，去其酗酒忍很之习，尽其恩勤①鞠育之谋，吾知英国户口之增长必速。然惟如是，而下户正不可无智虑矣。盖既无疏忽之弊，以凋伤其幼稚，又无身家之虑，以迟缓其婚姻，不将愈庶而愈益其贫苦乎？

天数人事而外，又有阻抑民数之增，而纾英国人功充塞之患者，莫如迁徙出洋一事。数年来，英民之适美国暨诸藩邦者多矣。自一千八百四十八年至一千八百六十四年，英民之出境者，都计三百三十五万。自是而后，去国者愈众，以一千八百七十三年计之，一岁中有二十八万之多。向使民无迁徙之一途，则此数百万人者，皆将仰食于国中，而工价必大落矣。然而所裨于国计民生者，此犹其小焉者也。盖去国者择地而蹈，所适之邦，必其短于人功，财源有未开，沃土有未垦。一旦人功有所取给，百利渐兴，获利必厚，斯其致富也甚速，于是以彼土所产之粮食，济英国之所不足，而粮价以平，此其所裨于英国者实大也。然则凡户口繁庶之邦，苟无阻抑之故，又无迁徙之途，其足以艰困贫民者，不显有在乎？

凡田限降则百谷贵，而地租不与焉（说见上篇）。使英国一旦民数大增，而地利不能使之加厚，又无外洋米麦以接济之，势必田限降而食物无不昂贵矣。于此而不有迁徙之一途，则佣工必受损，损之者何？受

---

① 恩勤，指父母尊长抚育晚辈的慈爱和辛劳。

佣者众则工价贱，一也；消耗者多则日用贵，二也。民数日增，而物产有限，恐并衣食而不给矣，岂惟百物昂贵为可虑哉！

是故迁徙一途，既可免充塞之患，又可资谷食之济，所以高工价者在此，所以抑粮价者在此，其有裨于百工，非细故也。惟是迁徙之利，必有底止，何也？以民生齿之易，苟使休养得其道，则向之地广而人稀者，不久皆人烟稠密矣。夫如是，又安所用其迁徙耶？

夫工价之贵贱，既以资本、人功之消长为率，而国家资本之增，继极其速，万不适民间生齿之速。由是言之，苟无天数人事之故，足以阻民之增，百工固无有不流于困苦者矣。是故繁庶如英国，其利在迁徙，尤在足食耳。

以上所论，特举工价贵贱之故浑言①之耳。至于工之托业不齐，其价之轻重亦不一，且不独异业有贵贱之殊，即同业亦有低昂之别。时势情形，随业而异，此其理亦不可讲也。司美氏②分工价贵贱之由为五类：一，托业有苦有不苦；二，学艺有难有不难；三，工作有常有不常；四，责任有重有不重；五，成败有可必有不可必。

所谓托业有苦有不苦者。如挖煤之煤工，受价反优于巧匠，以其事甚劳，其地甚险，摸索暗中，呼吸浊气，不优其价，谁乐就之。彼木匠一日之间，工作之勤，过于煤工，而价减一等者，其事不若是之苦也。

所谓学艺有难有不难者。凡精巧之艺，从学必有规费。从学有费，则有力学习者少，且其业每有学徒帮工之例，往往历四五年之久，而不得工价，则习其业者功本愈大，收效愈缓，愿望愈奢，非若他项粗艺之可以捷获。故及其艺之已成，遂擅专长之利，声价自高。盖工价不优，不足偿其功本之费，理固然也。如航海所用之时辰表，其精巧细密，通英国之钟表匠，能之者什不获一。具此天授之巧，则欲得工价之多寡，直可自彼命之矣。岂寻常艺事所可比哉。

所谓工作有常有不常者。如砖瓦匠之类，遇风雨则不能作，遇霜雪

---

① 浑言，指笼统地说，又称统言、泛言。浑言与析言相对。泛指，段玉裁叫作"浑言"；特指，段玉裁叫作"析言"。

② 司美氏，指亚当·斯密。

冰冻则不能作，而且今日有佣，明日或无佣。一工已竣，后工不可期，非若他项手艺之得按日工作以食其力也。故砖瓦匠之工价，必较他业倍优，盖不优则无以为赋闲坐食之地，人皆不愿托此业矣。

所谓责任有重有不重者。如金银珠宝等匠，所治皆贵重之物，苟业主不得可托之工匠而委任之，则将日夕监督而费本益多。故凡业金银珠宝者，必得可托之人以为其工，其人可托，斯其价必重，理固然也。况业主厚其予，正所以食其报乎？

所谓成败有可必有不可必者。与寻常工人，无甚关系。盖既习一艺，即成一业也。惟以技术为生，如业医、业刑名①之辈，大抵学成名著，而遂以致其富者少。学不见售，而莫偿其功本之费者多。惟其成败难必，故其技有不售，售则必求善价②也。

凡此五者，固工价所以贵贱之大端，要亦有不尽乎此者。盖工价不独随业而异，往往一国之中，同一业而其价随地不同，此在粗拙之工为尤著也。以英国佃工言之，其在约克县③者，冬月工价约一礼拜中可得小银钱十六七圆；在威尔县④、笃色县⑤者，一礼拜中仅得小银钱十一二圆。同此力作，而贵贱若此之异，非日用贵于彼而贱于此也，非威笃两县之佃工别有所利也。问何以同一业而工价有不齐？且何以威笃两邑之佃工不舍而之约克也？曰：所以不齐者，约克之地利较厚，即农利较厚，故工价亦较优也。所以不为迁徙之计者，威笃两邑之佃工，皆乡愚耳，不读书，不识字，僻处一隅，亦何从而知他邑工价之贵贱，此其一；习于颛蒙⑥，则狃于故里，而畏远徙之难，此其二；素无储蓄，则川资不给，此其三。又况自立恤贫章程以来，民皆域于疆界，阻于迁徙，束缚

---

① 刑名，指战国时以管仲、李悝、商鞅、申不害为代表的法家学派，主张循名责实，慎赏明罚。后人称为"刑名之学"，亦省作"刑名"。古时指刑律刑名之学。

② 善价，指高价。

③ 约克县，原文为 Yorkshire，即今约克郡，位于英国英格兰东北部，是英国最大的郡。拥有近两千年的悠久历史，号称"上帝之郡"。约克郡是英国著名的文化之乡，以及重要的工业、农业之乡。英国国王乔治六世曾骄傲地说过："约克的历史，就是英格兰的历史。"

④ 威尔县，原文 Wiltshire，今译为威尔特郡，英国英格兰西南区域的名誉郡和单一管理区。

⑤ 笃色县，原文 Dorsetshine，今译为多塞特郡，位于英格兰南部，英伦海峡北岸。

⑥ 颛蒙，指愚昧。

之苦，莫此为甚。虽邻近之邑，工利倍蓰，亦心向往之，而身不能至也。其所以不能至者，非此之阻其去，乃彼之惟恐其贫无以自存，致糜公款抚恤，而不肯留之耳。

然则人功太贱之处，欲使长其工价，徒恃业户之任恤无济也。济之之术，惟增其地之资本，或减其地之人功而已。人功何以减则迁徙，是运之徙乎异国，近之徙乎他邑，皆可也。

今英国兴利除弊，凡所以齐工价之不齐者，几几法无不备矣。数年前，道途转运维艰，商贾不便，彼之所有余，此之所不足，以故一国之中，货物贵贱悬殊。如鸡鸭之价，在伦敦都城恒四倍于他邑，自有铁路而转运顿利，有无顿通，商贾便之，行旅便之，不独无贵贱之悬殊，即工价亦不至同业而异等。以程速费小，百工无难择地而蹈也。彼业佃之愚氓，智识亦渐开矣，何至复狃其畏葸[①]之习哉！

以上所论工价贵贱之理，其大较也。若夫贸易之盛，因乎时势，虽不可恃以为常，亦有足长工价于一时者。英国资本至足，设一日棉市大盛，业户添本纺织，虽一千万磅之多，不难立集，而人功则不若是之易得也。盖纺织之艺，必熟习始精。其间细巧之事，非童而习之不为功。故欲使他业之工，易而纺织，骤难期其得力。夫如是，则凡素业纺织之工匠，俨然独擅专长，其工价有不大长者乎？一千八百五十九年及一千八百六十年间，尝有其事矣。其时业棉之户，获利至厚，争相益本，多多益善。就资本而论，固至足也。无如购置机器，建造厂局，皆须时日而成。故其时添工添料，有所限制。然业户之经营谋利，要必不留余力，则惟有争长工价以广招徕，而纺织工匠遂得优价矣。是故无论何业，苟其贸易大盛，必可长工价于一时。曰一时者，以利之所在，人必趋之，久则习其艺者渐多，而人功无患不给，人功给则工价又落矣。论其时之久暂，大抵其艺愈巧，擅利亦愈久，因他人习之愈难，而成之愈费时日也。托业艺事者，深知此擅长之利，故往往百计以保持之，不使学徒稍溢其额，此同业齐行之法，所由立也（详见本卷第九章）。

---

① 畏葸，指畏惧，害怕。

第五章　论利息

分财之类有三：地主所得曰地租，佣工所得曰工价，业户所得曰利息。利息因资本而生，而资本为撙节之余，实由克俭所致。故利息者，所以酬平日之克俭，犹工价之所以酬勤也。凡人出其资本，用之于有益之事，一岁经营所入，其赢于原本外者，即利息也。假如业田之户，用本银五千磅，以给一切需费，如牲畜、器具、工价之类，则其利息，即举田产所值，开除本银五千磅之余。顾利息虽因资本而生，而不尽为资本之利，何也？即以业田者言之，所雇之佃工，暨一切耕耘收获之事，或须躬亲督课，费时操劳，非若以财出贷者之可以坐收其利也。故凡业户经营所得之利息，必以若干分为酬劳之数。又货资于国，坐收官利者，利可稳得，绝无意外之虞。若经营事业者，得失利钝，皆不可知。市面之衰落，帐欠之亏折，经手之侵渔，兵焚之劫夺，在在可虞。若是，则利息中又必有若干分以偿其虑患之苦。所以业户之利息，内分三项：一酬俭，二酬虑，三酬劳也。

第一项应得之数，当以官利为准。官利者，以资出借，所可坐享之利也。或贷款于国家，或贷款于外邦，而本国为之保；或借人以财，而有田产、房产为之质，凡此皆利可稳得，而并无意外之虞者也。故其所入之利，纯乎因本而生，无所谓酬劳酬虑之数。设官利二十五而一，则本银五千磅，可坐得利银二百磅。准此则经营事业者，假如用本五千磅，当于利息内提银二百磅，以作酬俭之数。

第二项应得之数，未易核计。然业户固有出费以资保险者矣。则此保险之费，即第二项之属也。今英国保火灾之险，几几遍行国中。此外商船保风涛之险，农户保水雹之险（近且有保牲畜瘟疫之险者），凡此所出之费，皆在利息项下开除。惟事业之险，亦有保不胜保者，如农田或因水潦，或因蝗旱，全利俱失，岂能一一而保之？顾酬虑一项，其应得之确数，虽不易知，要之其事之险处愈多，则所得之酬虑愈厚。假如以本托人经商，一切经营运用，皆委之于人，人见其坐获大利也，不知其事之可危乃弥甚耳。今英商采铜一业，获利较厚，凡出资买股分者，可坐收什一之利。若官利不过二十五而一，是其利赢五十而三也。然采铜者，以巨本开一矿，或不崇朝①而铜源顿绝。其事至险，故计其利之所赢，即知业铜酬虑之数，为五十而三也。

第三项应得之数，自是开除前二项之余矣。若论其所得之多寡，则又因业而殊。与工价贵贱之故，大略相同。盖同一监查督课，而精粗异焉，劳逸分焉，苦乐判焉。即所偿之利，必因之有厚薄焉。又况托业亦分高下，或以为雅而乐从，或以为俗而弗屑。此英国业田之利，所由较他利为薄也。盖农圃之事，易学而知，且居乡无城市之嚣，课耕有幽闲之趣。故富贵之家，往往乐于从事，以此为养心适体之方。而初不计其利，至若市廛列肆，琐碎经营，业主勾稽督察其间，劳瘁形神，毫无乐趣。苟非利之是图，彼何不惮烦若此？所以其利必加厚，不厚固不足以酬其劳也。

以上三项，为利息所由综。而酬俭一项，既以官利为准，则一国之中，一时之间，百业自当一律。言一时一国者，以官利不独随时而异，亦随他而殊也。即如英国官利，今不过二百而七，在二百年前，至少亦五十而四，而澳大里亚现在官利，则几可十而一。此其故当于下章详之。

夫酬俭之利，既通国所同，则百业利息厚薄之差，必因酬虑酬劳两项而生矣。其业之利较厚者，必其事较危，可虑较多，否则必其事较繁，督察较劳也。是故凡百行业，其利息之厚薄，各有行情以为准则。至其所以长落之故，则与上章所论工价之情形无异焉。人皆谓百业利息，有渐趋于均平之势，岂其然乎？

何以不能趋于均平也？各业之安危劳逸，既在在不同，则托业愈危，固必获利愈厚。而后足以酬其谋虑之苦，初非一时偶然已也。使谓业之甚危者，酬虑之数，渐可与次危者均。业之次危者，酬虑之数，又渐可与无危者均，势必不能。惟是就一业而论，利若过厚，则为之者多，而厚者薄之；利若过薄，则舍之者多，而薄者厚之。此则有调剂持平之理耳。试进论之。

---

① 崇，通"终"。从天亮到早饭时。有时喻时间短暂，犹言一个早晨；亦指整天。

当一千八百五十九、六十两年间，英国棉市极旺，凡业纺织棉布者，皆获厚利。缘其时美国棉田大熟，来源既广，而亚细亚各国销路又畅，故工本轻而货价昂，其利倍蓰。未几美国内乱作，来源塞，而业户顿失其利矣。然即美国内乱①不兴，来源不绝，英国业棉偏厚之利，亦不能以持久也。何也？布业之利，既厚于寻常，则逐利者多，凡素业纺织之户，莫不竭力增本以图美利，或收回他业之本以继之，或以重利贷本于银号而足之。富如英国，断无资本匮乏之虑。夫如是，则织布一业，必顿增资本巨万，而角逐之道，遂有以减其利矣。减之之故有二：业户之资本益充，斯收买棉花益多，收买者多，则棉花必贵，而一时布价又不能与之俱长，即其利已减；又况工本日扩，织造日多，势必所出之数，浮于所销之数，货物屯积，市价不得不落，利有不大减者乎？此其一也。布业利厚，则素非业此者，亦将改而业此，而增本愈大，出货愈多，销路愈滞，布价愈落，而利亦愈薄矣。此其二也。

特是增本之足以减利，要非骤著其效也。即如一千八百五十九、六十两年中，英国织布各户，虽皆竭力织造，而一时所出之货，未必遽逾其限。盖各局之纺织机器，业已昼夜兼功，则欲加工织造，非添置机器不可。而添置机器，别设局厂，皆须时日而成，故当此之际，旧业织布者，无不收获全利也。然惟如是，而减业户之利者，乃又有在焉。何则？业户既加工织造，昼夜兼功，则必争添人功。可知人功诚不易添雇（以艺非素习之故，详见前章），而旧雇之工匠，加功造作，其价必长，工价长则业户之利有减矣。是故材料之贵，出货之多，工价之长，皆足令利之厚者以薄，此所谓过厚者薄之也。顾此所以薄之之故，往往相持太久，翻使业户之利，有减寻常，而势复失之太薄，于是持平之理，又将起而维之。盖如水之有波，一掀一落，相循环无已云耳。

试更即一业市面之衰落言之。如一千八百六十二年秋间，英国布业大衰，缘其时美国内乱，棉花腾贵，业布者几几无不亏本，其未至于闭

---

① 美国内乱，原文为 American Civil War，也称美国南北战争。1861—1865 年美国历史上一场规模最大的内战。参战双方为北方美利坚合众国和南方的美利坚联盟国。战争以南方联盟炮击萨姆特要塞为起点，最终以北方联邦胜利告终。

歇者，徒以织匠无位置故耳。当此之时，业户不得不减本裁功者，势也。业户各裁其功，则出货少，久之所出之数，不足所需之数，而货价长矣。货价长，则业户渐有生机，而利复渐趋于厚矣。所谓过薄则厚之，亦调剂均平之理也。

布业之盛衰，犹事之偶然者，更即今日英国之丝市言之。或谓英国丝货，不如法国，因法国天气清朗，其人又好于制造细货，故其丝色较鲜，而织法亦良。此虽言之过甚，要就今日而论，则法国丝货，诚胜于英国也。盖自一千八百六十年以来，法国豁免丝税，而英国丝业遂大为减色，其利之薄有减平时，假令法国丝绸处常胜之势，则英国丝市必处常衰之势。问如是则业丝之利，亦将常处于过薄乎？曰：不能也。业户必不甘心于薄利，而终不为变业之计也。惟是欲变其业，非可猝办，又必多所耗失，如机器局厂之类，非大费经营，不能致用于他业。且业户舍其所习，而就其所未习，亦非情所乐从，往往因循时日，勉强支持，迨至万不得已而后去之，而所失已多矣。故凡一业之衰，其初业户必受亏损之累者，此也。

至于工匠之所失，则尤有甚于业户者。诚使丝业之衰，年复一年，则雇工日少，给价日低，失业赋闲者，不知凡几。其壮而有志者，知不可郁郁居此也，遂及资斧之未罄，亟舍之而他，远则去其国，近则离其乡，其所失犹小也。其愚而偷安者，不思变计，犹希望于绝望之余，徘徊不去，徒恃官民赈捐以资存活，弥久而弥习于怠惰，终至流为丐乞而后已，哀哉！

是故因穷民失业，而官民捐资以赈之，往往非徒无益而又害之也。盖穷民有所恃以存活，则狃于便安，而不思迁徙图就，反不如听其自然，而民受饥寒之迫，不能不作变计之想。即不然，以捐赈之款，作为川资，散给贫民，使之迁徙，亦不至受困如此之甚也。当美国祸乱之际，英国布业大衰，工民失业，四五年中官民所捐，积累巨万，悉以供赈济之费，一时国家行抚恤之政，仁人溥乐善之施，固无有信其贻害甚大者。不知其时英国布业虽衰，而别项贸易，则大有生色，通一国之市廛计之，非惟无减，抑且加盛焉。然则工民被汰于此者，或相需于彼，特一转移间耳。救之之法，当助以资斧，使失业之工，舍其故乡，以适相需之地，斯捐弃少而裨益多，乃计不出此。而沾沾于姑息之养，坐令愚民苟安旦夕，习于惰偷，沦于丐乞而不可救，岂非大误欤？所以英国布业之衰，历八年之久，各局所汰之工，日多一日，斯无业之穷民，亦日多一日，不独于此见工人受困之深，亦见通国之事业，皆受其损也。

夫一业之利之厚薄，所谓有持平之势者，固以官利之厚薄为准也。而官利亦因时为低昂，随地而轻重，其故则何欤？

大凡商贾之业，其经营所得，业主与佣工分受之。业主所受曰利息，佣工所受曰工价。利息之数多，则工价之数少；工价之数多，则利息之数少，二者每相因，然此特论其常耳。密耳氏①谓一业之利，不但在工价，而亦视乎工效。苟能精其艺，利其器，使事半而功倍，则工价不加少，而业主之利息加多矣。故凡有所凭藉，能使用力少而成功多者，皆足以增长利息者也。且不独利息可增，即工价亦可长。请以农田言之，土脉愈瘠，则费力愈多，以二十人耕一薄田，或不逮十人耕一良田所获之多。故治薄田者，工价苟不加少，利息必减而薄，为其功费重也。观于英、澳农利之悬殊而可知矣。澳洲地广人稀，沃野千里，已垦之田，最下者亦不失为中等。故其人功所凭藉，远过于英，而程功较易。设以英国耕瘠田之农夫，使之耕澳洲最下之田（就已垦者言），用力犹是也，而成功必多矣。惟澳洲凭藉地利，用力少而成功多。故不独澳之租户利厚于英，且澳之佃工亦价优于英。何也？澳之佃工，价虽甚优于英，而业田之功费仍视英为轻。夫是以利息与工价俱增也。

顾或谓英国上上之田，较之澳洲上上之田，往往用力相同，而出产过之。则是英之程功，所不逮于澳者，惟耕下下之田为然耳。岂得谓英国业田之功费必重于澳乎？不知业田功费之轻重，固必以下下之田为率也。盖地必给租，而后得据而耕之。凡田沃者，租亦贵。沃田出产虽多，而租户之利不加厚，犹之次田出产较少，而租户之利不加薄。是田虽肥瘠不齐，而利则大略相同也。独至下下之田，其租几等于无，斯其利之厚薄，专系乎功费之轻重，而无复有地租可计。吾故曰：业田利息之厚薄，视下下田之功费而定也。所以一国之中，因民数增而田限降（说见

① 密耳氏，即 John Stuart Mill，或译约翰·密尔、约翰·穆勒。

前），非租户之利减，即佃工之价落，二者必居其一。然则利息之厚薄，各国所以不同者，必因功费轻重有不齐矣。夫功费何以有轻重也？大凡一国之中，资本加多，而佣户不加多，则工价必长，工价长斯功费重，功费重斯利息薄矣；佣户加多，而资本不加多，则工价必落，工价落斯功费轻，功费轻斯利息厚矣。审是不独工价视资本人功为消长，即利息亦因此为低昂也。然而澳洲则工价与利息并厚，英国则工价与利息并薄，何也？盖工价与功费，不可混而为一。工价虽甚轻，功费或甚重也。英商之承造法国铁路也，不用法工而用英工，岂不知用法工则价可减半哉！以法人力弱，而英人一可当二，用法人功本不加轻，徒旷时日耳。此功费不徒因工价而重轻之证也。至于国中物产不丰，衣食昂贵，工人获价虽优，而生计依然艰窘，如是则业户之功费，又将加重，而利息因之以减。凡繁庶之邦，皆有民多食少之虑。英国所以弛禁采粮以维持之也。

明乎此，可无疑于密耳氏[1]之说矣。密氏谓利息视功费而定，功费之重轻，所因以为变易者有三：人功之利钝，一也；工价之大小，二也；粮食之贵贱，三也。三者并重，如体积之于长广高也。

工价大小如故也，粮食贵贱如故也，而人功加利，则功费轻；人功利钝如故也，粮食贵贱如故也，而工价加小，则功费轻；又使粮食加贱，而工价如故（就所需衣食之费言之），则功费亦轻。是故邦国之间，利息之厚薄，功费之重轻，彼此相殊者，其故必不出乎此。学者所当一一而推求之也。若夫人功之所以有利钝，工价之所以有大小，粮食之所以有贵贱，则又各有其故焉。

人功之利钝，首系乎地力之肥硗。欲利人功，莫如讲求粪田之法，使地利变而加厚。地利厚，良田多，则出产必富。粮食必贱，于是乎功费减而轻，即利息加而厚矣。彼澳洲工价虽高，而利息不失为甚厚者，正以此耳。

工价之大小，因人功资本为消长（二者并增并减，则工价无变，其一或增或减，则工价因而长落）。民数多，则佣工者众，而人功贱。邦

---

[1] 密尔氏、密氏，皆指约翰·穆勒。

国之民，或庶或不庶，其故详见曼耳德氏①所著《民数论》（见前）。如英之各属部，及亚、美洲各国，大抵皆民数未庶者也。英国户口之众，其所以阻抑之者，或不一端，而要其消长之大原，则在乎粮食之贵贱。粮贵则婚嫁少，粮贱斯婚嫁多。是故粮贱为佣工小民之利，而大半不得实惠者，以婚嫁一易，生齿顿繁，而人功日趋于贱，即工价终因之而低也。至于资本之多寡，增益之迟速，则又视各国之人情风俗以为衡。或有远虑，或无远虑，或奢或俭，民俗各殊。而要之积财之难易，大率视官利之厚薄。以英国言之，假使官利大长，则民益尚撙节，国本不难立增。然遇资本大增，则工价必昂，由是各业之功本重，利息轻，而官利即因之而落。迨官利减薄，而民间积财之心亦有减。故一国资本之增，必有其限，而盈虚消长，皆自然相因者也。昔荷兰官利仅五十而一，其民不以为少。英国今日，非三分息，无有愿以资出贷者。使英民虑益远，俗益俭，积财益多，又何难令官利之薄如昔荷国乎？

至若粮食之贵贱，亦有乎于功费之重轻者。假如业田之户，岁以银一千磅为工价之费，以英国佣工而论，都其家口计之，大率所得之资，去于食者十之四，是一千磅中，必以四百磅为买食之用。若一旦麦面（英国民食以面为主）贱四之一，向必用四百磅者，今第三百磅而已足；则向之工价必一千磅者，今第九百磅而已足。盖名虽减十之一，而其实用则同也。工价减而工不受其损，斯功费轻而业户得其利矣。或问是利也，业主之所独乎！抑仍佣工之所同乎！曰：非业主所独得也。功费既减，则业主之资本有余，可以扩充其业。如上言以食贱之故，业田者，可减省工价银一百磅，此一百磅者，岂置之不用哉！非添雇佣工，即别事经营耳，二者皆利于工人（通百工言之）。可见粮食一贱，其利固业主与佣工同享者也。惟遇奢侈之户，不以所省之工价，用为业本，而只以供其嗜好之私，斯工人不能被其利，然此甚罕觏。盖利之所在，多多益善，而顾以奢靡弃之，非人情之常也。

独是食贱之利，所裨于佣工者，可暂而不可久，何也？以英国工匠言之，其识见之卑微苟且，但得日用之间，稍觉宽裕，即纷纷婚娶，不

---

① 曼耳德氏，即马尔萨斯。

久而生齿顿繁，人功充塞，其究也，不第夺此额外之利已也。所以英国自弛粮禁以来，洋米入口者不为不多，而百工获益甚微。

人以为米禁一开，贫民皆有生计矣。岂知二十年来，贫民之苦，曾不稍减，且有降而愈下，变而愈多之虑。可见欲厚民生，必先正民德，务使识见渐高，谋虑渐远，而后可与计身家，否则上日思所以纾其困，而民之困且日深耳。

利息稍长之故，至此亦云详矣。然犹有不可不论者，则贷本出洋一节，所系亦非浅鲜也。凡资本加多，官利必减；官利加厚，资本必增，二者迭相为经。富于资本之国，其一年积聚之财，必有若干分出贷外邦，所运用于国中者，特其余耳。贷出之数，于本国利息之厚薄，工价之低昂，不必骤有效验。故论利息工价者，只据所留资本之数而言。然使外国之官利，厚于本国，则贷出之数必多，愈厚则愈多，势固然也。所贷者加多，所留者必减少。就国之全本而论，原未有所增损，而在市面，则成本渐形短少，官利必长，而工价必落矣。后文论增长工价之理，多本此义，学者慎无忽而忘之。是故人功不变而加利，出产不变而加多，而工价忽长，其势必不能以持久。以工价一长，则国中利息益薄，而出贷之本将愈多，运用之本将愈少，工价虽欲不落而不得也。

第六章　论小农躬耕之法

英国今日租田之法，不可以例天下各国。英之地亩，大半属于世家，租其地者，以多为贵，率皆招佃承种，未有躬亲稼穑者。故一岁所获，地主、租户、佃工三项瓜分之。然此亦今日之情形耳，若数百年以前，其俗迥异于此。考之古史，人尚力田，托业之高，老农为最。有田一区，躬耕自给，于世无求，田家之乐，诗人发为咏叹，赋诸篇章，用能民俗敦庞，坚强不屈，民到于今，犹有遗风焉。今欧洲之法兰西、挪威、瑞士、义大里、比利时、布鲁士[①]等国，地亩分属于零星散户者甚多，谓

---

① 布鲁士，原文为 Prussia，今译普鲁士。位于德意志北部，通常指 1525 年至 1701 年的普鲁士公国（其中 1618—1701 年以勃兰登堡—普鲁士形式存在）、1701—1918 年的普鲁士王国以及普鲁士自由邦（1919—1947）。1947 年 2 月，联合国管理委员会颁布第 47 条法令，宣布普鲁士自由邦停止存在。原普鲁士邦领土分别被并入波兰和苏联，以及英、法、美、苏四国占领区。原普鲁士邦政府的财产由盟国和苏联共同瓜分。

之小农。小农各主其地，耕耘收获，躬率家人妇子为之。田地我有也，人功我给也，资本我出也。一岁所获，一家享之，初无地主、租户、佃工之别。以视英今日租地招佃之法，孰得孰失，富国策家论之者众矣。欧洲诸家，阅历身亲，皆以小农躬耕为得，而英人风尚所趋，见闻所囿，皆主租田之法，极议小农之非，独密氏①、童氏②两家不为附和，其书多采录实事，讨论详明，识亦高人一等矣。愚按英国诸家所以议斥小农者，直未一明辨耳。彼第知治小田者为小农，不知同一小田，地主自治之，与他户或租或典而治之，情形迥不相侔。小农之所以得计，正在自治己田也。羊氏③云："予人以荒谷，人将变之为田园；租人以田园，人将变之为荒谷。"善哉言乎！

上卷所论治田多则获利易者，就租地而种者言之，非据地主、自佃者言之也。英国租户之田，有增而多，无减而少，机器之用，日盛一日，可知租田愈多，农利愈厚，有断然者。至地主所以并小田为大田者，非徒侈言大也，亦以合之则租价较优耳。然此理虽确，要不足据以断小农之得失。缘小农以己力治己田，情形迥与此异也。今将论小农躬耕之法，大有裨于风俗人心。先论其治田之效，庶几得失利弊，犁然④各呈，关心于国计民生者，可以得所衷焉。

按小农与租田下户，事不同而所失有同者，如一切农具机器功本至大，购置匪易，下户绌于资本，力不能办。故所用农器，每不逮上户之精良。又如上户牧羊六百头，或一人司之而已足者，下户牧羊仅百头，而亦必以一人司之；上户有谷值银五百磅，乃费若干时日，赴市求售者；下户有谷值银五十磅，亦必费若干时日以求变价。若此之类，皆上户得计而下户失计，小农同坐之弊也。又英国下户，虽亦招佃承种，

① 密氏，指约翰·穆勒。

② 童氏，指威廉·托马斯·桑顿（W. T. Thornton，1813—1880），英国经济学家。1836 年在东印度公司任职员。1846 年出版《人口过剩及其补救办法》一书。

③ 羊氏，即阿瑟·杨（Arthur Young，1741—1820），英国农业经济学家，1763 年起从事农业经营。1767 年起考察英国、法国等地的农村，根据当地的农业状况写出了一系列的游记，如《爱尔兰游记》（1780）、《法兰西旅游》（1792）等。1784 年创办《农业年刊》，并为主要撰稿人。1793 年任英国政府农业局的首任局长。他是英国农业革命的先驱。

④ 犁然，犹言释然；明辨貌。

而督课之余，时复耕亲力作，兼营并骛，心力难周，遂至事多旷惰者，比比皆是。英人之所以租田务多，而断以上户为利者，正为此耳。然亦思租户增其本，利其器，精其艺，使出产加多，地利加厚，而曾不能长享其利乎？何也？租限一满，租价将昂，而全利顿归地主。是农器之精不精，在租户无甚出入也，况乎致精稼穑之道，有甚难而至细者，非其人存自治己田自植己产之见，断不甘心于辛勤劳瘁而为之。羊氏《农田述见录》一编，颇资考证，有云："余游历法国至某村，远望之，惟岩石而已；入其村，乃见桑麻蔬果，杂树隙地，位置有法，灌溉得宜，莫不欣欣向荣，极田园之盛。予深异之，喟然曰：何村人之勤乃事乎！使余当路于法，村人且受上赏矣。因思以此治田，何田不治，沙墟荒谷，悉可变之为膏腴，甚矣。以己谋己，力无不尽也（意村人必自有其地者，故云）。"又云："有某户者，置山田一区，以沙为壤，其白如雪，地本不毛，某乃多筑庐舍，间以场圃，尽心粪治，遂成良田。"噫！谋忠植产，则沙变为金，观于某户，斯理益信。

佛兰德斯①，比国之属地也，其民精于田事，欧洲各国无出其右者。论其地则瘠土耳，沙田耳，特以人事之巧，粪治之精，遂成沃野。向使其田属之世家，有听其荒废而已，以之招租，固不值一钱，即雇工垦种，亦断不能竭力尽瘁，转瘠为肥如佛人者。无他，佛人自治己田，自植己产，故不惮劳也。凡游其地者，皆称其人治田之善，只患无地，不患无法，虽有至瘠之田，以佛人治之，必有所产云。又比国甘滨②地方，亦皆海岸沙田，土壤至瘠，居民尽心垦种，每相地一区，必界以沟洫，沙之松者实之，坎者平之。乃分种茅、苇、芋、薯、木槿之类，广采粪拥之料。一二年后，渐可艺麦；麦熟，益粪治之，而土脉肥美矣。盖因有芋、薯、木槿而可养牛，因有牛而可备粪，日起有功，不数年而转荒为熟，虽良田无以过之。凡此精于农事者，大都皆躬耕小农也，其所以克致精勤者，以其治己田也。今英国农户读书较多，则心思宜敏，资本较

---

① 佛兰德斯，原文 Flanders，又译法兰德斯，是西欧的一个历史地名，泛指位于西欧低地西南部、北海沿岸的古代尼德兰南部地区。比利时 1830 年革命后，佛兰德斯成为比利时王国的领土。

② 甘滨，原文为 Campine，今译钱皮恩，位于比利时东北部。

足，则器具易精，然而治田之道，远不逮于佛人者，其故不显有在乎？（原书历举瑞、挪、法诸国小农治田之效，今删之以从简也）。

英国农田之弊，尤在佃工之困苦。虽素持租田利厚之说者，亦不能漠然无戚于心也。核其困苦之状，曾不若奴役之受豢于主人，犹堪一饱，此无他，工价太微，日用不给耳。凡去市镇远者，给价尤微，约一月（以冬季论）不过得银二磅有零。以英国食物之贵，仅欲糊其口而不足，何能更谋积蓄，为疾病养老计哉！一旦年老力疲，并此区区者，亦不可得。非流栖于工所（以工代赈之所），即乞食于赈施，固苦颠连，莫此为甚。贫固可怜，而愚更足悯。国家广设学塾，经费浩繁，汲汲以教育穷黎为念，然而佃工迄未能获其益者。盖子弟年至八九岁，即令弃读就耕，口所诵习，转瞬即忘，遂至浅近如新闻纸亦不能读，将咎其父兄之失教乎？顾既贫且愚，初不识学之可贵，第知八九岁之童子，从事田间，月亦可得银半磅，谁肯舍之。夫佃工之贫且愚，原不独英国有然，特以英之富裕隆盛而亦有此，斯愈可悲耳。由此观之，纵使英国租地招佃之法，诚利于生财之道，其利亦偏归于地主、佃户，而佃工之困苦，终有民不聊生之叹，甚非所以惠爱穷黎也。

至于躬耕之小农，自治己田，力之所施，全利归之。以视佣工于人者，生计之纡绌显异矣。佣工者，必不能鼓舞尽神，使之振奋，无冀倖心，无求胜心，并无患失之心，冥顽不灵，蚩蚩毕世而已。或谓无思无虑，不识不知，岂不愈于耕种者之谋深虑远，心力俱劳乎！不知谋虑者，乃处世之要，人无谋虑，何能致其精勤；凡纪述小农者，固无不以精勤不已为可嘉也。瑞、法、比、德等国，躬耕其地之小农，早作晏息，寸阴是竞，耕耘灌溉，加意护持，断非佣工之所能及。至有议其过于操劳者，岂非谋己之心，有以使之然乎！至其节俭之风，尤与英国佃工相反。英之雇工小民，全无心计，顾目前不顾日后，虽使工价有增，亦徒恣其婚媾醉饱之谋，不能为蓄旨御冬之计。盖惟克勤者克俭，勤俭之德，岂下愚所知，即或知所撙节，而为数甚微，不足运用，亦无望于发迹改行，稍高其位置也。苟能设法如合伙生息之类，使知积若干年，即可置恒产若干，则雇工者皆将踊跃奋兴，以所事为切已，而不责自勤，不教自俭，心思日辟，智虑渐生，其裨益为何如哉！乃观于躬耕小农，何其俭德可风乎？衣食之恶，居处之陋，一若甚贫也者。非贫也，彼深知节用所以厚生，积银数磅，便可更市一牛，或更置一器。多一牛，多一器，即人功多一助，田事多一利也。昔布郎居丹国京城①，为英领事官，尝述丹民田家之乐，云：丹人俗尚俭勤，每有所蓄，辄首置时辰钟一具以知时，次买马一匹，牛一头，出赁可获厚利。资本渐充，即以买田躬耕为务。丹人身世之乐，固无有如小农者，以佃以牧，予取予求，俯仰优游，窃叹生人之计，无过于此也。予不禁心向往之矣。

由是观之，英国租地招佃之法如彼，小农躬耕之法如此。利弊所在，孰得孰失，必有能辨者矣。然小农之法虽善，必使朝廷更张旧制，尽收世家田里，而分授之于零星小户，非惟势所不能，亦且理所不必。说者谓凡以英国租田之制为非者，必以法国分产（法制父有遗田，必分授诸子）之制为是。不知皆非也，体国经野，惟有因势利导，听其自然，使民各行其自然而已。

夫机器之用，利在大户；人事之尽，利在小农。今欲兼而有之，计将安出？无已，则联佣工若干户，使合主一地，通力而耕之，其庶几乎！（详后论合伙经营章）

昔俄国世禄之家，田亩广阔，每蓄世仆数千，谓之稽夫②（洋语也）。不令纳地租，而令供使役，承种期满，即给以所耕之田。都计俄民为稽夫者，不下二千二百万之多。其主往往虐待之，婚娶不得自便，一惟主人所命，势迫刑驱，动遭鞭挞；有小过，不加审察，即行充发边远，永无还期，盖其异于黑奴者几希。迨今俄君即位③，革除旧制，施行新政，去稽夫之籍，俾为平民，以每人所耕之地，给予三分之二以为恒产。夫以数百年相沿之旧制，一旦更张之，虽身受其赐者，初亦觉其不便，然千百万苦虐之稽夫，易而为躬耕之小农，乐利所溥，吾知不数

---

① 丹国京城，指丹麦首都哥本哈根。
② 稽夫，原文为 Serfs，今译农奴。
③ 今俄君即位，原文为 the present Emperor of Russia，指沙皇亚历山大二世（1818—1881）在 1861 年推行俄国农奴制改革，宣布废除农奴制，农奴全部获得人身自由；全部土地为地主所有，农民按照规定赎买一小块土地。

年而俄将大受其益矣。彼布国①之兴，亦由于此。一千八百一二年间，司旦②及赫登白③为相，变革旧制，使民各受一田，躬耕自给，而风俗丕变，政化日隆，遂臻强大，岂不休④哉！

第七章　论兴乡学以维工价（原文第八章）

工民之苦，虽在富强隆胜之国，亦有同情⑤。仁人长者，恻然悯焉，思有以维持救济之。而意美者法必不良，或空言无补，或似是实非，往往欲益反损，事与愿违。取而论之，是富国策之要义也。至若百工所恃以维持工价者，如停工、齐行⑥、合伙诸法，则详见另章焉。

夫工价之低昂，以人功、资本之消长为准。则欲昂工价，非使人功减而少，必使资本加而多。二者苟无增损，其法断无实效。又佣工之工价，与业主之利息相因；徒增工价，必减利息，而利息一薄，工价势不可以常昂。缘积财较少（理见前），则业本有减也。知此，乃可考论诸法之实济，而得失无难立辨矣。

英国尝行官定工价之法，时而为维护业主起见，则为之定价，使工民所受无或过；时而为维护工民起见，则为之定价，使业主所给无不及。忽彼忽此，反覆无常，非徒无益，或且有害耳。假如下令凡百业工价，各增什二，业主必取偿于货价；若货价不能长什二，则将减其利息以予之，而业主不能堪也。不能堪，则将贷其本于异国，而国以内成本顿减，

---

① 布国，原文为 Prussia，指普鲁士。

② 司旦，指卡尔·冯·施泰因（Karl Stein，1757—1831），普鲁士改革家。1773 年起就读于哥廷根大学。1780 年成为普鲁士王国的一名公务员，在矿业和工业部就职。1785 年，施泰因被任命为普鲁士驻美因茨大使。1807 年施泰因为普鲁士王国首相。上任的第二天，施泰因立即颁布命令，宣布在三年后将全部废止普鲁士的农奴制度，并允许土地自由买卖。但在拿破仑的压力下施泰因于次年逃往俄国，他所开始的改革由后来的首相哈登贝格继续实行。

③ 赫登白，即卡尔·奥古斯特·冯·哈登贝格（1750—1822），普鲁士政治家，行政官。1804—1806 年任普鲁士外交大臣。1810 年继斯坦因出任普鲁士首相，继续进行普鲁士农奴制改革，赎买解放了大批农奴。1810 年 10 月 28 日颁布的《工业赦令》对普鲁士的发展也意义重大。1818 年哈登贝格又出台了《新关税法》，废除了普鲁士国内所有关卡，实行对外关税统一。

④ 休，指喜悦、快乐。

⑤ 同情，指同一性情；实质相同。《韩非子·扬权》："参名异事，通一同情。"

⑥ 齐行，原文为 trade union，今译作工会。

事业顿衰，其害有不可胜言者。是故以官法长工价，于国计民生皆有益而无损也。盖工价之增，必使资本加而多，或人功减而少。强以官法，则非惟资本不加多，而且资本日益减少也。非惟资本日减少，而且人功反加多也。何也？工价一长，则婚娶勤而生齿繁也。以工求者日益少，以工应者日益多，人多失业，民不聊生，此欲益而反损者也。

或谓官行定价，只就工价最轻之业言之，似可有利而无弊也。夫价最轻者，莫如佃工。试即佃工论。英国佃工，大约月授银二磅左右，今设以官法定为每月三磅，说者谓其先工价太低，不敷衣食，故佃工不能得力，功本反多耗费；增为三磅，始足赡其身家，使无冻馁之虑，则精神可奋，力作倍勤，是田主、佃户两得其益也。愚谓徒增其价，而无以愈其愚，则此见为益者，亦可暂而不可久。其故则仍在婚嫁易，生齿繁，不数年而人功充塞，工价大落，必多失业之民也。

今英国固无有径请朝廷下令定工价者，然众议所及，往往阴蹈其误而不知也。即如美国日限工作八点钟之例，英人啧啧焉，冀国家仿而行之，以为此例一行，则人功减少，工价不期而自增。向以十点钟之久而得者，今可以八点钟得之，岂非有益百工乎？不知其弊与官行定价等。盖业主以酬十点钟之工者酬八点钟之工，则其利必减，利减则将收其本，而百业就衰矣。或谓业主何妨取偿于货价乎？曰：不能也。百物因此加昂，则外邦之货，将独占市利①，而英国商贾之业，处于常不及之势矣。不特此也，即使货价可昂，业主有所取偿，工价可以常厚，而工民亦无实惠，何也？百物既贵，则日用俱费，工价固增如不增耳。

人之所以议行八点钟之例者，亦谓英国百工，日程太久，其实八点钟已足毕十点钟之功也。此说果确，则历时少而成功同，不独工人所愿，即业主亦所深愿。当早试而行之矣，又何待官为定例耶？可见日程减短，必有不利于业主者，故业主不为也。

或又谓官定工价，不如兴建官工，按照常价，雇用民夫，俾无业游民，得以自食其力，此即以工代赈之意也。愚谓此法若行，一时未

---

① 市利，指贸易之利。出自《孟子·公孙丑下》："有贱丈夫焉，必求龙断而登之，以左右望而罔市利。"

必无益，及其久，则国计民生，受害甚矣。盖国家常兴力役以食贫民，则经费必形支绌，不得不加税以筹此款，所加之税，如出自商本，则挹彼注兹①，何加毫末？假如某业户向以本银一千磅，雇工一百人，今因加什一之税，而本银少一百磅，则止足雇工九十人。国家以所征之一百磅，养工十人，是合计受佣者，仍不过百人，分惠者仍不过千磅，特一转移耳。此加税出自商本之无实济也。所谓一时未必无益者，以英国论之。朝廷加税，不必遽伤业本，设使进项捐（进项捐者乃按进项之多寡而征税之法，详见下卷）加重一倍，富户将撙节浮费以弥之，如是则业本不伤，即雇工不减，而国家以所征之款，更雇民夫，办民间不办之工，兴国中未兴之利，岂惟贫民攸赖，于国计亦正有裨益。是故偶遇荒旱饥馑，小民失业，国家以工代赈，诚至善之策也。然行之于暂，则泽被穷黎；持之于久，则势有不继矣。盖工民得官之赡，各遂婚娶之欲，以生以息，户口日增，施济者有限，而仰给者无穷，其究也，必至搜罗扶剔，竭国之财源，以给工价而不足，岂非上与下交困哉！

是故济民之术，苟不足以大厚民生，而仅效尺寸涓埃②之益者，皆可暂而不可常。欲常济之，必有术焉。易其居养，变其服习，使之如中户以上之人，知所顾虑，仰事俯育③，不肯苟安，斯其自居进昔一等，而不至蚩蚩④然惟婚娶之是急矣。

然则欲救民贫，必先愈民愚；欲厚民生，必先正民德。愈民之愚，正民之德，莫如兴乡学，使村夫皆识字之人，匠役亦知书之辈，而后智虑渐生，灵明日辟，一切维持工价之法，乃得相辅而行，以著久长之效，乡学顾可忽乎哉！

大抵百工之事，尚力兼尚巧，浅易如田功，人向以为无所用其巧者，今则知农器愈精，佃工愈巧，则获利愈厚。而农夫之有待于学，不异他

---

① 挹彼注兹，指把液体从一个容器中舀出，倒入另一个容器。引申为以有余来弥补不足。出自《诗经·大雅·泂酌》："泂酌彼行潦，挹彼注兹。"

② 涓埃，指细流与微尘，比喻微小。

③ 仰事俯育，指上要侍奉父母，下要养活妻儿。泛指维持一家生活。出自宋陆游《戊申严州劝农文》："春耕夏耘，仰事俯育。"

④ 蚩蚩，指无知，痴愚。

工。举凡手之妙，心之灵，创法用器之敏捷，与夫任事之勤慎而可靠，愚者皆不能与巧者比。德、美二国之百工制造，骎骎乎驾英国而上之者，正以二国兴乡学已久也，英其能不畏之乎？其乡学之法，凡工民村户子女者，必令及时入塾，历若干年，始准出塾。今英国不识字之人，不下数百万之多者。英国非无里塾也，工人子弟，幼时非不读书也，徒以其父兄之愚且贫，甫及八九岁，血气未定，诵读未久，即令废学就工，以博饔飧之给，遂使所学尽忘，与未尝入塾等。而且服役过早，则精神体气，无不受伤，年未老而力已衰。当有为之日，即须仰给于赈需，国家坐是多费，不得不加征税敛，而举国商民悉受其病，良可概已。

昔英国制造铁锁一业，甲于天下；今则美国艺事日精，购铁于英，造锁于美，复售于英国之市，其价尚较土制为廉。所以然者，美之工以学而能巧，手较妙，心较灵，创法用器，较敏较捷，故其国人功虽视英为贵，而所费功本，犹较英为轻。英国百业之所以被累，则因征税太重，与工人齐行迫勒业主之故也（详见另章）。可见工民幼而失学，则习于愚顽，既长亦断不能有所知识，冀合乎富国策之理。而且逞其冥顽之性，往往误触刑章，重干宪典。以英国狱囚计之，百人中能通晓文理者，不过三四人耳。核其犯由，则半由于酗酒；彼惟目不识字，手不能书，当闲暇之时，无可为消遣适情之举，郁闷无聊，遂相率而溺于酒。罹罪以此，贫困以此，其愚不可大悯乎！

至于疗贫，尤非教劝不为功。蚩蚩如今日之民，优其工价，亦不知节用，徒然肆醉饱之谋，逞婚娶之欲，一旦因故失业，则顿无以自存，而惟赈需之是赖。一日未能愈其愚，即一日不能济其困。故后章所论合伙股分诸法，凡所以兴起工民者，苟非乡校之法，有以辅而行之，亦不能有大效也。

工民迁徙去国一事，在英国自是维持工价之良法。盖不独使人功无拥滞之虞，并使得开垦输饷之益也。然而深有可虑者。大凡去国之人，皆系精壮技巧之工，为英所不忍舍弃之民。所安于乡里，裹足不前者，率多愚拙无能之辈，不知生计，虽工价因而加增，非不获益于一时，究之生齿一多，人功依然充塞，其利终归乌有。试观二十年来，英民之远适异国者，不为不多矣，何以贫民生计，穷乏如故，曾无毫末之加耶？

总之，乡校之法行，则人功变而生巧，用本愈广，生财愈速，业主之利息，与佣工之工价，将同时并增而不相害。百物贱，百工兴，国计裕，民生厚，其利可普遍，可久长。细民[1]知身家之计，深居养之谋，礼义廉耻，悉由此敦。学之时义[2]大矣哉！

若夫乡校之所以行，固不徒建设学塾，延请师儒已也，必以实力行实政，严定科条。凡国中童幼子弟，务令及时入塾，限以年期，违者治其父兄之罪，庶几有实效而非等虚文耳。

明乎学校兴民之理，则举凡仁人长者，所创救贫济困之说，欲知其能验与否，第问其能振兴民风与否，吾恐其策虽良，其意虽美，终不能废乡校之法，而遽能溥惠穷黎也。

第八章　论齐行罢工（原书第九章）

工人之结党罢工，所以要挟业主，强增工价，亦因生计艰难，不得已而为之。数年来，英国政教风俗，于此可见。国之人或左袒佣工，或党同业户，各执一见，附和随声，不论是非，徒相怨恶。讲求富国者，所当去其成见，详审其得失之故，以著为公论焉。

世之论罢工者，佥谓与齐行一事相表里，然则欲论罢工，当先论齐行之所由来矣。英国尝特派大臣查察工人齐行利弊，观所陈奏，大约其用有二：同业工人或因疾病，或因他故，有赋闲失业者，群资助之，以为生计，一也（此所以敦同行之友谊，兹不具论）；连合同行工人，恃众要挟，擅立规条，使业主以及工师人等，皆听命于我，二也。

为齐行之法者，深知欲昂工价，端在限制人数，遂多方设法以立之限。凡工师收徒，不得稍逾定额。如英国帽行，只许收徒二人，人功缺少，则工价顿昂，必然之势也。向使不限于额，学徒多，斯人功足；人功足，斯工价轻；工价轻，斯帽价贱，业主之利犹小，买者之利实大，而反是可知矣。

---

[1]　细民，指平民，老百姓。

[2]　时义，因时而生的作用与价值。《易经·遯卦·彖曰》："小利贞浸而长也，遯之时义大矣哉。"

是则限制人功一法，不计其业之大小，需工之多寡，强分畛域，盈绌不均，为害滋多，万难饰辞以为之解矣。盖齐行之法，原非百业通行，此业之工人，来者既阻于限制，不得不舍而之他，而他业人功加多，即工价加贱，是损彼以利此也。尤足患者，生人之性，各有所近，就其所近以习一艺，乃生民固有之权利，国家法令所当保而存之者也。乃以齐行限制之故，而人不得自适其性，斯夺生民之权利矣。何得托辞于人多价贱，以强为沮抑耶？夫人舍其性之所近，以习其所不近，是失天赋之长，而用其所短。不独习工者，为其所苦，凡百民生，无不受损，特或甚或不甚耳。充其牵制之弊，能使一业功费浩大，资本亏折，苟非迁地，竟至不能图存。试征诸往事，昔英国伯敏汗城①，以铁业为大宗，自创行机器代工以来，工人齐行，百计阻挠，把持市面，莫可谁何。业户遂纷纷迁避以去，其存者，迄今惟择业之宜用人功者为之。又什费尔城②，以制造钢器为业，数年来，因不肯随附齐行，而致酿命案者，层见叠出，业户受其限制，困于要求，以致市业失利，出他邑下。今曼赤斯德城③制造钢器各厂，大都皆自什邑徙此云。假令此风日长，波累日广，业户徙邑不已，势将去国，至是而国计民生，不堪设想矣。其害可胜道哉！

顾人之所以訾议④齐行者，不以其阻挠市业之故，而以其倡率罢工之故。夫论齐行之法，未尝不主持工价，逼勒业户。设某业事主，定议裁减工价，而工行之会首以为不可，则传令各工，宜停工作以要挟之。使业户于此，仍复相持不下，则罢工滋扰之事立见矣。是齐行之于罢工，固相因而致者也。然而事机所值，虽无行会，亦可罢工。一旦工价太低，众怨不平，不必有会首主使，亦将群起而为难。惟漫无约束，号令不齐，或终不克济耳。行会者，所以约束而号令之也。然则罢工之事，不必由

① 伯敏汗城，即 Birmingham，今译伯明翰，英国仅次于伦敦的英国第二大城市，在英格兰中部。重工业和文化中心。邻近奔宁山脉煤、铁富集区，是英国主要煤、铁产地和重要制造业中心。

② 什费尔城，Sheffield，今译谢菲尔德，位于英国的中心，坐落于英格兰南约克郡。从19世纪起，谢菲尔德市开始以钢铁工业闻名于世。谢菲尔德成了钢铁工业的代名词，以至于英国人都改称它为"钢铁之城（steel city）。

③ 曼赤斯德城，今译曼彻斯特。

④ 訾议，指指责、批评。

齐行而起，要必赖齐行而成。而行会之立，良莠不齐，其公而近义者，亦往往排难解纷，善为调处，迄未有罢工之举。要之二者相与于无相与，可以合而一，亦可以离而二也。

夫罢工必先聚众，工人因议事而聚，亦应有之权利也。特妄用之以逞其私忿，斯为不法耳。非然者，业主之营求业利，多多益善，即工人之营求工价，亦多多益善，其心同，其理亦同。则工人因获价太低，而相约停工，犹之业主因获利太薄，而收本歇业，何不可之有？惜其聚众之法，动以威胁，有不从者，辄戕杀之，凌辱之，于是背理犯法，而罪不容恕矣。

今英国百工之间，齐行立会者日益众，他国效而行之者亦复不少。使其正用此聚众之权利，以与业户相持，其于工价增昂，暨一切工作情形，究竟有无实效，不可不推论其理也。

欲究效之有无，必分效之长短。凡百事业，其业主之利息，与佣工之工价，厚薄多寡，恒有一定之则。此有所增，即彼有所减，而其消长迭乘之理，则终归于持其平。独是由消而长，由长而消，皆需时日而不能骤复。假如业丝之利，胜于业棉，则业棉者，皆将改而业丝以逐利，所谓角逐也。然欲改业，非一朝一夕可以猝致。举凡人功机器，一切经营布置，动需岁月而成。是知一业偏厚之利，虽不可以永享，未始不可历数年之久也。惟工价亦然。设有某业，工价独昂，则凡得价低者，皆将舍彼而就此，然徙其里居，改其艺事，在在需费，故因循苟安，久而不思变计者有之。如英国有数邑，其佃工之价最低，然乡氓贫且愚，域于见闻，惮于迁徙，故角逐之道不行，而工价永无起色。审是而人工聚众之法，其所见效者，从可识矣。

今使利息工价之消长，骤然可复，则聚众之法，其效至暂而等于无。假如某业利息加厚，而业户顿趋赴之；某业工价加优，而工人立争就之，势必方起即落。无论聚众之出于业户，出于工人，皆归无济而已。惟角逐之道，见效甚缓，甚至终无所效。如英国之佃工，则齐行聚众之法，未始无益。诚使笃塞邑①之佃工，力足以停工要挟，与田主相持，吾知

---

① 笃塞邑，原文为 Dorsetshire，今译作多塞特郡，位于英格兰南部。多切斯特是郡治。

其必有济焉。盖其虑工价，月仅银二磅有零，苟不加增，他邑之人固无有愿就者，田主虽欲不从而不得也。一二年来，自佃工行齐行聚众之法，而业佃之工价，稍有起色。将来此法盛行，渐推渐广，则举凡维持工价之法，如徙邑出洋等事，皆将一一收效矣。

业主与佣工之定工价，犹买者卖者之定货价也。一物之值，虽以功本为准，而售之之价，往往因时低昂，有时卖者居奇，有时买者得计。工价亦然。虽以人功、资本为准，而各业所定，恒有多寡出入，时而利在业主，时而利在工人也。

各业之事主，既尝齐行矣。如英国铁业各户，设立总会，每季会议一次，以定工价，同业恪遵行规，违者群与为难，百计沮抑之，使之罢业而后已。设一日铁业大盛，获利甚厚，工价应增十而二者，总会公议仅增十而一，是利偏于业主也。若铁工并无行会，散而不齐，则虽与业主争衡，业主必不从。盖业主既可借口行规以拒其请，又知工人之不能舍我而他适也，将欲停止工作，而贫难自给；将欲别托一业，而艺非所娴，岂非不平之事乎？使铁工于此，亦有行会，人心齐一，以与业户争衡，则势均力敌，足以相持不下，业主知固执己见，必至罢工，工罢而事业停歇，坐失美利，为患滋深，苟所索不至太过，固将降心相从，而两造庶各得其平矣。此工人聚会之有裨当局者也。

若夫一业之工价，既得其平，而尤恃罢工以肆其要挟，则不独贻害于业主，亦且自贻伊戚①也。此等争案，往往而有，或好言抚慰，或凭中调停，未始不弭患一时，而终非抉绝根株之计。欲除此弊，必变易情形，使工人与业主，有得失与共休戚相关之谊，而后陵竞之风，不禁而自戢②。此合伙一法所由创也，或股分收利，或年终拆息，凡以去其畛域之见，忌嫉之私耳。

拆息之法，昉自法国李可乐③。李以油漆彩画为业者也，有雇工近二百人，以其疏忽懈怠，遂致亏折甚多，因思以利鼓舞之，乃与工人约：

---

① 伊戚，指烦恼、忧患。语出《诗经·小雅·小明》："心之忧矣，自诒伊戚。"
② 自戢，指自我约束。
③ 李可乐，原文 leclaire。法国科学家，今译勒克莱尔。

除照常支给工价外，年终许分拆利息。众工于是振作勤奋，大有起色。终一年计之，除拆息外获利反厚云。又法京①某铁路公司②，亦用此法，其效亦同。

夫李可乐分利于工而获利反厚者，良以众工一奋，则人功倍足，用本倍广，营利亦倍多，故业主不必损己以益工，而彼此各得其利。人谓拆息必损业主之利者，谬也。果尔，则业主固损，即工人亦岂能常获其益哉！惟其以加工所赢之利，酌分若干分于工，斯工与主交利，而利可久长也。盖工与主同心一德，休戚相关，不独罢工、逐工之弊，不禁自革，亦且节省虚糜，所裨甚大。大凡雇工不加以监察，辄思偷逸，监工之费，糜本实多。况有监查所不及，如业佃之工，散处杂作，耳目难周，尤属无可如何。假令田主仿行拆息之法，除工价外，按计每工受价之大小，酌分以余利，则佃工皆将踊跃从事，争自奋勤矣。

至股分收利之法，尤足使工人、业主联络一气，得失维均，其法不但拆息而已，直令佣工随力酿资③，交业主作本，按股分利，各为股分。英国布姓④煤业公司尝行此法，著有明效。初，布姓以工人把持要挟，亏累甚多，已议收歇⑤矣。其子某请试行股分合伙之法，以观其验。将业本十三万五千磅，分作九百股，每股计银十五磅，布姓自任六百股，余三百股令所雇之煤工分买之，复使公举同行一二人，充当司事，每年除照股分利外，如利在什一以上，许以赢余之半，按计工价大小，均匀分给众工，以为酬赏。于是主工一心，不惟争竞罢工之事，自此而泯，而布姓亦获利倍蓰，其业顿盛。然则分利于工之无损而有益，不已显有确据哉！所望此法渐推渐广，百业通行，则业主雇工之间，情形一变，庶几无复如今日矣。虽然，股分合伙等法，必须诚信相孚，脱非兴学校以教之（见前章），则小民诈而多疑，又安能行之无弊乎？诚由此而充之，不难合业主、工人为一手。盖推其极至，一业之本，或尽自众工而

---

① 法京，原文 Pairs，即法国首都巴黎。
② 某铁路公司，原文 Orleans Railway Company，即奥尔良铁路公司。
③ 酿资，指筹集资金。
④ 布姓，原文 Briggs，今译布里格斯。
⑤ 收歇，指关闭停业。

给，则不但股分收利，直成合本经营，而资本、人功，不分二主矣。此理当另章详之。

第九章　论合本同功（原书第十章）

邦国制造商贾之事，资本给自富户，谓之业主；人功给自贫民，谓之佣工，是功与本判然为二也。所谓合本同功者，使业主佣工，并为一手，资本人功，均由此给，大而织造局厂，小而零星铺户，但使全股业本，悉自工匠店伙而给，皆为合同①。今英国各业店铺，大半亦名合同，而实则与此迥异。盖此以生财为主，彼以分财为主。其法不必合业主佣工为一手，而合业主买主为一家，终岁所赢之利，不与伙工分给，而与主户均收。故为此者，特米、盐、油、酒、杂货等铺耳。然其法虽未尽合，而其利益民生，正有足多者。数年以来，效法日众，厚生利用，显有明征，未始非富国裕民之一道也。考英国此法，始于一千八百四十四年间，其时乐饬台耳镇②羊绒一业，市面大衰，织匠工价减落，而日用各物，售自店肆者，货劣而价昂，织匠苦之，爰纠合同业二十八人，醵资作本，贩买茶糖，开设一铺，各家所需，并取给于此。按照市价现钱贸易，初意不在营利，第求以实价得真货而已。迨年终核算，获利甚厚，大喜过望，于是益加资本，推广贸易，工作之户，争与合业。迄一千八百五十六年间，有本一万二千九百磅之多，事业盛大，四远驰名。近年以来，贩买愈多，贸易益广，食物、衣服、器用，几乎无一不备，遂成富商大行。孰知其发轫之始，固甚微而不足数乎？观其增本之速，知其获利之厚。今该行成本不下二万五千磅，而一年所贸易，且十倍于此。宜乎仿而行之者日益多，如英国北境诸镇，其各业工人，无不仿效此法。特大邑通都之地，尚未见盛行耳。

所谓与主户分利者，不必主户皆出资本也。其法凡主户买物一次，给与帖票以为执照，每季汇算，除按本银五分息应提利银不计外，所余

---

①　合同，原文 Cooperation，合作；协作；协助；配合。《礼记·乐记》："流而不息，合同而化，乐兴焉。"

②　乐饬台耳镇，原文 Rochdale，今译罗奇代尔。英格兰西北部一城市。

之利，即按照帖票，计其所买之多寡，分派主户（内提百分之二分半，以充子弟学塾之费）。其交易也，必照时价，必以现钱，故无拖欠亏折之弊，而其致利之道，实首系乎此。他若草市①（英地名）某杂货店减价之法，虽亦以现钱交易，而格局又变。其法不与主户拆息，乃减其货价，使主户有食贱之利。夫分利之法，其主户大都皆系工人，积一季应得之利，为数较整，人知珍惜，往往不愿支领，而存作店本，久之遂可小康。减价贱售，则主户遂日所省无几，难于积蓄，是此不若彼之善也。

至现钱交易，利非一端，无拖欠不收之帐，一也。盖拖欠为亏本之原，无论终不可收，即属可收，而业本已受悬搁之累矣，能以小本作大贾，二也。盖货出钱入，则运用便捷，为贩为卖，终年可至十次，是贸易之数，十倍于成本矣，能以现钱贩货，三也。以现钱贩货，则拣择由我，而索价恒廉。此外裨益甚多，未可殚述。而店肆赊欠之习，不独病己，亦且病人，于工作贫民为尤甚。人负债既重，则愈不知计虑，日用之间，动多束缚，不能自由，所交易之铺，可以肆其把持，以抵货索重价。其诚实主户，按期清欠者，亦受食贵之累，徒为他人弥补，岂不冤乎！

假令通英国之杂货行铺，俱以现钱交易，则物价必贱，居民一年所省之费，且远过英国一千所征国债厘捐之数（按英负债八万万磅，三分起息，四分征税，每年计应捐银三千二百万磅），非侈言也。即据草市某杂货铺言之，其出售之价，较他铺贱十之二，而获利尤倍厚寻常。则是物因赊欠而贵，居民日用间，不啻加一什二之税也。去赊欠之弊，亦市贾所深病，其拖欠无着者无论已，延搁时日，运用无从，致使亏本歇业者，亦所在多有。曩者，有大镇杂货行业主某，见草市杂货铺价单，谓其贱十之二，且曰：使本行亦以现钱交易，则物价亦能如彼之贱，且获利较厚于前云。由此观之，赊欠之弊，昭然共睹。将来凡业杂货生意者，皆将改用现钱交易。迨至效法者日益多，而一二沿行赊欠之店，不能无瞠乎？其后之虑，然无庸虑也。与其诉之官府，求禁新法而不可得，

---

① 草市，原文 Haymarket，可能为英国威斯敏斯特市的一个街道。

何如即彼之所以为利者为之，而翻然①图新乎！

按此等店肆，只可谓之合本，不可谓之同功，以其与主户分利，而不与佣伙拆息，其法未臻美备。盖店肆中经纪贸易，全在管帐暨一切伙伴人等。若徒给薪工，而不与共利息，则于贸易之盛衰，不甚关切，未必其尽心力而为之也。假令合本经营者，复能与佣伙分拆利息，使人人休戚相关，矢勤矢慎②，吾知其业必愈盛，其利必愈厚。有得无失，有利无弊，岂不遂臻美备乎！

前言乐镇某杂货行，有成本约二万五千磅，此第就其货本言之，若都计该行全股本银，则实有十万零八千磅之数。除需用货本外，存余甚多。然则凡此等店肆，其如何运用余本之法，亦不可不一论及之也。自一千八百六十七、七十一两年，先后弛禁以来，合本贸易之各行，皆得买卖地产，建造房屋，于是多有以余本买地盖房。使会中人赁居之者，即如乐镇之某杂货行，为置地造房用者，已不下数千磅。工作小民，一旦得所安居，裨益非小，且租价极贱，缘其志不在射利，而在使会中人同享便安之福也。夫贫民住屋，向患湫隘③，议者百计设法，思所以变易之。虽与上文所言不同，要不外众擎易举独力难成之理耳。假如有百人，各出银二百磅，共得银二万磅，以二万磅置地盖房，则此百人者，可以比屋而居，各得其所。若百人各以二百磅自盖一屋，岂能如是得所哉！盖工料一切，合则省，分则费，理至显也。其置地造屋之法，始则以余本贷给于人，或造或买，使按月拔还④本利，数年之后，屋归住户。英国工人由是而得房产者，不下数十万户云。

合本同功之法，其成效昭然可睹如此。异日者，进而益上，推而益广，于国计民生，大有裨益，留心世务者，当不河汉斯言⑤。要之此法之所以利民，非藉外助也，其所恃以为利者，亦曰同心协力克己俭勤而已矣。

---

① 翻然，也作幡然，形容改变得很快。
② 矢勤矢慎，指立誓谨慎和勤勉。
③ 湫隘，指低注狭小。
④ 拔还，指分期抽出部分归还。
⑤ 河汉斯言，河汉：银河，比喻言论虚夸迂阔，不着边际；斯：这。把这话看作不实的言论，不重视。出自《庄子·逍遥游》。

卷三　论交易

第一章　论价值之别

交易之道，为富国策之一大端。义蕴①所赅，实与全书相表里。故诸家多有谓不先明乎此理，则生财分财两大端，无由通晓。诚以财之生，既不外以货易货，而财之分，亦因此而著也。此书独先论生财分财，而后及乎交易之道，绝不躐等，而其义未尝不明，学者当有取焉。

价值二字，世俗往往通用，初无一定之别，讲求是学者，不能明辨乎此，遂多贻误。兹将论交易之理，不得不先定价值之辨。设谷一石，可易煤一千六百斤，则煤一千六百斤，即谷一石之值。是所谓值者，以两物相较而言。一石之谷，可以与各物较而得各值，且一物之值，恒因物为低昂，若谷值有减，其所较之物之值必有加。假如谷一石，向易煤一千六百斤者，今只易煤八百斤，是谷值减半，即煤值加倍也。审是可知凡物之值，此消则彼长。一物之值独消，则他物之值尽长，而世俗不察，动谓百物之值，一时同昂，或一时同落者，此必不能之势。犹之衡有两端，此高则彼下，断无俱高俱下之理也。或者谓凡此皆不待言而自明，又何必费词以解？不知其理虽确，而一经错杂于议论之间，正未易不言而喻。富国策家论交易之理，每不能无误者，亦因于值之为值，认之不真耳。所谓价者，乃专以一物较金银钱币而言。如云谷一石，可易银三两，则三两银乃一石谷之价也。夫谓谷一石，值银三两，亦奚不可者。然必别之为价而不谓之值，正自有故（见后文）。前言百物之值，不能同长同落，而价则有之，何也？金银加多，则其值加少，易物亦加少，而百物之价，一时同长矣；金银加少，则其值加多，易物亦加多，而百物之价，一时同落矣。

论富国策之理，原可言值不言价。顾往往不合于事，而欲明转晦者，以凡有政教之国，莫不有通宝以为贸易有无之币也。金银者，天下万国

---

① 义蕴，指含蓄。

之通宝也。故欲知一物所值几何，但计其能值金银几何，其价知而其值可知矣。设有人欲以谷易煤，似谷之值煤几何，在所须知，然必执是以易有无，则事拙而多费，不如按价卖谷买煤之为便。但知谷价几何，煤价几何，而两物之值，不难立定其则矣。

惟交易有无，恒以金银为币。故论富国策者，但详物价高下之理，不必更参物值消长之说也。但书中凡言物价贵贱之故，只就物之盈绌而言，而金银之盈绌不计焉。假如粮价忽长，所以致之长者，可有二故：或因米麦短绌，或因金银充盈（如数年来新旧金山①等处，广开山矿，金银顿多，是也）。二者判然不同。若此书所论，则金银之增减其值，在所不计，凡以取其简而易明云尔。

第二章　论物价贵贱之理

一国之货物，一国之财源系焉。凡分三类，而物价之贵贱因之，兹举其类如左：

一、多寡有限，不能因时添制者也。如古名人巧匠所制之石像画图，精工无匹，世所共珍。然为数无几，求者虽众，谁得而增给之？故凡一切骨董古玩，奇珍异宝，以及一名一物，有关古迹者，皆限于一定之数，即皆归于此类也。他若市廛之间，争设店肆，而房屋鳞次，限于地基，则亦在有限之列，并可附入此类。

二、多寡无限，可以增给，特工本愈用愈大，价必渐贵者也。此类专主农田所产百谷蔬果之属，食之者众，生之者必众。良田不足以取给，则次者垦种矣。次者不足以取给，则又次者垦种矣。夫如是，需本愈大，需工愈多，其价安能不日贵乎？此又一类也。

三、多寡无限，可以任意添制，而价不增贵者也。凡百工艺巧所成一切货物，以至日用器皿衣服之类，皆是。虽百物之材料，亦有日贵之

---

① 新旧金山，原文为 Australia and California，即澳大利亚和美国加利福尼亚州（旧金山是该州的一个港口城市）。旧金山（San Francisco），1769 年西班牙人发现此地，1848 年加入美联邦，19 世纪中叶在淘金热中迅速发展，华侨称为"金山"，后为区别于澳大利亚墨尔本（新金山）而改称"旧金山"。

势，而为数究微，于货价不必有所增损，直不计可也。假如业履者，不难随时制造，应给不穷，岂因相需者多，而遂致短乏昂贵乎？此又一类也。

物价之贵价，各因其类以为衡，而其理遂各迥异，试先以第一类言之。

设有特纳尔士①（英国古名画家）画一幅，问其价何由而定？按世俗论物价，动谓以应求为准。凡遇富国策中委曲难明之故，悉以此二字了之，居然著书立说，晓喻愚蒙，自谓言之有本，理解至精，实则应求之义，不独听者未解，即言者亦不自解也。苟有以特氏画价问者，彼将应之曰：视所求所应之多寡为比例耳。夫求者欲得之，谓应者能给之数，应有定而求无穷，岂得以此为比例哉！以特氏画论，凡士君子莫不欲得一以什袭②藏之者，情也。然欲之者虽多，而于画之贵贱，曾无关系。譬如金钢石之贵重，虽乞人谁不欲得之？彼卖宝玉者，未尝因此益获善价也。盖第曰求也，则虚愿③难凭。富国策家乃特创实求之说，以破语病。实求云者，不徒心欲得之，亦且力能得之也。求之所能增损物价者，惟此而已。

然谓物价即视实求之众寡而定，仍不可也。细思之，乃实求之众寡，视物价之贵贱为衡耳。设如特氏画每幅价十金，购者必多，百金则购者较少，千金则购者必愈少，此理至显。要之求与应实相维系，但使两两相当，买者卖者各遂其愿，而价斯定矣。今试有名人画一册求售，甲乙丙三人均愿偿以千金，是以千金为价，则画一册，购者三人，求浮于应也。设甲乙皆欲添给五百金，而乙独不愿，是以千五百金为价，则购者犹有二人，求犹浮于应也。又设甲愿更添五百金，都为二千金，而乙仅许以一千九百金，不愿再加，则求与应相当。此画之价，必不能过二千

---

① 特纳尔士，即约瑟夫·马洛德·威廉·透纳（Joseph Mallord William Turner，1775—1851），英国著名艺术家之一，19 世纪上半叶英国学院派画家的代表，以善于描绘光与空气的微妙关系而闻名于世。他在艺术史上的特殊贡献是把风景画与历史画、肖像画摆到了同等的地位。

② 什袭，指把物品一层又一层地包裹起来，后形容珍重地收藏。出自《艺文类聚》。

③ 虚愿，指不切实际的愿望。

金，而必在一千九百金之上，其间出入之数，则存乎市道之相持也。使甲预知乙所许，不复过一千九百金，则甲第略加其数，不待二千金，而画已可得；使卖者知甲之志在必得，愿添至二千金之数，则第稍吝以示居奇，而二千金可终得。是故凡有尽难得之物，其价皆如此而定。即知价之定，定于应求之等数，而非定于应求之比例，俗说之谬，不显然乎？

或问同一画也，何以丙只愿偿千金，乙亦只愿偿千九百金，而甲独愿偿二千金乎？如曰：甲以为值二千金耳。则何以甲定值多，而乙丙定值少乎？此不可不推究其理也。尝谓一物之值，恒兼二端而定，曰有用，曰难得。举凡珍奇贵重之物，必兼有斯二者也。如仅得其一，则有用于如人者莫如水，而水之为物，取之无禁，用之不竭，直可不用一钱买。彼通都大邑，人烟稠密之区，水未尝不论值者，难得故耳。盖近水不给，不得不取资于远水，而水于是难得矣。夫宝石，华饰也，以红者为最，人谓红宝石之所以甚贵者，以其甚难得耳，不知亦因其有用。假使时势变迁，俗尚顿易，宝石一物，竟不复用之为饰，则虽难得如故，而吾知其不值一钱矣。由此观之，凡物必其有用难得兼而有之，而后其物见贵重也。

夫一物之值，必兼系斯二者而定，既信然矣。或问二者之间，所系之轻重若何？曰：此未易预断也。大凡常物之价，则系乎用之大小者轻，而系乎得之难易者重。即如衣服，所以章身，所以蔽体，至有用也，而人持数金，即可市衣一领者，惟其不甚难得，工本所需，只此数耳。如以其有用也，则虽数千金，亦将勉力购之，岂但值数金哉！是衣之为值，系乎用者甚轻，而系乎得之难易者甚重也。特有用一层，终不能不计耳。

然则凡物之值，系乎有用者恒轻，系乎难得者恒重，固理之大概矣。间亦有二端并重者，则必为珍奇罕觏之物，买者心以为用处甚大，因愿以重价得之也。欲明其说，请仍即甲乙丙三人买古画论之。丙给价一千五百金，乙给价一千九百金，乃乙与丙各计其用处而定其所值之数，甲则以为用处更大，故定值更多，此二千金所由愿给也。至于此画实售之价，必在二千金以下，一千九百金以上，前已言之矣。盖下于一千九百金，则愿购者多，而应不副求；过于二千金，则无人过问，而求不副应。

由此推之，吾得而断之曰：凡物之价，必定于应求相副之一数焉。

同一特氏画册也，何以自甲视之，以为用处大而愿多给百金乎？盖凡人酌给一物之值，必度其为用于己者何如？此中意念纷繁，诚难悉数。而甲所以给价多于乙之故，则有显而易知者，意必其富于乙也，否则赏鉴精于乙，嗜古深于乙也，抑或甲将为临摹镌刻之用，以射利于将来也。又或料数年后求者愈多，价将愈贵，因及时购置，而志在必得也。凡此皆情之所有，即物价之给，所由因人而殊也。

夫有限可贵之物，寥寥无几，而兹顾反覆论之，或不免繁琐之讥。然富国策中极浅之理，彼立说作解者，往往支离深晦，反滋学者之疑，即如诸家论此类物价贵贱之故，并模糊不明者居多，窃所不解耳。不然，予何不惮烦言哉！（第二第三两类，于下二章分论之）

第三章　论农田物产贵贱之理（矿产附）

农田物产，贵贱随时不同，其故非一端竟也。以英国米麦言之，其市价之长落，不独系乎上年之丰歉，及下居之收成，亦且系乎他国年岁之荒熟也。夫所系之故，如是其多，则欲定其贵贱之则，不亦难乎？虽然其理固可得而言也。

人之业田者，必其田所产之物，统荒熟丰歉计之，除抵偿一切工本之外，犹有余利，足为原本之息，并酬督课之劳，始甘心于租地而种也。至利之厚薄，则以寻常经营贸易之利为准。欲使物价甚低，并寻常利息而不可得，势必不能。缘一业利薄，人将改而业他也。由此推之，可知农田物产之价，必使农户有寻常贸易之利可图，而贵贱乃因之定焉。

业田之利，为一年物产所值开除一切功费后之赢余，上文既言之矣。所谓功费者，如地租、工价以及添制农器、喂养牲畜皆是。而器之敝败，牲畜之疾疫损失，在在堪虞，即在在有费也。假如通较一田所产，每年值银二千磅，其功本需费，共一千五百磅，内以五百磅为地租，八百磅为工价，二百磅为杂项开消①，则是田户每年实得赢余五百磅。使此五

---

①　开消，同"开销"，指花费、支付。

百磅者，恰足偿原本之息，酬督课之劳，则在业户已不失寻常贸易之利，而其物产价值亦适得其平。然历年来地租日趋于贵，设此田租价增至七百磅，其所需功本，所收物产，均如故，则田户每年仅得赢余三百磅，利出寻常贸易之下矣。利薄则田户将舍田而他图，顾田野不耕，民食何赖，计惟昂其物产之价，以为取偿而已。然则农田之业，无论地租加贵，或功费加多，其物产不能不长价者，势也。欲知地租之何以加贵，则非申论梨氏租田法不可。

其说以为各国可耕之田，必有限止，地主俨然操垄断之权，此租其田者，所由必给以地租也。凡两田租价贵贱之较，即两田地利厚薄之较（兼肥硗远近言）。惟一国之土，厚薄不齐，必有沙碛荒芜之地，虽豁免租价，而亦不堪耕种者，于是乎有田限。田限云者，其地租价至微，物产所值，仅可偿本利之谓也。故梨氏谓一田之租，当以其田出产所浮于田限出产之数为准。其理最确，然户口一增，田限必降，为其已垦者不足给也。田限降，斯地租长矣。夫田限之出产，既仅足偿本利，则降而愈下，将并常利而不可得，其所以可降者，食口多则粮价必长，而农利因之加厚焉。吾爰得而断之曰：农田物产之价，必使下下田之农户，能偿其本利，而后定焉。惟下下田之租价至微，可以不计。故粮食贵贱，与地租无涉，此理甚显，而不知富国策之学者，辄讶此说为好异矜奇也。吾其如彼何哉！

今试作一旦豁免地租论，以观其效。夫一国中需食之多寡，断不系乎田租之有无。使英国忽有是令，其需食之多寡，如故也。即其所垦之田地，亦如故也。彼下下田之农户，其地租向可不计，其物产之价，以足偿本利为度。若他户以豁免地租之故，而贱售其物产，则市价骤落，彼将本利不偿而舍业矣。惟户口需食，不因此而增损，则已垦之田，必不可弃，欲其不弃，必市价不落而后可，所以虽豁免地租，而粮食必不能加贱也。故曰：地租与粮价贵贱无涉也。

粮价之贵贱，必因户口之众寡而殊。缘户口加多，则需食亦加多，而薄田必以次开垦，于是功本重而粮食加贵矣。欲平其价，不外二法：农事加精，使物产多而薄田不必垦，一也；广采外洋谷米以裕民食，二也。采办洋米一法，其平减市价之效，另详后文邦国通商章。即前数年英国成效，并确有可观者。盖自弛禁以来，英之户口日益繁庶，而粮价不见昂贵者，外米入口甚多故也。然亦未始不因乎农事之精，沟洫之法尽，而潟泽变为膏腴，机器用，人功省，而薄田亦多收获，二法顾不并重乎？

凡一切矿产，如煤铁等物，其贵贱之理，与上相同。矿藏亦有肥瘠，其地利（以地段远近言）亦有厚薄，而开采之费，因之有大小。假令一旦铁价大贱，则必有若干处铁矿，本利不偿，皆将停止开采，而铁之来源顿少，此而足敷销售则已，如其不足，则市价安得不长？缘市价不长，彼停歇者势不能复开也。由是观之，采铁之多寡，视乎铁价之贵贱，而销售之畅滞因之。盖铁贵，则采铁多而销售少；铁贱，则采铁少而销售多。贵之甚，斯求不副应矣；贱之甚，斯应不副求矣。二者皆不可以为常，故凡矿产之价，亦必以应求相副为则。虽其出入高下，或随时而不同，要必终归于平。如悬重然，以力加之，则左右摆动，然终必定于中点也。

夫价之贵贱，因乎销之畅滞，固已。然其增损相因之数，初不必其相当，并无定则之可垂也。假如某物销路忽畅，计销售之数加十而二，其价值所增，有时至十而四，有时仅十而一，或仅百而五，所以异者，在其时应给之难易耳。设购米者加多，而有稍次之田可垦；购煤者加多，而有稍远之矿可开，则应给较易，价长必微，必下于相当之数。若必得甚次之田，其远之矿，而垦之开之，则应给甚难，而价必大长，必远过相当之数矣。近来英国煤价陡然大长，正此故也。夫英国需煤日多，历年有然，而市价不甚见长者，徒以来源尚裕，应给尚易，且不致缺少人功耳。迨其久则所需过多，不得不另开新矿，于是费大利薄者，亦以次采办，掘井则加深矣，来脉则较隘矣，不昂其价，本利奚偿？而况人功之昂贵，又从而益之耶？盖百工各执其业，而开煤之工，有所不足，则不得不增给工价，加其日程，或招雇他业之工人，改而业此。二者皆足令煤价增昂者也。按英国近来煤价之长，因乎难给者多，因乎工价者少。上年国会大臣派员查勘煤贵之故，据称因工价而长者，不过五之一。盖工价所系，每煤一吨止长十分磅之一，而矿口煤价，每吨长十分磅之五，是所长五分之四，实因采办艰难而长，乃旧开诸矿额外之利也。

统计英国一年，约出煤一万二千万吨，则额外之利，不下银四千万磅。在居民用煤所费，以视昔年，不啻税课加征此数云（计英国一年居民用煤，约一千九百万吨，以每吨长银半磅计之，不啻每年加征银九百五十万磅之多也）。然加征税款，或止累及富室，而煤价一贵，虽小户贫民，亦必不免，且煤贵则日用货物，一切俱贵，正不徒有薪桂①之叹已也。顾百工艺巧之事，亦有因此而益进者。盖煤价较贱，用之者率多靡费，自近来其价大长，逐日思节省之法，而创获者多术，岂非艺巧有进乎！夫英国煤产非无尽藏，凡精于地学者，莫不谓然矣。然则节用省费之道，不独当世所宜讲求，抑亦后世之要图也。至于将来煤价，贵贱若何，则非富国策所得而断，是在地理名家与夫机器匠师，有以揣度可得之煤之多寡成色，及省煤机器之功效大小，而后其贵贱可得而约略焉。

第四章　论人功制造之货物及其贵贱之由

人功制造之货物，如布帛器用之类是也。其贵贱之由，异于农田山矿之产者，盖彼以物料为价值之大纲，而人功之所系甚微；此以人功为价值之大纲，而物料之所系甚微。故其贵贱长落之故，殊未可以混而同之也。

农田山矿之产，苟来源不加广，人事不加巧，则所出有常数。一旦需之者加多，其价必加贵，此理之固然也。若人功制造之物则不然。以布言之，使织布者预知来年所需之布，增十之二，则其市棉也，亦必增十之二，棉价固必长，棉既长，布价固不能无所增。然统布之工本而论，系于棉者甚少，即棉价之长，所能增布价者亦甚微。或为余言棉价长十之二，布价所长才不及二十之一，其理可信。故凡能使物料贵者，未必不使制造之物贵特微而无几耳。惟其微而无几，故可略而不论，外此则更无所出入矣。即如布之销路，增广至十之二，机器功作，不必因之加贵也；织匠工价，不必因之加昂也。而况制物多则工本每省（说见前），是一物销路之畅，非惟不使之贵，或转能使之贱焉。美国托氏②近创一

① 薪桂，形容柴火昂贵。
② 美国托氏，原文为 Nathan Thompson。

锯木机器，为制造小艇之用，法极精巧，能省无数人力，无数工夫，计其所成一艇之价，至少可减十之三，然其器不遽通行，船价不遽大减者，无他，销售之数不加多，则器之程功太速，而反不合于用，故也。盖所需之数，不敌所成之数，必将停机以待之，于是工本不免虚糜，而艇价仍不能甚减。夫如是，吾恐业此者，犹将因其旧法，彼托氏之器虽良，未必能收其效于旦夕也。虽然，使一旦艇之为用加广，所需加多，制造之工，足以尽是器之用，则明效共睹，而艇价遂十减其三，有不足疑者。

独是人功制造之物，无论何项，销路加广，则工价每因之而长，工价长，则物价不能不加贵，此理尽人知也。如昔年英国之布业，其明证矣。其时亚洲诸国以次通商，布之销路骤畅，织布各厂，以人功不敷所用，遂遣人四乡招雇，优其工价，使之弃耕就织。有于一邑而得百人者，然大抵村农耳，妇孺耳，艺巧之事，素非所谙，故往往费倍而功半。至于旧有之织匠，其工价之增，尤不待言。如是而业布之工本，视昔有加矣。或问此加多之工费，将业主任之乎？抑取偿于买主乎？曰：此可观于物价贵贱之理而知。夫业主工本既大，自必昂其货值以为偿。盖凡业之利，厚薄必有一中，太过则减，不及则增，所谓角逐之道，亦自然之势也。假如业布之利，以什一为中，一旦工价因畅消①而贵，使其利减十之三，而又不能取偿于货价，则是业布之利，不及于中，人将抽减其资本以作别图，而需布方多，出布反少，此必无之事也。何也？彼愿以钱易布者，与其求之弗得，犹宁稍厚其值而得之，则布价可长矣。布既贵，则工本有所取偿，而业主可无事变计。虽然货价增而多，买者必减而少，故布价既长，其销售不能如前之多。由此观之，则凡人功制造之贸物，所凭以定其贵贱者，厥有二端：一，工本之大小；二销售之畅滞也。因乎工本者持其常，因乎销售者持其变，亦犹诸行星之轨道，以太阳摄力为主而成椭圆，实则太阳之外，尚有无数摄力，若细测其行度，恒出入于椭圆之内外，非真成椭圆一曲线也。言天学者，亦岂能举其大而忽其细哉！

所谓工本者，乃兼物料工价，暨本业应得之利而言。一物之价，既

---

① 畅消，今为"畅销"，指货物销售快。

由此而定，则虽有因时增减之异，而要不能常失其平。盖价高则利厚，价低则利薄，利厚人将趋赴，利薄则人思改图，角逐之道，固有以维持而消息之也。是故一物之价，断以工本为衡，无异行星之道，终以太阳摄力为主耳。

顾角逐之法，虽有以持业利之平，而不能使物价无因时低昂之异。此其故，则销售之畅滞为之也。当美国内乱之秋①，英国制造各物，价失其平者甚多，即以火枪一业言之。其时美国官兵逆党，争相购致，销路大畅，枪价腾贵，不复以工本为凭。一时业此者，无不加功制造，而良匠未易添雇，所给之数，不遽敌所需之数，故价亦不能遽平。此以见一业之利，未尝不可偏厚于一时之暂也。

然货价之失平，究不过暂焉耳。人情趋利若鹜，一业之利独厚，则争焉赴之，业之者多，则成之者众，所给之数，渐敌所需之数，则价亦渐落。而其久也，适与工本相当，而业仍复其常矣。

要之物价者，所以均所给所需之数者也。无论常变久暂，皆不外此理。即以火枪论，假如平常每枪一杆，价银五磅，以所需忽多，增至每杆银十磅，此固所谓不以工本为凭，而未尝不偏贵于一时者也。夫其所以贵者，以所需不能遽给耳，而枪既日贵，则购枪者必日少，迨至需与给均，而价之长亦至是而止矣。此就其变且暂者言之也。

至于平时物价，以工本为凭。工本之大小，视工价之贵贱，与应得利息之多寡而定。假如火枪一杆，照工本应售银五磅，而人或以为廉，购者恒多，觉所需浮于所给，于是稍增其价售之。价既有所增，则造枪之利较厚，人将添其本，扩其业，以加功于制造。然人工有限，添雇者一时断不能习熟，则旧有之巧匠，势必争相罗致，而工价于是大长。工价长则工本大，而枪必贵，枪贵而购者渐少，斯需与给又底于均矣。

又如每枪一杆，照工本售银五磅，而购者恒少，觉所给浮于所需，则不得不减价售之，减价则利薄，彼所用之工本，不能少于五磅者，皆将改而之他，其仍之者，惟别有凭借。工本素省之户，或因地利，或因器精，犹可不失应得之利。惟然而需与给之数，又有以剂其平矣。何也？

────────

① 美国内乱之秋，指1861—1865年美国南北战争。

枪之销路既滞，则业户减功制造，而人工可以裁汰，工减则本轻，本轻则价贱，而购者又将自少而多，二者相因，需与给有不终底于均者哉！

是故无论何业，无论何物，为需为给，各有其调剂均平之理，而价之低昂因之。常此理，变亦此理；久此理，暂亦此理也。

第五章　论钱币

诸家之书，每首论货物互易之值，次钱币，而后及物价。盖以钱币为物价所自名，故定其序如此。兹独于前三章径论物价，而后及钱币者，言物之价，则世俗皆知，言物互易之值，则曲折难明。又况前三章虽论物价，而于钱币未著之理，初未尝有所援据，则固不嫌其躐等①也。

天下之大，万国之众，苟其稍有文教，必有物焉以为交易之币，否则民间贸迁有无，必以物易物而后可，不便孰甚焉。假如有人欲以粟易布，必得一愿以布易粟者交易之，斯何如之难？通国如是，则贸迁迟滞，商贾不兴，其国必不能以富强。是故凡在声明文物之邦，必制钱币以便民，为海内之所共信，虽取质各殊，而苟其用之，不害其为一国之通宝也。

钱币之质，自以金银为佳，而取资于他物者，亦复不少。如中国与蒙古部人互市，则以茶砖为钱币，阿洲②部落或以文贝③为钱币，是钱币不必定以金钱为之。无论何物，但为众所共宝，即其钱币也。故虽天下邦国，大都皆以金银为用，而论人之宝贵，则蒙古人之视茶砖，阿洲人之视文贝，固与他邦人之视金银无以异也。虽其取物不精，而以视蛮夷之俗，绝无所谓钱币者，已相去远矣。

顾各国都有取于金银者，以其便于用耳。盖钱币之用，大端有二：凡物之值，由此核计，一也；文易之法，以此为介，二也。

所谓凡物之值由此核计者，钱币行，而后物各有价；物各有价，而后一国一家之富，可得而稽。设如某户有产千金，谓综其所有，都为千

---

① 躐等，指越级；不循原有序列。见《礼记·学记》。
② 阿洲，原文为 African，即非洲的。
③ 文贝，指有花纹的贝壳。

金也。使无钱币可名，则必列陈其宫室车马衣服，而仍无一成数之可称，不亦拙乎？如第言各物互易之值，谓谷一石，可易布若干匹，或丝若干斤，知谷之值矣，而不知布与丝之值也。虽逐物相较，终不可悉。是故凡物之值，必别有物焉以为公共之准，使凡物皆以此相较，而后极百物之巨细精粗，靡不有可名之价，此钱币一法，所以为邦国所必行也。

夫据此一端言之，似邦国之钱币，诚不必定以金银为之也。假如某国之制，凡物之值，皆以粟计，一物之价，不曰银几何，而曰粟几何，则粟即为公共之准，谓之为钱币，何不可之有？独至论交易一节，则凡如粟米之类，皆不便于用，何也？交易之法，必以钱币为介者也。使不以金银为币，而以粟米之类为币，则民间一买一卖，皆须以粟米出纳，不便何如乎！今论钱币之所宜者如左。

一、凡钱币，宜择物之出入至微者为之。夫度长短，则以尺寸为准；权轻重，则以斤两为准，皆古今之通制，而出入甚微者也。钱币所以为百物贵贱之准，尤宜划一而不变。惟天下无绝不变异之物，故择其出入至微者为之，斯可已。若粟米之类，视岁之丰歉，国之治乱为多寡，一遇凶年，或至斗粟千金。以英国麦论，自驰米禁以来，缓急有赖，视昔已觉变通矣。然以一千八百五十六年之麦价，较之两年前，贱九之五。使用麦为币，则前后两年中百物之值，不已差一倍有余乎？钱币而出入如是之甚，商贾之业必衰，而贸迁之道亦紊矣。是故邦国钱币，断必择物之出入至微者为之也。

一、凡钱币，宜择质自可贵者为之。今英国及他国每有兼用纸币者，在国人深信不疑，视行票无异金银。然而行票①不过以纸为之，用金少许，则万券可成。是行票之质，初无足贵，又况千金之券，一炬即归乌有。非若金银锞锭，虽经镕铸而其质仍存也。故纸币者，不过用以为金银出纳之据。惟朝野乂安②，商民交信之秋可行之，非常法也。夫物之所以可贵者有二：必借人功而得，一也；足给生人之欲，二也。所以钱币之为物，必使非人功不克致（若水若气，为生人日用呼吸所需，然可不

---

① 行票，原文为 bank notes，今译纸币；钞票。
② 乂安，指太平；安定。见《史记·孝武本纪》："汉兴已六十余岁矣，天下乂安"。

劳而获，故不足贵也)，而人得之亦不仅作钱币之用，斯其物为足贵耳。

一、凡钱币，宜择体小而值多者为之，否则售一珍贵之物，其所得之钱币，必重笨而难举。假使英国专以铜钱为币，而无金银之用，则物之值今金钱十圆者，其所值之铜币，不已甚重乎？若更降而用铁，则不便愈甚，理易知也。

惟然而金银之宜为钱币，可得而言矣。金银出入较他物为最微，一也。一年山矿所产，略有常数，不以天时之旱潦而异，且他物销售之畅滞，日有不同，而民间所需金银、首饰、器皿等物，每历久而无所增损。虽自加里弗尼亚①暨澳地里亚②开获金矿以来，近二十五年中岁出之金，视昔三倍，将来金价，或由此大减。要其如是之出入，特偶然而非数觏者。试征往事，千百年来，自新辟亚美利加③时，开获金银山矿而外，几见有陡然长落者乎？故谓为出入至微，初不必因此而疑其非笃论也。金银质自可贵，二也。天下古今，无有不以金银为饰者。盖其光灿烂，能历久而不变，铁则易锈坏也，铜则易剥蚀也，独黄白④二物，历数千百年而炫耀如故，且其质坚韧，可以锤之使极薄，工人艺巧，由是而施。又其物非随地而有，所谓罕而见珍者，金银有焉。金银体小而值多，三也。惟其罕而足珍，故以之较他物，均是重也。而其贵恒什伯而倍蓰，又且坚固耐久，以之定钱法，则巨细轻重，不难分析焉。

凡此所论，可见钱币之质，固莫良于金银矣。至邦国中亦有兼用铜钱者，盖铜虽远不若金银之可贵，而用以偿微值，则足以济金银之穷，民实便之。二者盖交相需，而不可偏废焉。

英国钱币，虽金银铜兼用，而以为百物价值之准，则惟金是取。他国有不以金而以银者矣。究其为用，银犹不若金，以金尤珍贵，尤能以小值多，且开挖金矿之费，出入视银矿为微。故金价之出入，亦视银为微也。

或谓金银不妨齐观，即物值之准，亦可金银通用。不知二者并重，

---

① 加里弗尼亚，原文为 California，今亦加利福尼亚。美国西部太平洋沿岸的一个州。
② 澳地里亚，原文为 Australia，今译澳大利亚。大洋洲的主要国家之一。
③ 亚美利加，原文为 American continent，今译美洲大陆。
④ 黄白，指黄金和白银。

弊窦滋多，非法也。夫钱币之贵贱，维其常，不维其变，上文言之矣。金银之出入，虽微于他物，然新矿开则价为之落，源渐竭则价又为之长，二者亦各有其出入。若等量齐观，并用为物值之准，则二者之中，有一低昂，即足以滋弊，何也？假使金贵如故，而银价贱百分之五，则以金易银，每百两可多得五两，人之酬值偿负者，皆得取巧于其间，而与者之计得，即受者之计失矣。金银之不可通用，不显然乎！

或又疑英国钱币，兼及银铜，似不无此弊者。不知英国之用银币铜币，只以副贰①于金币，复有善法以维制之，于是尽得兼用相济之利，绝无通用取巧之弊。英国钱法，凡金钱每圆重若干，银钱大者每圆重若干，小者每圆重若干，各有定则。又金钱一圆，抵大银钱二十圆（金钱曰“色佛伦”②，银钱大者曰“西令”③，小者曰“便尼”④，每西令抵便尼十二），著为令，实则镕合大银钱二十圆之银，其值不足抵金钱一圆之金。此固国家泉局之利权，而要其立法如此者，正自有故。盖假使其值果足相抵，则遇银价一贵，人将私镕银钱，出售碎银以射利，而银钱于是以销毁而缺乏矣。夫人既以私镕为利，则官铸之有所亏折可知。而销毁愈多，愈不能已于铸，岂非重为国累乎！夫然而英国立法之善可见矣。惟其合银钱二十圆之银，实值不足抵金钱一圆，故苟非银价大长，则私镕变售，初无可图之利，而银钱亦无销毁之虞，此宝泉局⑤维制之微权也。若法国钱币，则金银钱之相抵，实值几等，其制亦以金钱一圆，易银钱二十圆（金钱曰“拿波伦”⑥，银钱曰“夫郎”⑦）。惟镕合二十圆之银，其值所差于金钱一圆之金者无几，以故十年来银价微贵。在英国未至以私镕为利，而法国之银钱，已几几尽遭销毁，无他，利在则然耳。

或谓英国银钱，实值既常不足，则设有贷人以金，而负者偿以相抵

---

① 副贰，指辅佐。

② 色佛伦，原文为 Sovereign，今译金镑，旧时英国金币，面值一英镑。

③ 西令，原文为 Shilling，今译先令。英国的旧辅币单位。英国 1971 年以前的货币单位，为一镑的二十分之一。

④ 便尼，原文为 Penny，今译便士，英国 1971 年前使用的硬币，十二便士为一先令。

⑤ 宝泉局，明清时管理铸造钱币的官署。

⑥ 拿波伦，原文为 Napoleon，旧法国金币，值 20 法郎。

⑦ 夫郎，原文为 Francs，今译法郎，法国、瑞士、比利时等国的货币单位。

之银钱，岂不隐受亏损乎？曰：无虑也。英律以银钱付款，不得逾四十西令，以铜钱付款，不得逾五西令，所以杜弊也。是故英之有银铜币，只以副金币，偿细款，得兼用相济之利，而无通用取巧之弊焉。

第六章　论钱币贵贱之理

所谓钱币之贵贱，与世俗命意不同。世俗以借钱生息之多寡，为钱币贵贱之准。凡英国银号监督之所权衡，新闻日报之所登载，无不如此。因而习闻其说者，亦无不以利重为钱贵，利轻为钱贱也。若是书所论，则凡物之贵贱，悉自其易物之多寡言之。假如本年粟米一石，所易之物，均视上年为多，则谓粟米加贵；或均视上年为少，则谓粟米加贱。惟钱币亦然，设本年金钱一圆，以之易米肉等物，均多于往年，是为金贵；均少于往年，是为金贱。盖金贵即物贱，金贱即物贵也。凡富国策论钱币之贵贱，恒就其市物多寡而言，与常说迥异。学者不可不明辨之。

夫钱币之所值，即金银本质之所值，明矣，然亦有宜辨者。英国宝源局定制，凡黄金一两，值金钱三枚，银钱十七枚，铜钱十枚半，人若持金赴局易钱，局必按此核给。此乃国家律法所定，画一①而不可增损，非如铜铁之价，因时为低昂者也。流俗市井之徒，见金价之历久而不变也，遂谓近年金矿之开，产金之多，曾无与于贵贱之故。不知官定之价，只就以金易钱而言，所以不变者，以钱币之重不变故也。盖黄金一两，实足铸金钱三枚，银钱十七枚，铜钱十枚半耳。至论金之贵贱，则无论已铸未铸，一因时势为转移，与他项矿产无异。故本章论钱币贵贱之理，仍以前所论矿产贵贱之理为准焉。

论钱币者，须知钱币原以物质铸成，其物贵贱之理，初无殊于常物，彼不加审察，漫谓富国策之论钱币，涉于艰深奥妙，岂其然哉！本卷第二章论物价贵贱之理，尝分天下货物为三类：以多寡有限，不能随时添制者，为一类；多寡无限，可以添给，特工本渐大，价必渐贵者，为又一类；多寡无限，任意添制，而价不必增贵者，为又一类。而钱币之为

---

① 画一，同"划一"，指整齐，明白。

物，不出此矣。

第二类之物，则田产、矿产是已。其价值贵贱之理，已详本卷第三章。钱币以金银等物为之，金银，矿产也，故钱币之贵贱，与矿产同理。按农田物产，所需若浮于所出，则必耕种薄田，而工本渐大者，即价值渐昂。矿产虽同此理，然不若是之可必，何也？田地之肥瘠有定，山矿之肥瘠无定也。矿之无定，煤铁皆然，而以金银为尤甚。澳洲之采金者，得失盈亏，悉听诸运，殆与赛博无异。盖垦种一地，其收获之多寡，可以约计而知，若买矿采金，有无且不可必，何论多寡，则是采金一事，几不可以富国策之理论矣。然而澳洲之人，闻山矿产金加多，则趋之者益众；闻金值加贵，则趋之者又众，固未尝不计历年获利之厚薄，以为盛衰增损之准也。

要之，所需愈多，则为值亦愈多，此理田产与矿产共之。夫粟米之相需，以户口增而加多；煤铁之相需，以通商广而加多，此尽人所知者。试问金银相需之数，果亦日趋于多乎？曰：欲明其理，先审其用。按金之为用有二（言金可以赅银）：用作通商货物，一也；用以制造钱币，二也。二者之中，尤以铸钱为大宗云。

百工艺巧之事，用金不一其途，约计其所耗之数，殊不可得。姑举英国一年所制器皿论之，其可得而稽者，计值约不过四万磅（每磅值金钱一圆）。至于制造首饰，以及各色装潢镶镀，所用尤难考核。诸家所载，亦互相悬殊。札氏[①]至谓近三十年来，每年作如是用者，计值不下二百万磅之多，殊非确论。使其说果确，则今日所用，又几将倍之矣。愚谓金之用于艺巧间者，无论多寡若何，要其增损之故，必历久而始见，可不具论。其逐年所因为增损者，惟钱币一项而已。近二十五年中，叠开金矿，采获之多，数倍于昔，其尽为制造钱币所用，固无疑也。

然则欲知需金之多寡，必察需用钱币之多寡。以英国言之，大约现存之金钱，所值在四千五百万磅之数，每年添铸者，约值二百万磅。则

---

① 札氏，原文为 Jacob。即威廉·雅各布（William Jacob，1761—1851），英国商人、船主、科学家、议员。英国皇家学会会员。1806 年被选为下议院议员。晚年倡导废除《谷物法》，扩大英国贸易。著作有《贵金属生产与消费的历史调查》（1831 年）。

此四千七百万磅之数，即可作英国一年需用之金论。或问英国何以必需用若干金币，又何以仅需若干金币？是在考论夫钱币流通之故，与夫邦国用财之道矣。

今姑设英国除金银铜币而外，别无他项钱币，以归简明。盖英实有楮币①相辅而行，如行票之类是也。邦国之有钱币，所以便运用也。其所需之多寡，略视其国之贫富。以英之英吉利、阿尔兰两岛言之，英吉利一年所生所聚之财，远多于阿尔兰，故其货殖出入之数，亦远过于阿尔兰，而一年所需之钱币如之。盖英岛人数多于阿岛，而百工之工价，必不能薄于阿岛，惟工价由钱币而得，斯英之用钱币必多于阿。故曰：一国所需钱币之多寡，略视其国之贫富也。言略视者，恐人误以所需钱币之数，当其国财富之全数耳。此其故，第思邦国贸易之不一其法，而自恍然于财富之不专在钱币矣。

大凡货殖贸易之道，其出入巨者，每不用钱币。如英国织呢各商，其市羊毛也以券，其售呢布也亦以券。为入为出，俱不以金银等币为用，而由银行划算。如此则业织富商，虽岁有巨万出入，而其所需现存之银币，但敷日用工价而足矣。即在居家之人亦然。假如某户岁用钱币一千圆，其出款之大者，亦可以券帖支付。所需用钱之项，不过仆人工价，暨琐碎日用而已，岂必现存千金之数哉？民间如此，国家可知。虽一国之富，视其所需钱币之数，或相什百，或相倍蓰，不可得而断。要之国愈富，民愈众，则钱币出入亦愈多，此理之固然者。盖国富而民众，则工价日用，皆因之以浩繁也。所以一国之富，难断其为所需钱币之若干倍者。缘钱币之出入，系乎货物之贸易，而贸易之道，或一物而更相售卖。如米一石，由农而商，由商而贾，由贾而户，其间为籴为粜，或至十易其主而后食之。夫每一易主，必以钱币为用，则是一石之米，而统计钱币出入之数，不啻十倍之。此其所以难定也。

夫然而一国需用钱币之多寡，其相因之理有二矣。一因农工户口之盛衰，一因货物转售之次数也。或问金银铜之为物，自人之所需者言之，

---

① 楮币，指宋、金、元时发行的"会子""宝券"等纸币。因其多用楮皮纸制成，故名，后亦泛指一般的纸币。

其理洵如此矣。不识逐年山矿所采之数，亦视此为消长以底于平乎？按凡物所需所给之数，恒视价值之贵贱，以为消息而持其平。苟某物加贵，则买主加少，而所给浮于所需矣。然销既滞，则价不得不落，价一落而购者又来，销售复畅，是所给有时而浮者，非真有浮也，特以价贵故耳。至于其间消长之数，不独随物而殊，亦且因时而异。欲定物价之低昂，与销路之畅滞，当为若何比例，不可得也。葛氏①尝谓法国红酒一物，来英销售，使其价倍贱于今，则英人向未沽此酒者，皆将沽而饮之，其销路之畅，必不止一倍而已。此说固属可信，然特酒之类则然耳。若使麦面一旦亦价减其半，吾知其销售未必倍畅于前，何也？人之食量有定，今人虽甚贫，大抵于饔飧之计，犹不至艰于一饱，则即粮价倍贱，亦岂能兼人而食？此其所以异于酒也。要之物价长落之限，虽不可以预定，而其销畅则长，销滞则落之理，则同条而共贯②焉。

或谓英国金有定价，绝无长落之异，似其为需为给，有未可以此理断者。不知凡物之价，皆以金计，而官定之金价，亦仍以金计。以金计金，贵贱不明。故金价之云，殊不可通。今变其文曰金值，则理既明而词亦达矣。金值之多少，与物价之贵贱，相因而适相反。若物价倍贵，则金值倍少，以犹是金而易物，仅得其半也；物价倍贱，则金值倍多，以犹是金而易物，可得其倍也。夫使物价倍贵，则凡购一物，必倍用其金，而国中所需金币之故，亦必倍之。是以一国需用金币之多寡，必以物价之贵贱为衡焉。

大抵一国之中，钱币愈多，物价必愈贵，物贵则金贱，金贱则采矿之利薄，而业此者渐少。业此者减而少，则所给之金亦减而少矣。明乎此，而其需与给相持之理，不从可知乎？

欲知金银等物需给相持之理，必先审邦国所以致用之端。以金而言，其用不一端。而兹姑作专铸钱币更无他用论，取其简而易明也。诚若是，则一国需金之多寡，因乎制币之多寡明矣。夫需用钱币之多寡，一因乎

---

① 葛氏，原文为 gladstone，即 William Ewart Gladstone。即威廉·尤尔特·格莱斯顿。见前文注释。

② 条：枝条；贯：钱串。长在同一枝条上。比喻事理相通，脉络连贯。出自班固《汉书·董仲舒传》："夫帝王之道，岂不同条共贯与？"

农工户口之盛衰，一因乎货物转售之次数，上文已言之。假令英国一旦倍增其富，举凡商贾贸迁之事，无不倍之，则岁需钱币，亦当倍之。然钱币何以必需增制，使其不给，又将何如？此其故亦不可以不思。盖增铸钱币者，所以使物价不失其恒，而如其不给，则物必加贱，而金必加贵也。

设如英国一旦民间日用所需，概增一倍，货物之所出称是，而钱币独如故，则是人之向第市米一石，布一匹者，今需市米二石，布二匹，而无如钱币之只给其半也。势必以米一石布一匹之价，易米二石布二匹而后可。夫如是，则米布不啻价减其半矣。故知凡事势所关，使需用钱币之数，浮于所给者一倍，则百物之价必减半；物价减半，即是金值加倍耳。至于货物之贸易，初不因此而少减也。

然则一国之中，因户口加多，贸易加盛，而遂须增制钱币者，亦欲使物价不失其常耳。盖物价同时大落，其弊与同时大长等，何以言之？假如有人岁入千金，适足于用，一旦遇物价同时大长，则千金之用，或仅敷其半，是使人失其岁入之半也。又如农人租地耕种，岁纳租价五百金，足以自食其力，一旦遇物价同时大落，则五百金之数，或须倍其所获以为偿，是使人增其费用一倍也，其弊不适均乎？欲杜此弊，非使钱币有恒值不可。此邦国所以因富庶有加，而不得不添铸钱币也。

夫百物之价，惟其常不惟其变，固已。然物价何以历久而不变，采金何以无偏多偏少之时，其理尤必审焉。大抵天下金矿，开采多未尽力，使增添工本为之，所获必有远过今日者，顾其所以不添工本之故，正与英国铜矿相同。果令铜价大长，则采铜之利益厚，人将增添工本以射利，而铜顿多。如其反是，则人将收减工本而铜顿少，此自然之势也。惟金亦然。金贵而物贱，则采金多；物贵而金贱，则采金少也。夫需金之加多，由物价之加贱而见，而物既贱，采金必多。此其所为消息维系以底于平，而物价之所以有常在是矣。由此言之，金之为物，其需给相持之理，初无异于他物，其见为异者，他物销路之畅滞，以价之贵贱为衡。而金不可以价论，必计其所值，以物贱为贵，物贵为贱耳。

今为撮要以言之曰：矿产不加富饶，而需金加多，则将增益工本，加功开采以取给，而金之值必长。凡金值见长，物价必见落，反之，若矿产加而富，采金之工费减而轻，则出金必多，金之值必落（惟事势所关，或有额外销路，庶几不至壅积）。然金贱而物贵，则凡货殖贸易之间，用金必多，夫是故金之为需为给，每相维相系而归于平也。虽然，金之需给所以适均者，犹有二故焉。盖金多而值落，则百工艺巧间，如制造首饰器皿之类，耗金益多，销路益畅，此其一。金贱则采金之利薄，凡矿之较瘠者，渐将辍工，而来源为之少杀，此其二也。

上文所论，乃就产金之邦言之。若国无金矿，如英者，其所需之金，皆由通商贸易而得。彼其一岁之中，需金之多寡，钱币之流通，与夫需给相持之理，必参考邦国通商交涉之道而始明。故下章论通商，实与此章相表里焉。

第七章　论邦国通商

宇宙之大，邦国之多，不独天时地利互有不同，即人巧亦各有所擅。故往往此之所有者，或彼之所无；彼所有余者，或此所不足。自邦国通商互市，而后以有易无，以易济难，以有余补不足，上以裕国计，下以厚民生，其获益维均，其为利甚溥，固不待智者而后知之也。

试以英法各擅之利言之。英产煤铁甚富，其利在制造铁器；法土沃而工贱，产麦独宜。彼此相较，英则制铁易于产麦，法则产麦易于制铁，而工本逐因之而殊。假如在法国制铁一吨所需工本，抵产麦二十石，而在英国止抵产麦十石，则就麦以计值，法之铁倍贵于英矣。两国若以铁麦相易，岂不彼此有裨乎？何也？设英以铁一吨，易麦十五石于法，则英在国中，只可易麦十石者，今得易麦十五石者，是浮五石也；法在国中，易铁一吨，须麦二十石者，今止以十五石得之，是省五石也，其利不适均乎？天下惟均受其益，而不至偏有所损者，斯其利为莫大耳。

是故两国凡以货物相易，不必物价之贵贱，彼此果相反也，但使此两物抵换之法，彼此有多寡之不同，即可得互市之利。试仍以英法之麦铁论。设法国铁一吨，价银三十磅，麦一石，价银一磅半，是铁一吨可抵麦二十石也。而在英国，铁一吨，既止抵麦十石，则设铁价每吨十磅，麦价必每石一磅，是麦铁之价，并贱于英而贵于法也。特铁贵法三倍于英，麦贵仅倍有半，此则因乎彼此抵换之法有不同，而互易之所以均其利也。假使抵换之法，不异其率，法国麦铁之贵，均三倍于英，则彼此互易，各无所利，徒增转运之费而已。

按邦国通商之利，亦视运费之大小以为厚薄。而兹姑不计，且更设英所与通商者惟法国，与法国互易者惟铁麦，取其简而易明也。夫前言英以铁一吨，法以麦十五石相易，则彼此所获之利，以麦计之，皆为五石，诚适均矣。或问两国之交易，果必以此为定率乎？倘使法以麦十二石，易英铁一吨，利虽不均，而在英犹不失为厚利，亦安见其不可乎！曰：凡此交易之率，非贸然而定，两国商人心计之工，必不相让，其营利也，孰不存多多益善之见，特不能不因事势以为转移耳。请试论之。

使英国铁一吨，果可易麦十五石，则为利甚厚，其运至法国者，必远浮于法人所需之数，是给浮于需矣。给浮于需，则销路渐滞，而不得不思有以衰益①之，其理与内地贸易无二致也。衰益之法，则减价而已。盖价贱则来源少杀，而销路易通，不难使需给相抵于平。故英人见销铁之滞，必减值以求售，于是向易麦十五石者，今或止易十四石。英人运铁之利，既视前有减，其来源必稍杀；法人易铁之利，视前有加，其销路必较畅，苟如是而所给犹浮于所需焉，则必更减其值，而或止以十三石为率。若需给至此而平，则铁一吨，麦十三石，遂为英法互易之定率也。由此观之，邦国通商互易之道，不难挈其领而提其纲矣。兹为条列如左。

凡两国以货物贸易，其获利厚薄之异，以客货销路之畅滞为衡。销畅则客利厚而主利薄，销滞则主利厚而客利薄。如英法以麦铁互易，其全利当为麦十石（说见上文）。今以铁一吨麦十三石为率，是英之利三石，而法之利七石也，销滞故也。苟一旦销路大畅，其互易之率，或增至十五石以上。斯英之利厚而法之利薄，理至显也。

凡两国以二物互易，若一物之工本，在本国因故而减轻，则有额外之利。此额外之利，始归本国，而其究必归于彼国。如英国制铁之工本，或因矿产加富，或因取法加巧之故，骤减而轻，每铁一吨，在国中向抵

---

① 衰益，指减少和增加。亦作"衰多益寡"。

麦十石者，今止抵麦八石。若仍照十三石之率与法贸易，是英人于常利之外，又得此二石额外之利也（此以法国内麦铁抵换之率不变而论）。然英人获利之厚，势将争事运铁，而来源一多，销路必滞；销滞则值不得不落，于是减其率为十二石，而利有减，更减为十一石，而利等于常时，或更减为十石，而利反少于前。去至铁一吨，易麦十石，则英之利仅二石，法之利乃十石，不独额外之利，尽归法国，且使常利亦愈偏厚于法矣。此说虽似好奇，实则事之甚可有者耳。

或问邦国通商，毕竟谁食其利？即如英以铁易麦，而每吨获五石之利，是利也，将归于制铁运铁之商贾乎？抑归于通国之人民乎？欲知此理，须知通商之利，由节省工本而生，而利之所在，人争趋之，故商贾必不能常享此厚利，终受其利者，乃在通国食麦之户耳。顾其间获利之多寡大小，犹必论究而知焉。即如前设法国制铁一吨，其工本抵产麦二十石，英则抵麦十石。向使两国不通商，则法国中麦价若每石一磅，铁价必每吨二十磅；英国中若麦价每石一磅半，铁价必每吨十五磅，理至显也。今以通商之故，而英得以铁一吨易麦十五石于法，则两国中铁一吨之价，必皆等于麦十五石之价，又至明也。如是则铁之为值，以麦计之，在英则增而多，在法则减而少。互言之，则麦之值以铁计之，于英有减，而于法有增也，是因通商而各变其抵换之率也。夫铁一吨，既与麦十五石同值，则英国铁价，若每吨仍十五磅，麦价必减为每石一磅矣。法国麦价，若每石仍一磅，铁价必减为每吨十五磅矣。以视乎前，英之麦贱三之一，法之铁贱四之一，即知英国食麦之户，与法国市铁之人，一则省费三之一，一则省费四之一也。是通商之利，不专在商贾，而在居民也。要之，通商则生之者益众，为之者益疾，于生财之道，两国固均有裨益耳。

虽然，英法以铁麦互易，英之麦，法之铁，固变而贱矣。而英之铁价，与法之麦价，正不能不变而加贵也。假如英国每年自需铁五十万吨，运至法者，每年十万吨，是英以通商，而每年须多制铁十万吨也。夫铁，矿产也，其价值贵贱之理，与农田物产同（见本卷三章）。英既岁需多制铁十万吨，则将加本开采以取给，而工费必增重，费重则价长。设向价每吨十磅者，或长至十二磅，即麦价每十五石，应减至十磅者，亦仅减至十二磅，故两国通商之利，即英法之铁麦论之，每一互易，所实获者，初不能五石之多也。

或疑英国以铁易麦，而麦加贱，诚居民之利矣。然谷贱则伤农，种麦者必被其损，得失殆仅足相当耳。愚按此即偏护土产之税章所由订立，而实则非智者所宜出也。试进论之。

前设英国之铁，运至法者，岁以十万吨，即岁入法麦一百五十万石也。外麦入，则所需土产必减少，一年中产麦既可减少一百五十万石，则农将择地而耕，凡田之不甚宜于产麦者，皆可弃置，而田限升斯田租落矣。田租落则农田轻，屈于彼者伸于此，谷贱固不必伤农也。至于内地贾人之利，或不免为外商所分夺。然高者抑之，下者举之，市井角逐之道，终有以维持之使底于平，必不使一业有向隅①之苦，一业有独擅之利也。况以国计之大者而言，就令以通商之故，致某业实受其损，亦不得谓上夺其利，而必改计以袒护之。盖国家之道，贵在使民得以贱值市物，以善价售物，顾大利而不惜小害者也。

前设英国岁以铁十万吨，易法麦一百五十万石，铁价以销路较广，而长至每吨十二磅，即麦价为每石五分磅之四。设如英国岁需麦六百万石，未通商前，每石价一磅半，其时农户皆足食其余利；今以通商之故，而所需土麦，遽减四之一，则凡瘠薄之田，皆不复艺麦，而所耕者必土之沃美者矣。夫麦价原视农田工费以定贵贱，地力肥则人功省，故英国中需产之麦，既减少四之一，其麦价必落。顾麦价之落，必以不夺农利为限。设如英国自有通商以来，麦价大落，按铁计之，每石价止五分磅之四，当问价贱至此，有妨农利否？此第一要义也。如有妨于农，竟无可图之利，农必不乐于艺麦。盖农夫之艺麦，为富也，非为仁也。然民食不可以或缺，与其甚贱而不给，犹宁稍贵而给焉。则试作每石长至一磅论，使石价一磅，而艺麦者适足以食其利，斯市价必以一磅为准矣。麦价既长，其于商人运铁之利如何？又不可不思也。以势度之，其初必大获利。盖商人售铁于国中，每顿止得价十二磅，而以之易法麦得十五石，即每顿可得价十五磅，甚厚之利也。无如利厚则趋之者众，势必争

---

① 向隅，指面对着屋子的一个角落。比喻非常孤立或得不到机会而失望。

事运铁，而铁于是壅积于法境。物既壅积，价必落，向易麦十五石者，或减为十二石，至是利乃复其常耳。然铁贱则法人之购铁者加多，一岁出口之铁，或更浮于常额，则英国中铁价必长。前此每吨十二磅者，今或长至十三磅，而需给适相平焉。夫一吨之铁，不既易表十二石乎？则是英国麦价，以每石一磅又十二分磅之一也。麦价至此，而农利又有加，民食益无虞不给矣。由此观之，欲平两国通商之利，非使需给之数，各底于平不可。

是故两国以货物互易，实足以增损货物之价者也。即如英国未有通商，设为铁价每吨十磅，麦价每石一磅有半；自与法贸易，而铁价可长至每吨十三磅，麦价减至每石一磅又十二分磅之一。上文论綦①详矣。或问一减而贱，一增而贵，然则通商果有益于国人乎？诚恐利害或仅足相当也。曰：否。通商之利国利民，有断然而无疑者，何也？以其所易，易其所难，以其所有余，易其所不足，生之者益众，为之者益疾，斯其国之财用，必因之而益足也。

虽然，通商固有裨于国计，而小民则未尝无受其害者。即如法国以麦易铁，麦之销路加广，其价必长，铁之来源顿裕，其价必落，国诚益矣。然铁非日用之物，麦乃民食之宗，所贱在彼，而所贵在此，小民奚赖焉。是知邦国通商，苟所入之物，其用不敌所出之物，则国人每受其损，而于工作贫民为尤甚。由是以言，虽谓通商不免于病民可也。

然工民虽有食贵之苦，亦未尝无相因之利。何也？通商之道，可以省资本，可以节人功，本省而工节，则百业之利厚，而工价得因之而加优。此于物价贵贱之外，通商之有益于小民者也。

今英人之通达时务者，鲜不以税关出口进口货物之多，为国家富盛之验。夫论通商而但计商贾贸迁之利，不思小民食贵之弊，诚不可也。然必因小害而弃大利，遂谓通商之在所当废，则又迂拘之见，非惟不智，抑且近于虐政矣。何则？养欲给求，取资贵便，不有互市，曷通有无？

---

① 綦，指极；很。

通商者，所以联邦国之交，祛畛域之见，广民识，阜民财，其利溥博周遍①而无所畸。盖生人自然之利，不夺之经也。昔英法为世仇，又昧于贸易之理，遂百计阻挠，使两国数百年不获通商之益。惜哉！夫以英之良于制造，法之良于树艺，使其合为一国，则南北往来，有无互易，固其所也。于此而有执风马牛不相及之说者，吾知其愚不至此。今邦国徒以畛域之见，而遂不欲以有无相通，其愚何以异是耶！

独是邦国至今，多有重征关税，以为偏护土产计者，其故亦不可不思也。英国自弛禁通商以来，工作日兴，货物云集，其获利之多，受益之显，国人固无不知之矣。而此外各国，则主偏护土产者，比比然也。若美，若法，若英之朝贡诸邦皆是，而尤莫甚于美澳之工人。所以然者，彼第见通商愈广，土产愈贵，居民每受其损，而未尝一思夫所获之益，足以偿之而有余耳。美国工民，常忿出口者皆日用所需之货，进口者乃浮靡不急之物，此贵彼贱，得不偿失。又以百工技巧，各有所娴，一旦外商分夺其利，人必舍其所娴，而习其所未娴，害孰甚焉。即如美国织布之匠，亦知其国所需布匹，若尽取诸英国，必有以增国家之富，而无如其不利于己也。夫就一二业言之，诚不免受通商之害，彼之哓哓争辩也，亦固其宜。然而给求养欲，乃生人美利之原；通商惠工，实邦国生财之道，必以疆围自域，使民不得因天时地利之宜，而事倍者或至功半焉，非仁政所宜出也。

夫使美国一旦尽革其偏护税章，其始也，内地商贾，或不免有受其害者。盖凡兴一大利，必有小害随之。铁路造而车厂客店之业微，机器创而匠工技巧之利夺，然国家初不因此而废铁路机器者，亦谓万世之利，不可以一时之害挠之耳。彼偏护税则之在所当除者，亦此理也。惟税法得其平，而后贸迁尽其利，俾各国人功资本之用，皆得因其所宜，而生之者众，为之者疾，其所裨于国计民生者，岂第足偿小民一时之失而已哉！

今英人洞知平税通商之利矣。然不数年前，犹有主复偏护税章者，谓平税之法，利在一律通行，今英国独平，而他国仍偏，是英第有利于

----

① 周遍，指普遍，遍及。

他国，而不得他国之利，未免过于慷慨，非计之得者。愚按平税之法，果能通行各国，洵于英人有裨，故英不惮多方诱劝以期其行；即谓英以平税之利利他国，亦诚有之。但英必因他国之不智，遂自复其偏护之税章，吾知其将以损人而适先损己矣。即如英人于美国之麦，相需固甚殷也，必因彼之重税英铁，而遂欲无购其麦，不亦愚之甚乎！是故平税之法，虽一国独行之，而其利自在也。

至欲论通商运货之费，则莫如仍即麦铁言之。设如由英运铁至法，每吨费一磅；由法运麦至英，每石费十分磅之一。欲知彼此所任运费之多寡，又必知其相易之率。令铁一吨易麦十二石，英国中铁价，每吨自十磅长至十三磅。又先设运铁之费，英独任之，运麦之费，法独任之，则英国售铁于法，名为每吨得价十三磅，实则止得价十二磅。而法国所得麦价，每石亦必扣除运费十分磅之一也。如是则英国内地铁价，必每吨十二磅而后可。苟踰乎此，则运铁者皆将售诸国中矣。法国内地麦价，亦必较得诸英者，每石少十分磅之一而后可，否则无有愿售麦于英者矣。可知凡进口之货，价必因运费而加昂，价昂则销路必少减，而两国减销之率，不必其恒等。即英以麦价每石加昂十分磅之一，而销路减十之二者；法以铁价每吨加昂一磅，而销路或仅减十之一焉。夫两国通商，必使出口之货与进口之货，足以相抵者也。若法之销铁，止减十之一，而英之销麦，乃减十之二，是法出口之麦，不足抵进口之铁矣。于此而欲求其抵，则非减麦价以畅其销不可。顾价可减而运费不可减，价见为落，斯费见为大矣。故知一国运货出口，其所任运费之大小，与所进货物销路之畅滞，相因而成比例者也。

上文论邦国通商，不外以货易货，故出口进口，恒以相抵为则。然实核各国出口进口之货，其为值每不相等，则何也？即如英国进口之货，计其值恒远过于出口之货。以近年论之，一岁所差，不下一万万磅之多，而印度则反是，其一岁出口之货，约值五千万磅，进口者不过三千万磅之数。凡此多寡互异之故，诚不可不审求之矣。盖所谓邦国通商，必使出口与进口相抵者，以彼此除计值购货之外，别无款项交涉言之耳。假如英法两国专以货物互售，外此别无交涉，则使英国每年售于法国之货，其值浮于法每年售于英国之货，法必以钱币足之，如是而法之钱币，日见其少，英之钱币，日见其多。其究也，百物之价，必法日贱而英日贵矣。夫英之物加贵，法之物加贱，则英人购物于法之利愈厚，而法人购物于英之利愈薄。以故英国出口之货将减而少，进口之货将增而多，而其值渐趋于等。从可知邦国通商，果使货物互售而外，别无交涉，则上文所论出口进口为值必等之理，固势之所必然也。

但或法以借款之故，岁须偿英利银一千万磅，则英国每年所入法国之货，其值必较所出之货多一千万磅，而出口进口遂迥不相等矣。盖使法而不以货物抵偿，则岁必输钱币一千万，而英之金大多，法之金大少，金多斯物贵，金少斯物贱。为法计，与其实偿以金，不如抵偿以货之为得也。若是则法国货物之输于英者，当不独抵消所易之货，且并足抵偿岁输之款，而出口于是浮于入口矣。借于人者出浮于入，则借人者必入浮于出可知。英印之所以互异者，职是故也。盖英国出贷外邦之款，或官或商，各以巨万计，斯各国岁当偿英者，除货价外，为数亦必甚巨。以故各外邦岁输英国之货，恒远过于所易之货，是英所以入口远浮于出口者，为其出贷之资本甚多也。观英而印度之反是可知矣。盖印不独无出贷之款，抑且借诸英者为数甚巨，如铁路、屯田、浚河诸大役，莫不取资于英。故印度一岁中当偿英国之利，亦殊可观，加以岁征之官俸、办公、津贴等项（印为英朝贡之国）。苟不以货物相偿，将焉取给乎？此印所以出口之货，常远浮于入口也。

第八章 论金银流通各国之理

凡邦国不产金银，或虽产而不足于用者，其取给之法，不外二端：由出产金银各邦贩运而来，若寻常货物然，一也；邦国以钱币相通，借交涉以资挹注，二也。即如印度常借贷于英，其款汇寄者少，而运解者多。又英国岁市中华丝茶各巨万斤，华商每愿以金银酬值，而不乐以货物抵换。又英国阿尔兰岛，该田之业主，客居外邦者甚多，因而一岁中地租钱款之寄送出境者，亦复不少。又英国之官债股分，每有得诸外国商民者，斯其应得之息银，亦必分送寄致，凡此皆英国金银钱币，流入外邦之缘由也。

　　兹先以出产金银之邦言之。澳大利亚洲（即新金山）及亚墨利加洲之加立佛尼阿①（即旧金山），地多金矿，居民大半以掘金为业，故黄金乃其出口之大宗，犹英之有铁器棉布也。夫金银既可例之于货物，斯其值贵贱之理，亦与货物无殊。盖澳人以金易外来之货，犹他国之以货互易，初无二致。假如英国产铁加盛，采获益多，则铁价必落；价落则销路加畅，而需给仍归于平。彼澳洲之产金，墨西哥、秘鲁之产银，亦同此情形也。今澳洲一岁采获之金，约二百五十万两，使一旦以来源加富，或人工加巧之故，所获倍此，试思其销路畅滞当何如？夫澳人岁获之金，既赢其半，则财用充盈，通商加广，市诸异国者，自日用以至玩娱，悉将增益其数，如是而外国之货，销路加畅矣。销畅则物必贵，物贵则金之为值也少，而需金必加多，在澳洲如是，在外邦亦复如是，又何虑所赢之金之无销路乎？此澳洲、墨、秘等国，销脱金银之由，即他邦取给之一端也。

　　至邦国以金银钱币相挹注，有如首节所述者。盖缘金银之为物，质小而值多，故输运之费，视他货为甚轻，且为天下万国所通宝。故通商贸易，悉以金银为重。中国之丝茶固矣，即印度出口各货之售诸英者，亦大半以钱币酬给。此外，如英国所设驻印文武各官之俸禄，在印制办铁路等事官役之薪工，皆须由英运解，岁成巨款。以故英国金银，一岁中运至东路②者，统中华、印度计之，尝多至一千四百万磅云。

　　按邦国金银钱币，亦有因运用生息之故，而互相流通者。果如所设澳洲岁获之金，陡增一倍，彼拥资较厚之富户，皆将设法运用，以期生息，如外国官债、铁路、保险、汇号、各股分，俱可随意下本，按股收利。今澳洲岁获之金，几几全数运入英国，其以偿货价者，不及少半，余皆为伙买股分之用耳。英既以此得多金之入，乃复以他故解送外邦，如上所言印度、中华等处是已。

　　前论货物贵贱之理，谓以其国通商之广狭，与钱币之盈绌为衡。盖

---

① 加立佛尼阿，原文为 California，今译加利福尼亚。
② 东路，原文为 the East。

一国户口加众，百工加盛，而钱币独不加多，则百物之价必落。钱币加多，而户口百工不加众盛，则物价必长，此一定之理也。夫百物之价，或一时并长，或一时并落，均于民间无益。其谓物贵利于农工，物贱利于居户者，殊不然也。何则？百物同时而贵，即金银之为值也少，不独岁入款项有定额者，胥受其损，即在农工，入多者出亦多，曾何益之有？百物同时而贱，即金银之为值也多，不独以树艺制造为业者，胥受其损，即在居民，出少者入亦少，曾何益之有？故知一国百物之贵贱，维其常不维其变，而百物贵贱之理，既以钱币之盈绌为衡，则夫一国钱币之数，可不视户口百工之众寡盛衰，以因时而增减之哉！

英国一岁中金币出入至繁，宜乎难得其平矣。然其为值之多寡，历久而无甚变异者，亦恃有角逐之道耳。假如英国预知次年进口之金，将较本年多四百万磅，而农工商贾之业，初不加盛，使不有以消息之，则国中钱币顿增四百万磅之多，百物将同时而贵矣。然正惟英之货物加贵，而他国不加贵，故英人皆乐购他国之货物，他国亦乐售于英以博善价。二者相因，斯英之进口加而多，出口减而少，出入既不足相抵，则必偿以金币，于是所赢之金，渐将散入各国，而英国钱币，无复充积，即百物无复昂贵，所谓恃角逐之道，以为消息之机者，此也。

第九章　论邦国货币互易之理

邦国通商，鲜有以货物抵易者，其买而入，卖而出，一皆以钱币为用。假如英商甲乙二人，法商丙丁二人，甲以煤若干售诸丙，该价一千磅；乙购丝于丁，该价亦一千磅，则其交易，不外二法，或丙将煤价一千磅寄英以偿甲，乙将丝价一千磅寄法以偿丁，一往一来，费即因之。或乙就近以千磅付甲，丙就近以千磅付丁，彼此抵划，而费于是省。惟抵划一法，可以省费。故今邦国悉用之，此期票之所由设也。自有期票，而通商便捷，钱币之输运于邦国间者，遂极少云。

即如甲售煤于丙，应得价一千磅，丙但以期票付甲，令向某号支取；乙购丝于丁，该价一千磅，亦第以期票付丁，令向某号支取；是甲有银千磅当取之于法，而丁有银千磅当取之于英也。使甲与丁互易其券，则各得在本国支取，而无事以钱币转输矣。虽然，甲与丁不必相识，而迳以券互易也。居间以代商汇画者，则有汇号在焉。如甲得丙所给期票，可以就近在英国汇号支取；丁得乙所给期票，可以就近在法国汇号支取，惟各出汇费若干而已。由是英国汇号遍收法商所出之期票，法国汇号遍收英商所出之期票，彼此抵还，而各得汇费以为利。盖便商即所以营利也。故使英法货物出入之数，为值适均，则两国可无事于钱币之输运，而为买为卖，不啻以货易货矣。独是两国交易之货，其值每不能均。设英国售于法者，岁值一千万磅，购诸法者，岁值一千二百万磅，则是英商所出之数，较法商所出多二百万磅，数既不能相抵，则英必实运二百万磅至法。若运费二分，而汇费止一分五厘，则英商皆愿汇寄，为可省费五厘也。然买汇票者渐多，汇费必渐长，而渐近于运费，惟不得过之耳，过于运费，斯人又愿运而不愿汇矣。自法商言之，一岁之中，实得英国票银一千二百万磅，所需偿英商货价者，只一千万磅，余票二百万磅，必寄向英国银号支取，而输运稽迟，商人不愿也。于是持英国之票，赴法国银号就近拨兑，折扣若干，是为抽厘，其率亦以运费为衡。若运费二分，则每百磅不过实给九十八磅而已。故在英则因汇寄而有汇费，在法则因拨兑而有抽厘，其轻重之率，彼此相因也。诚如上文所言，英入少而出多，法入多而出少（以所易货物之价值言）。英之金银，岁输于法，人遂谓英法通商，利于法而损于英，盖彼以金银为富国之宝。故论通商之利，一以所入他国金银之多寡为凭。此各国计臣所由争设智巧，以广金银之入而阻其出。夫惟金银是宝，斯无怪乎以出入不均为利此而损彼矣。岂知国家之富，曾不以是而增损哉！

以上所论，特即钱法相同而言。若求其实，则往往各殊。而其抵换之率，每视两国出入之盈绌而差。按英一磅，应抵法二十五夫郎，若如前设英以出浮于入，而金银钱币，岁输入法，则有以英钱易法钱者，每磅必不及二十五夫郎，何也？在英国则法钱皆由贩运而至，且专为兑换而设，势不能不加贵；在法国则英钱浮于所需，人方折扣拨兑，势亦不能不加贱也。知钱币抵换之率因此而减，则其所以加者可知矣。

所谓汇费之大小，以运费为则者，亦自无事之秋言之耳。若有事则不然。昔法君拿波仑①自埃尔罢岛②脱囚返国，将修怨于诸邦。英国一闻此信，各银号汇费顿长至什一，此岂专系乎输运之费哉！亦以干戈将起，军饷正繁，虑款项不敷汇兑耳。他若通商无常局，货物之出入，多寡或因时而变，则亦足以增损汇费，何也？时势所关，一国出口之货或加而多，进口之货或减而少，向之出浮于入者，不难变而为入浮于出焉。商人逆睹之，凡有负欠于他国者，皆将迁延观望，宁照常纳息以展期，而不愿汇寄以任费，如是而汇费不能不减落矣。

按一国进口之货，势不能常多于出口，何以言之？进口浮于出口，则必输钱以偿其值，输钱于异国，则国中钱币必渐短，钱短则金贵而物贱，物贱则售诸外邦，获利益厚，外邦货物之来者，销行必滞，于是出口变而多，进口减而少矣。此亦消息盈虚之理也。至于产金之邦，以金为寻常出口之货，则又不可以一律论。如澳大利亚岁输金一千万磅于英，曾无系乎其国钱币之贵贱，为其出口之金，非取诸所用之钱币也。

第十章　论税敛之法（原书第四卷第一章）

富国策家率以税敛一事，系乎国政，因别为一类，而密耳氏③乃以政事名其篇。夫朝廷一举一动，何在不与富国裕民之道，隐隐相关。若以政事名篇，则一切条教号令，似皆可取而论之，而富国策一书，几于浩无涯涘④矣。窃谓是篇所论，当以征财足用之事为限，故以税敛括之。盖国家之有税敛，其为用不一端，而其意则不外征民之财，以足国之用也。

或谓税敛之义，有不仅在足用者，即如英国俗溺于酒，朝廷税酒而

① 拿波仑，即拿破仑·波拿巴（1769—1821），19 世纪法国军事家、政治家，法兰西第一帝国的缔造者。法兰西第一共和国第一执政（1799—1804），法兰西第一帝国皇帝（1804—1815）。1814 年退位，随后被流放至厄尔巴岛。1815 年建立百日王朝后再度战败于滑铁卢后被流放。1821 年病逝。

② 埃尔罢岛，英文 Elba，今译厄尔巴岛。意大利中部托斯卡纳大区西边海域的一个岛屿。

③ 密耳氏，即约翰·穆勒。

④ 涯涘，指边际、界限。

酒为之昂，即酒徒亦为之节饮，是税敛之法，有制节谨度之用焉。愚谓朝廷虽甚恶酒，而要其税酒，则专为国课起见，初非为教民也。特上自税民以征财，而教民之道，适寓乎其间，为可幸耳。向使国用至足，无待取给于酒税，而徒以恶民沉湎之故，税之以示惩，固知当轴必不胶执若此也。况富与教殊途，果使国家以税民为教民之用，则亦不属于富国策之学，而为论究所不及。富国策所论究者，惟生财用财交易而已。若欲辨别是非，激扬淑慝[1]，奚啻越俎而代庖乎？故愚意凡国家政教号令，其义非显有与于生财用财交易之道者，概置弗论，庶不溢此书本旨云尔。

　　国非财用不立，其理至显。即如刑章，期于有罚必行。然使刑官无禄养，将谁与执国法乎？推之百僚庶职，莫不有然。故经国之大，必以理财为要图；而税敛一法，又理财之大宗，而为天下万国之所不易也。至欲知征税之法，必如何而后近乎情，合乎理，则当以斯密氏所论四则为纲。兹录其说如左：

　　一、量民力以均税。谓因其产业之多寡，以定税额之重轻，所谓均平税法也。

　　二、取民有常制。举凡征税之时，输税之法，纳税之数，务使较若划一，通国皆知，庶几无弊，否则权在胥吏，意为重轻，逼勒需索，无所不至，而民不聊生矣。盖胥吏之徒，虽洁己奉公，犹为小民之所恶，况税无常制，更有以启其贪而纵其暴乎！故无常之害，尤甚于不均焉。

　　三、因时以便民。如地租房屋等税，宜令业主于收租时完纳，凡以乘其有余也。至于一切奢华玩好之物，商贾纳其税，而仍取偿于价值，是税商即所以税民。然既非日用所必需，则买否各听其便，且买者率以逐渐而置，所任之税，亦甚微而不觉，固便民之至也。

　　四、节费以恤民。无论何项税敛，其取于民之数，务使核实归公，而又必因业而施，使无夺民利，斯上下各足矣。其耗国课，病民生者，大端有四：多设税吏，经费浩繁，致所征之数，开销过半，而贪吏复需索于正供之外，一也；税失其当，使小民变计改业，而其利减薄，二也；一遇偷税，辄加重罚，使民本利俱失，以至于倾家，三也；数遣胥吏督

①　淑慝，指善恶。

催，以致骚扰勒索，贻累良懦，四也。

右斯密氏税法要义四则简言之，则一曰均输，二曰定额，三曰因时，四曰节费。其后三则，原说既明，世韪其论，固无待乎反覆推详矣。独均输一则，言之匪艰，行之惟艰，有不可不明辩者。试进论之。

人皆知税之宜均，而不知税之何以均也。或谓斯密氏量力之说，自是均税正法，而不知第曰量民之力，民力正有不易量者。假如甲乙二人，同以田为产，岁入各一千磅，而甲则孑然一身，无妻孥之累；乙则食指①繁多，用项什伯于甲，其入则同，其出则异，此而谓甲乙之力相等，可乎？然而税民者，未闻以有无妻孥之故，而量为轻重于其间。且以今之税法论之。乙所纳税，视甲更有加焉。何也？乙之食指多，则一切服御日用之物，所购皆多，而多购一物，斯多纳一税矣（说见前）。故就货税一项而言，乃绝无可均之法，使得量民之力以为轻重者也。然则视产业以为量力，名曰均税，而适见不均之甚耳。

或谓货税之于民，既若是其不均，则欲剂不均以使之均，莫如于进款税，思一调剂之方矣。不知进款一税，英国行之最著，虽经酌量区别等差，而于家累之重轻，出款之多少，迄未有过而问者。故量力征税之说，断不能恃以收均税之实效也。

或又谓国家税课所入，原为保民身家产业之用，故均税之法，当令民视其所享乐利之大小，以定岁输之多寡。此说富国策家多主之，以为至平矣。不知以是为法，则妻子室家，何莫非朝廷所贻之乐利，将不独当税其家产，并当税其家口，而食指愈盛，纳税愈多，不均孰甚焉。

夫曰量力以均税，则明乎欲税之均，不得徒视产业入款以为衡矣。如徒以产业入款也，则岁入五十磅者，其应纳之税，必半于岁入百磅之人，谓其力半之也。然量力云者，量其力之所能耳。设此岁入五十磅之人，仅敷其日用衣食之需而无所余，则彼实无力完税，当在豁免之列。乃斯密氏继以因产业多寡，以定税额重轻云云，是其意固谓岁入倍者，岁输亦倍，而以产业入款之厚薄，为其力之厚薄也。试思以此定税，能均乎，抑不能均乎？

────────────

① 食指，指家中人口。

前已言货税之于民，其势断不能均。以人市物之多寡，各因乎食指，而力之裕否不与焉。如其不均之故，民自为之，非官长所能设法补救者也。他若进款一税，其在岁入同，而劳逸常暂，得之不同者，或尝议其当有区别矣。至于所入同，所以得之者亦同，则征税必同。从未有以出款不等，而酌别重轻者，则进款税亦未之能均也。

由此观之，斯密氏均税之说，推行初无实效，即能效于一，而不能效于百者也。夫国家税民不一端，岂其一端偶均，遂足均诸端之不均乎？假如英国进款税，一律若干成，茶税于诸物为重。有甲乙二人，甲岁入倍于乙，而食指相等，则一岁中市茶必略等。即其所纳之茶税，亦必略等。夫乙之入半于甲，而所纳茶税乃略等，虽进款税甲倍于乙，曾无补于茶税之不均也。此而必欲有以均之，必使乙之进款税，减成完纳而后可。然凡此调剂补救之法，可使之渐近于均，而终不能果底于均也。独是斯氏之说，虽不可见诸实用，而苟正其辞曰：凡征税于民，当令每人所纳各税之总数，与其力相称，则其理实至当而不移也。总之，税民之法，终不能均，所能者，惟于一二类之民，设法补救，以使之渐近于均而已。

《富国策》英文底本

序言与摘要

序　言*

Preface to The First Edition.

It has been often remarked that Political Economy is more frequently talked about than any other science, and that its principles are more frequently appealed to in the discussions of ordinary life. No science, however, is perhaps more imperfectly understood. Profound mathematicians, or accomplished geologists and botanists, are far more numerous than real masters of the principles of Political Economy. Such a fact is somewhat surprising, when it is remembered that Political Economy must be appealed to, in order properly to discuss almost any political, financial, or social question. Sometimes it has no doubt happened, that people have not become generally familiarised with a science, because its principles have not been clearly explained. But Political Economy has never wanted able expounders. Adam Smith wrote the first systematic treatise on the subject, and his work will long continue to be read as a masterpiece of clear exposition. Mr. John Stuart Mill's treatise on 'The Principles of Political Economy' is perhaps the most remarkable work of that great author, and the book will be remembered as amongst the most enduring literary productions of the nineteenth century. It is therefore necessary for me to explain the object I have had in view in writing the present work.

The end I hope to attain, I may briefly state to be this. I think that all

---

* 英文序言源于原书，中文序言为笔者所译。

who take an interest in political and social questions, must desire to possess some knowledge of Political Economy. Mr Mill's treatise is so complete and so exhaustive, that many are afraid to encounter the labour and thought which are requisite to master it; perhaps, therefore, these may be induced to read an easier and much shorter work. I so well remember the great advantage which I derived from reading Mr. Mill's book, that I would not publish my own work if I thought that it would withdraw students from the perusal of a more complete treatise. I am, however, convinced that those who become acquainted with the first principles of Political Economy, will be so much struck with the attractiveness and importance of the science, that they will not relinquish its study.

I have not attempted to discuss all the principles of Political Economy in full detail; but I believe no important branch of the subject has been omitted; and I therefore think, that the principles which are explained in the present work will enable the reader to obtain a tolerably complete view of the whole science. In order to show how intimately Political Economy is connected with the practical questions of life, I have devoted a separate chapter to some subjects of great present interest; such, for instance, as Cooperative Societies—Strikes and Trades' Unions—and The Effects of the Recent Gold Discoverries. For the convenience of the ordinary reader, and especially for those who may use the book to prepare themselves for examinations, I have prefixed a very detailed summary of Contents, which may be regarded as an analysis of the work.

I cannot conclude these prefatory remarks without acknowledging the kind assistance which I have derived from those who have verified my statistical facts; but I have especially to thank my friend, Mr. Leslie Stephen, Fellow of Trinity Hall. He has given me many most important suggestions, and has carefully revised the work: the accurate and complete knowledge which he possesses of the science makes his revision peculiarly valuable.

The labour of writing these pages would have been much greater, if I had

not been fortunate enough to have a most patient and excellent amanuensis in the youth who is to me so faithful an attendant.

TRINITY HAll, CAMBRIDGE,

Feb. 1863.

第一版序言（1863 年）

人们常说，政治经济学比任何其他科学都更容易被人谈论，其原理也更容易在日常生活的讨论中被提及。然而，也许没有比这更难理解的科学了。高深的数学家，或者有造诣的地质学家和植物学家远比真正精通政治经济学原理的大师多得多。人们知道，为了恰当地讨论几乎所有的政治、金融或社会问题，就必须诉诸政治经济学，这样的事实多少有些令人惊讶。毫无疑问，有时人们并不普遍熟悉一门科学，因为它的原理还没有被清楚地解释。但政治经济学从来就不缺少有能力的解释者。亚当·斯密就这一主题写了第一篇系统的论文，他的论作将长期被视为具有清晰阐述的杰作。约翰·斯图亚特·穆勒先生的《政治经济学原理》一书也许是这位伟大作家最杰出的作品，该书将作为 19 世纪最经久不衰的文学作品之一而被人们铭记。因此，我有必要解释一下我撰写本书的目的。

我希望达到的目的，可以简单地说一下。我认为所有对政治和社会问题感兴趣的人都渴望掌握一些政治经济学的知识。穆勒先生的著作是如此完整和详尽，致使很多人不愿意花费大力气去掌握它，也许，为此他们会希望读一些相对容易或较短的作品。我非常清楚地记得我从穆勒先生的书中得到了巨大的收获，所以如果我认为出版自己的作品会妨碍学生阅读更完整的论文，我是不会出版的。然而，我深信那些熟悉政治经济学基本原理的人们，会被这门科学的吸引力和重要性深深打动，不会放弃对它的研究。

我没有试图详细地讨论政治经济学的所有原理，但我相信有关此学科的任何重要的分支都没有遗漏，因此，我认为在本书中所阐述的原理将使读者对整个政治经济学学科有一个相当完整的认识。为了说明政治经济学与生活中的实际问题有多么密切的联系，我专门用一章来讨论一些目前非常感兴趣的话题，例如合作社、罢工、工会和最近发现黄金带来的影响。为了方便普通读者，特别是那些可能会使用本书为考试做准备的读者，我在前面加了一个非常详细的内容概要，这可以被视为对该

书的分析。

在结束这些序言之前，我必须感谢那些核实了我的统计事实的人给予我的友好帮助；但我还要特别感谢我的朋友三一学院研究员莱斯利·斯蒂芬①先生。他给了我许多非常重要的建议，并仔细地对这部书进行了全面的修改：他所具备的对科学的准确和全面的知识使他的修改特别有价值。

我非常幸运地拥有一位年轻的，而且非常有耐心和非常出色的抄写员，否则我写这么多页的工作量会大得多。

剑桥三一堂学院②

1863 年 2 月

---

① 莱斯利·斯蒂芬（1832—1904），英国人。在伊顿公学、伦敦王家学院和剑桥大学三一学院接受教育。1854—1867 年任剑桥大学三一学院研究员。后到伦敦开始其报纸撰稿人和自由文人的生涯。1871—1882 年编辑《谷堆杂志》，1882—1891 年为《国民传记词典》的首席编辑。他在读大学期间与亨利·法思德是好友，并通过法思德成为政治经济学俱乐部的会员。曾写过《政治经济学的范围》《英国功利主义者》等，在传播古典政治经济学和功利主义伦理等方面做出了重要贡献。法思德去世后，他写过《亨利·福西特生平》（1885）。参见［英］约翰·伊特韦尔（John Eatwell）等编《新帕尔格雷夫经济学大辞典》第 4 卷，陈岱孙主编译，经济科学出版社 1996 年版，第 533 页。

② 三一堂学院，英国剑桥大学著名学院。由贝特曼主教建于 1350 年。

Preface to the Fourth Edition.

Although the general arrangement of this book remains unaltered, yet in preparing this Edition, it has been found necessary to rewrite considerable portions of many of the chapters. Some of the illustrations contained in the former editions are no longer apposite; others have been substituted in the place of these, for it is always desirable as far as possible to illustrate the principles of Political Economy by applying them to the discussion of passing events. New chapters have been added on the Nationalization of the Land, and on Local Taxation. In the last chapter of the volume an attempt has been made to solve the somewhat complicated economic question of tracing the incidence of local taxation when rates are imposed upon different kinds of property, such as land, houses, shops, manufactories, railways, gasworks, and water works. In the chapters on Socialism and the Nationalization of the Land, reference is made to a new economic movement, which I have designated as modern socialism. Between modern socialism and the socialism of earlier days, there is this characteristic difference, that whereas the latter sought to effect its objects by voluntary associations, the socialists of the present time make a direct appeal for State intervention. The recent marked rise in the price of coals is referred to as affording an illustration of the laws which determine the price of mineral produce; and in the chapter on Wages, I have directed attention to the very important fact that the unprecedented increase in wealth, which has taken place in England during the last quarter of a century, has not been accompanied by a corresponding improvement in the material condition of many classes of labourers. Since the last edition was published, the cooperative movement has so rapidly developed that it has been necessary entirely to rewrite the chapter on Cooperation. Great stress has been laid on the important economic advantage which would result, if the entire people were brought under the influence of a comprehensive system of national education. Among the many circumstances which tend to perpetuate poverty, particular allusion is made to the encouragement given to improvidence by our Poor Law system and by the facility with which out-door relief is granted.

In preparing this edition I have derived the most valuable assistance from my wife, who in applying herself to the work has shown the greatest care and assiduity. I also have to thank her for having suggested many improvements, and she has also pointed out many defects which had previously escaped my notice.

CAMBRIDGE,

February, 1874.

第四版序言（1874 年）

尽管本书的总体编排没有更改，但在编写这一版本的过程中，我们发现其中许多章节的相当一部分有必要重写。以前几个版本中的一些示例已不再适用；其他示例已被替换了，因为将政治经济学原理应用于对过去事件的讨论中，以尽可能地阐明这些原理总是可取的。此版增加了有关土地国有化和地方税的新章节。在该卷的最后一章中，我们试图解决一个比较复杂的经济问题，即当不同种类的财产，如土地、房屋、商店、工厂、铁路、煤气厂和自来水厂被征收税率时，追踪地方税的影响范围就成了问题。在有关社会主义和土地国有化的章节中，我们提到了一种新的经济运动，我把它称为现代社会主义。在现代社会主义与早期社会主义之间存在着这样一个特征上的差异，即后者试图寻求通过自愿结社来实现其目标，而现在的社会主义者则直接呼吁国家干预。最近煤炭价格的明显上涨被认为是对决定矿产品价格规律的一种有力证明；在关于工资的一章中，我关注到一个非常重要的事实，即英国在过去四分之一个世纪里出现了财富的空前增长，但许多劳动阶级的物质条件并没有相应的改善。自上一版出版以来，合作运动发展迅速，重写关于合作的章节是完全有必要的。如果将全体人民置于全面的国民教育体系的影响之下，将会产生重要的经济优势，这一点受到了极大的重视。在许多可能导致贫困永久化的情况中，我们特别注意不能助长因济贫法和提供户外救济的设施而带来的挥霍和浪费。

在编写此版本的过程中，我得到了我妻子最宝贵的帮助，她在工作中表现出了极大的细心和勤勉。我还要感谢她提出的许多改进建议，她指出了许多我以前忽略的不足之处。

剑桥

1874 年 2 月

Preface To The Sixth Edition.

In preparing this edition I have not thought it necessary to alter in any material respect the general arrangement of the book. Care, however, has been taken to adapt the illustrations, as far as possible, to the circumstances of the present time.

I cannot place too high a value upon the assistance which I have derived from my wife. In the course of revising the book, she has made many most valuable suggestions, and she has also prepared an Index which I believe will be found very useful by the reader.

I also desire to thank my private secretary, Mr F. J. Dryhurst, for having carefully revised the proofs as they passed through the press.

August, 1883.

第六版序言（1883 年）

在准备这个版本时，我认为没有必要对本书的总体编排做任何实质性的改动。然而，我们已注意到尽可能使示例适应当今的情况。

妻子对我的帮助我怎么评价都不为过。在修改这本书的过程中，她提出了许多非常有价值的建议，并且她还准备了一份索引，我相信读者会发现它非常有用。

我还要感谢我的私人秘书 F. J. 德莱赫斯特先生，因为他在印刷时仔细修改了校样。

1883 年 8 月

Preface To The Seventh Edition.

In this edition, the first that has been required since my husband's death, I have endeavored within certain limits, to adopt the methods which he taught me in the preparation of previous editions. That is to say, while I have altered nothing on which a difference of opinion could exist, I have brought all the facts and figures up to date, have discarded such illustrations as seemed to be obsolete, and have verified the facts on which the arguments are based, by reference to leading authorities on the various topics touched upon. In this connection I am greatly indebted for information most kindly supplied by Mr. James Howard, late M. P. for Bedfordshire, Mr. Godfrey Garret Smith of Magdeburg, Prussia, Professor and Mrs. Marshall of Cambridge, The Hon. C. W. Fremantle, Deputy Master of the Mint, Mr. G. Ramsay, of the Army Clothing Department, The Rev. Wilson Brown, Vicar of Assington, Suffolk, Mr. J. M. Ludlow, Registrar of Friendly Societies, Mr. H. Hill of the India Office, Mr. Farrant, Managing Director of the Artisans' and Labourers' Dwellings Company, Mr. Stewart Pixley, Mr. H. W. Birks, Mr. G. H. Murray, Secretary to the Gold and Silver Commission, Mr. Prideaux, Secretary to the Goldsmiths' Company, Major Craigie, Secretary to the Central Chamber of Agriculture, Mr. Beard, Secretary to the Rochdale Equitable Pioneers, and Mr. J. C. Gray, Secretary to the Central Co-operative Board. All of these have most kindly and readily supplied me with information on the various points on which I consulted them; and I wish to take this opportunity of thanking them and of expressing my indebtedness to them, especially to Mr. James Howard, who prepared a very careful and elaborate estimate of the present annual value of the agricultural produce of the United Kingdom, Which he placed at my disposal. My special thanks are also due to Mr. F. J. Dryhurst, Who was for thirteen years my husband's secretary; he has

revised all the proofs and helped me by a variety of valuable comments and sug-
gestions.

MILLICENT GARRETT FAWCETT

July, 1888.

第七版序言（1888 年）

这是我丈夫去世后的第一个版本。在这个版本中，我努力在一定的范围内采用他在编写前面几个版本时教给我的方法。这就是说，虽然我没有改变任何可能存在意见分歧的观点，但我使用了最新的事实和数据，摒弃了那些似乎过时的示例，并通过参考所涉及的各种主题的主要权威来验证这些论点所依据的事实。在此联系中，我非常感激贝德福德郡已故的下院议员詹姆斯·霍华德先生，普鲁士马格德布格的戈弗里·加勒特·史密斯先生，剑桥大学的马歇尔①教授及其夫人，国会议员铸币厂副厂长弗里曼特尔先生，陆军服装部的 G. 拉姆斯先生，萨福克郡阿辛顿教区的威尔逊·布朗牧师，友好协会的注册官 J. M. 勒德洛，印度办事处 H. 希尔先生，工匠和劳工住宅公司的负责人法兰特先生，金银委员会秘书斯图尔特·皮克斯利先生、H. W. 伯克斯先生、G. H. 默里先生，金匠公司秘书普里多先生，中央农业协会秘书克雷吉少校，罗虚代尔公平先锋社秘书比尔德先生，中央合作委员会秘书 J. C. 格雷先生。所有这些人都非常友好并迅速地向我提供了有关我咨询他们的各个问题的信息；我希望借此机会向他们表示感谢，尤其要感谢的是詹姆斯·霍华德先生，他对联合王国农产品的当前年度价值进行了非常认真和详细的估算，并将其交给了我使用。我还要特别感谢 F. J. 德莱赫斯特先生，他曾担任我丈夫 13 年的秘书；他修正了所有的样稿，并且给我提出了很多宝贵的意见和建议。

米利森特·加勒特·法思德②

1888 年 7 月

---

① 马歇尔，即阿尔弗雷德·马歇尔（Alfred Marshall，1842—1924），英国经济学家，剑桥学派的创始人之一。1861 年入剑桥大学学习数学，毕业后在剑桥大学教数学，后转向研究经济学。1868 年聘为剑桥大学道德哲学讲师。1877—1884 年先后在布里斯托尔大学和牛津大学讲授政治经济学，1885 年任剑桥大学政治经济学教授，1908 年退休。主要著作有《经济学原理》（1890）、《工业与贸易》（1899）、《货币，信用与商业》（1922）等。

② 米利森特·加勒特·法思德（1847—1929），即法思德的妻子，英国女权活动家。1867 年与法思德结婚。曾为妇女的投票权、妇女教育做出了重要贡献。她是剑桥大学纽纳姆学院（Newnham College）的创始人之一，长期担任全英妇女投票权联合会的会长。著有《政治经济学入门》（1870）、《妇女之胜利及其展望》（1920）等。

Preface To The Eighth Edition.

In preparing this new edition of my husband's Manual, I have been guided by the principles described in the preface to the seventh edition. I have relied on the statistics to be found in the Statesman's Year Book and in the Statistical Abstract. I have also to acknowledge with gratitude assistance and information most courteously extended to me by Lord Monteagle, Mr. Alfred Booth of Liverpool, and by the Secretaries of Rochdale Equitable Pioneers's society, the Wholesale Cooperative Society, and the United Kingdom Alliance.

All new matter contained either in the text or in the notes of the editions, 1888 and 1907, have been enclosed in square brackets.

MILLICENT GARRETT FAWCETT

London, 1907.

第八版序言（1907 年）

在准备我丈夫所写的手册的新版本时，我遵循了第七版序言中所描述的原则。我依据的是《政治家年鉴》和《统计摘要》中的统计数据。我还要感谢蒙塔格尔勋爵、利物浦的阿尔弗雷德·布斯先生以及罗虚代尔公平先锋社、批发合作社和联合王国联盟的秘书们为我提供的让我最感激的帮助和信息。

1888 年版和 1907 年版的正文和注释中的所有新内容均已用方括号括起来。

米利森特·加勒特·法思德

伦敦，1907 年

英文底本摘要[*]

BOOK I. PRODUCTION OF WEALTH.
（第一卷 财富的生产）

Chapter Ⅷ. *On the Increase of Capital.*

An increase of capital implies an increased saving—Two principal motives induce saving : 1st, a prudent foresight with regard to the future; 2nd, a desire to make wealth by an advantageous investment—The first motive operates with regard to the bulk of the capital accumulated; but upon the second motive depend the fluctuations in the amount of this capital—In Political Economy, as in Mathematics, the causes which produce fluctuations and disturbances often create phenomena which are independent of causes more constant in their effects—Each class of society has a recognised standard of living; if, therefore, the commodities of ordinary use are cheapened, a greater amount of capital will be saved—A large portion of the capital saved in England is invested in foreign countries; consequently, by checking the amount sent abroad, an amount which is practically unlimited may be obtained for any eligible home investment—Different consequences produced by the raising of loans in countries which do not export capital—This illustrated by the effect in France by the loans raised in France in consequence of the Franco-German war—The economical condition of England and

---

＊《富国策》英文底本为 42 章，汪凤藻译 26 章，余 14 章英文目录附于此。

India contrasted; the former requires cheap food; the latter, capital—How India may be economically benefited by England's rule—The West Indies neither want land nor capital, but are deficient in labour—The objection to the Coolie traffic— The striking feature of America's economical condition is the comparative dearness of labour, and the comparative cheapness of land—Why high farming is not remunerative in America—Commerce between England and America must be especially beneficial to both countries. ·········· PAGES 83—94

BOOK II. DISTRIBUTION.
（第二卷 分配）

Chapter VII. *Metayers and Cottiers, and the*
Economic Aspects of Tenant-Right

Metayer and Cottier tenancy described—In the metayer tenure the rent paid is always a fixed portion of the produce, but not always one-half—In Tuscany the metayer rent is two-thirds of the produce—The metayers who cultivate the most fertile land enjoy a beneficial interest—Fixed customs regulate the conditions of the metayer tenure, although these conditions vary in different countries—The contradictory opinions with regard to the effects of metayer tenure explained— Why metayer farming is bad in France and extremely good in Italy—The condition of Irish cottiers most deplorable—Cottier rents are regulated by the competition of population, and are therefore often so high as to be merely nominal—The Irish tenure termed 'conacre' explained—The Ulster tenant-right is a premium paid for the good-will of a farm by the incoming to the outgoing tenant; tenant-right is also often understood to mean compensation for unexhausted improvements—The Irish Land Bill of 1870—Mr. Howard's Tenant-right Bill for England explained. Such legislation is justified not on the ground that it protects the tenant, but that it promotes the general wellbeing of the community by encouraging a better system of farming—The Ulster tenant-right has no legal sanction—The custom of paying a premium for the good-will of a farm does not conduce to good agriculture; for it often unduly diminishes the capital of the incoming tenant—Tenant-right, when it represents compensation for unexhausted improvements, might with great advantage be established by law in all countries where the land is not generally cultivated by those who own it—Such a tenant-right would encourage farmers to devote more capital and energy to agriculture—Tenant-right in England can be supported by arguments similar to those which are urged in its favour in Ireland. ⋯⋯⋯

Chapter XI. *The Nationalisation of the Land.*

Two schools of social reformers represented in Germany by Lassalle and Schulze-Delitzsch; from the former of these has originated the modern socialism represented by the programme of the International; foremost in this programme is placed the Nationalisation of the Land—The meaning attached to this expression is that the land now held by individuals should be purchased by the State—Estimated cost of carrying out such a policy ; even under favourable circumstances it would involve an annual deficit of £ 50, 000, 000, besides encouraging endless jobbery and corruption on the part of the Government—A consideration of the difficulties caused by the distribution among various applicants of land of different degrees of productiveness—Would the land be let at an uniform rent, or would the rent be proportioned to its productiveness? —The former plan would involve national bankruptcy, the latter would revive all the much-complained-of hardships caused by competition—Advocates of nationalisation should remember that the scheme would deprive building and cooperative societies of their land—The weakening of individual responsibility and reliance on State interference are prominent characteristics of modern socialism—Socialists usually evade the discussion of the main obstacle to their schemes, viz. the increase of population—How this would affect the nationalisation of the land

Chapter XII. *On the Economic Aspects of Slavery.*

Owing to the termination of the American war many remarks made in this

chapter are no longer pertinent to the present time (1874). *It has however for various reasons been thought desirable not to omit the chapter.*

Slaves are a portion of the cultivator's capital; hence, in slave cultivation, the produce is distributed between rent and profits—The ultimate abolition of slavery chiefly turns upon economic considerations—Professor Cairnes affirms that slave-labour has the three following defects: it is given reluctantly; it is unskillful; it is wanting in versatility—The consequences of these defects traced—Slave-labour can only be profitably employed when labour can be concentrated—No skilled labour can be carried on by slaves—Mr. Olmsteads' testimony—No parallel between the condition of slaves in Greece and the slaves of the present day—Slave-labour impoverishes the soil, hence fertile virgin soils are required—The acquisition of new territory is therefore indispensable to slavery—Slavery will gradually cease to be profitable, and therefore will be ultimately exterminated if restricted to a definite area .... PAGES 301—308

BOOK Ⅲ. EXCHANGE.
（第三卷 交换）

Chapter Ⅹ. *The Functions of Credit.*

Credit signifies borrowing and lending, and therefore implies confidence—It is usually more convenient to give credit in the form of money—Credit is said to be good when there is confidence in those who borrow—The credit of an individual, as well as the credit of a state, is measured by the rate of interest paid for money borrowed—The oft-repeated maxim, that credit is capital, is a meaningless expression—Credit greatly assists the production of wealth, because wealth which is employed as capital is often borrowed from those who would not themselves employ productively the wealth which they lend—The deposit accounts which are held by banks illustrate the extent to which credit increases the capital

Chapter XI. *The Influence of Credit on Prices.*

Bills of exchange, bank-notes, and cheques may be regarded as instruments of credit—A bill of exchange is a written promise to pay a certain amount at a fixed date; a bank-note is a promise to pay a certain amount upon demand—Different bankers exchange their cheques at the Clearing House, and the convenience of this course is great—Bills of exchange, bank-notes, and cheques provide substitutes for money—Hence the influence exerted by credit on prices—When commodities are bought and sold by bills of exchange, the use of money is as completely dispensed with as if commodities were exchanged by barter—If bills of exchange were not employed, one of two things would happen; either the money in circulation must be increased, or specie would rise in value—It is credit, and not the particular form in which credit is given, which provides a substitute for money—book credits, for instance, although not existing in a transferable form, may provide as complete a substitute for money as bills of exchange—Bills of exchange cause the amount of credit which is given in a country to be much greater than it would be if book credits were alone employed—A bank-note is a more complete substitute for money than bills of exchange, because if bank-notes did not exist, money must be employed in most of the transactions which are carried on by bank-notes—If bank-notes did not exist, either more money must be brought into circulation or general prices would decline—A country requires a smaller amount of money if it employs bank-notes; hence bank-notes economise wealth, because gold and silver are valuable commodities—No effect is exerted on prices by bank-notes, if they simply occupy the place of a corresponding amount of money—General prices are advanced by a bank-note circulation if bank-notes are added to the circulation without causing a corresponding amount of money to be withdrawn—Credit increases the purchasing power of each individual, and in this way exerts a great effect on prices—The effect, though great, is, however, temporary—Credit-purchases may enormously increase the demand for a commodity, and hence raise its price—But this rise in price is only temporary, because the price of all commodities ultimately approximates to their cost of production—The great purchasing power which may be exerted by credit illustrated by the Tea speculations in 1839—The provisions of the Bank Charter Act explained—Speculative purchases which lead to a panic are not in the first instance made by bank-notes; hence restrictions upon the issue of bank-notes do not prevent commercial panics—In the latter stages of a panic, the demand for bank-notes and other money increases because credit collapses—Hence it has frequently been necessary to suspend the Bank Charter Act after a panic has continued some time—When trade is in its ordinary state, the bank-note circulation would not be increased if the Bank Act were repealed—The impression that the Bank Act will be suspended in a commercial crisis, increases the uncertainty and distrust prevalent at such a period—Creditors may be defrauded, and general prices may be raised without limit, if inconvertible notes are made a legal tender—These serious consequences do not occur if inconvertible notes are not made a legal tender ·········· PAGES 425—445

Chapter XII. *On the Rate of Interest.*

The current rate of interest is determined by the price of Funds, because these securities involve no risk—In this chapter, two questions have to be investigated; in the first place, the causes which determine the normal or average current rate of interest must be explained, and secondly, the daily fluctuations in the current rate of interest must be accounted for—The current rate of interest must be such as will equalise the demand for to the supply of loans—The average current rate of interest may be affected by national character, because some nations

are more prudent, and therefore satisfied with a smaller rate of interest than oth-ers—If the average rate of profit advances, the current rate of interest must also rise—The rate of profit depends on the cost of labour; the cost of labour increases if food becomes more expensive—If the current rate of interest advances, the price of securities and the price of land will decline—The causes which advance the rate of interest generally exert an influence to diminish the rent of land—Dif-ferent rates of interest may prevail in different countries, because the people of one country will not invest their capital in another country without receiving some additional remuneration—Temporary fluctuations in the rate of discount or in the rate of interest are caused by variations in the demand for money—An increase in the demand for money is generally produced by contraction of credit ············
·· PAGES 446—455

Chapter XIII. *On the Tendency of Profits to Fall as a Nation Advances.*

Adam Smith erroneously supposed that the rate of profit depended upon gen-eral prices—A rise or fall in general prices need not necessarily affect the rate of profit—Adam Smith was led into the error above alluded to by misinterpreting the phenomena connected with the depression and activity of trade—The average rate of profit is partly the cause and partly the effect of the amount of capital accumu-lated—When a country advances in population and wealth, two agencies operate to reduce profits: in the first place, food becomes more expensive, and the cost of labour is increased; and secondly, a greater capital is accumulated in propor-tion to the profits which can be realised upon it—The decline in the rate of profit in England retarded by the great a mount of capital which we invest in foreign countries—Industrial improvements, and the importation of cheap food, may pre-vent the cost of labour increasing as a country advances in population—This ex-plains the fact that the rate of profit has not declined in England, although her population and wealth have both greatly increased—A nation is said to be in a stationary state, when the rate of profit is so low that the accumulation of capital does not further increase—The stationary state was more likely to be attained in the last century than at the present time—Surplus capital is absorbed, or rather destroyed, in a commercial panic; thus an influence is exerted to sustain the average rate of profit—A high rate of profit prevails in a colony, because fertile land is abundant—Agriculture must be the staple industry of a young colony—The returns to agriculture must be great when only the most fertile soils need be cultivated—Hence, in a colony, wages and profits are both generally high ···········

Chapter XIV. *Of Over-production or Excess of Supply.*

Malthus, Chalmers, and Sismondi feared over-production, and therefore affirmed that some moral restraint ought to be exercised with regard to the accumulation of capital—Over-production has two meanings; it may either signify that commodities produced cannot be sold at remunerative prices, or it may signify that commodities are produced which are really not wanted—Over-production in its first signification will cause the profits of a particular trade to be low: the trade is then said to be dull or depressed, but such depression can only be temporary—The Lancashire Cotton Trade would have exhibited this first kind of over-production, if the American Civil War had not occurred—This excessive supply of cotton goods would not be wasted; they would be readily purchased, if sold at sufficiently low prices—The accumulation of capital may reduce profits, but never causes more commodities to be produced than can be consumed—If capital continues to be accumulated, the wages of labourers would be increased—As an extreme case, it may be supposed that wages are so much increased, that all the wants of the labourer are satisfied; if, then, his wages are still further increased, he will shorten his hours of toil

Chapter XV. *On the Recent Gold Discoveries.*

Predictions as to the rapid depreciation in the value of gold have not been realised—Professor Cairnes and other leading economists have, however, shown that there has been a decided depreciation—The amount of gold England annually obtains from California and Australia exceeds by four times the amount she previously obtained from all sources combined—Only a small portion of this additional gold is employed in increasing England's gold currency—The gold which England imports must be devoted to one or more of the three following purposes: first, it may be employed in arts and manufactures; secondly, it may be coined and employed as money; thirdly, it may be re-exported to other countries to purchase commodities—The amount of gold devoted to the first purpose, though great, does not vary much from year to year; hence, any large and sudden increase in the supply of gold will not be absorbed by the first of the three modes described— As the wealth and population of a country increase, there will be a fall in general prices, unless a greater amount of money is brought into circulation—The amount of additional money which is required to preserve uniformity of prices cannot be precisely determined—From a comparison of general prices and other considerations, it appears that the value of gold has at the present time been depreciated about 25 per cent. since the gold discoveries—The absorption of these large supplies of gold without producing any greater depreciation in its value, conclusively demonstrates that gold must have greatly risen in value, if these additional supplies had not been forthcoming—The gold discoveries were made at a most opportune time; free trade was then causing our commerce to expand in a remarkable manner, and unless the supply of gold had increased, this expansion of commerce could not have taken place without a great and sudden rise in the value of gold— The increased supplies of gold have been chiefly absorbed by India and China— The public works being constructed in India, and the great increase in our imports from China, render it necessary annually to export 12, 000, 000$l.$ of the precious metals to the East—The greater part of this amount is silver, but still gold is indirectly absorbed—The silver is chiefly obtained from the currencies of France and other countries, and a corresponding value of gold is required to take the place of this silver—Other countries whose trade is progressing have also absorbed gold by increasing their gold currencies—Whether gold is destined to be further depreciated, mainly depends on the future condition of our eastern trade— A depreciation in the value of gold will inevitably occur, if the export of specie to the East should greatly diminish—The continuance of this export of specie is uncertain—Hence a further depreciation in the value of gold is a possible contingency—This depreciation can be best guarded against by avoiding investments the interest of which is represented by a fixed money payment—Why the gold discoveries have exerted a special influence in promoting the prosperity of Australia— Gold-digging is not more profitable than other kinds of industry, but a gold discovery acts more powerfully than any other cause to attract labour and capital to a colony—Other kinds of industry in a young colony involve, in the first instance, great risks; a supply of labour must be insured, and much fixed capital has to be expended in constructing roads, &c. —These obstacles impede gold-digging less than any other industry ·· PAGES 474—491

BOOK Ⅳ. TAXATION.
（第四卷 税收）

Chapter Ⅱ. *On the Income-tax.*

The proposal that temporary incomes should be taxed at a lower rate than permanent incomes is supported, by some persons, first upon arithmetical grounds, and secondly, upon the general principles of taxation—The arithmetical argument is conclusive, that temporary incomes ought to be taxed at the same rate as permanent incomes, if it is assumed that the income-tax is uniform in amount and permanent—Temporary and permanent incomes ought to be differently rated, if the continuance of the income-tax could ever be restricted to a definite period— Experience proves that this is impossible—The difficulty and expense of collecting the income-tax would be greatly increased, if an equitable rating of temporary and permanent incomes should be attempted—It is generally affirmed that the income-tax ought to be so adjusted, that each person should contribute to it in proportion to his means—This principle, even if it could be carried out, would not necessarily secure equality of taxation; this proposition illustrated by considering the remission of the tax upon small incomes—Various other difficulties described, which render the adjustment of the income-tax almost impracticable—The incidence of a tax distinguishes the real from the nominal payer of the tax—The incidence of the income—tax will partly fall on the labourers, if any portion of the tax is paid out of capital—The wealth of a country may be seriously affected by an income-tax, if the tax diminishes the national capital—Hence, in India an income-tax would produce very serious consequences, because there capital is accumulated very slowly—In England an Income-tax produces none of those serious consequences, since we always have a large surplus capital to invest in foreign countries—If the income-tax is remitted upon incomes of less than 100*l*. a year, this amount ought to be deducted from all larger incomes, and only the remainder should be taxed—A graduated income-tax would be extremely pernicious—One serious inequality affecting the income-tax, is caused by the power which dishonest people have of evading it ························· PAGES 505—523

Chapter Ⅲ. *Taxes on Commodities and other Indirect Taxes.*

Distinction between a direct and an indirect tax; the former is really paid by the person from whom it is levied; the latter is levied from one person, and paid by another—A tax is often made indirect by custom; for instance, the poor-rates are often paid by farmers and are therefore an indirect tax—Poor-rates might be paid by the landlord; they would then be a direct tax—None of our taxes on commodities are protective—Taxes on commodities must be generally characterised by inequality, because they can rarely be made*ad valorem* —Taxes on commodities are generally certain in their amount, and therefore obey Adam Smith's second rule—As far as the consumer is concerned, taxes on commodities are always paid at a convenient time, and therefore obey Adam Smith's third rule—Some taxes, such as the tax on hops, are obliged to be levied from the producer at a very inconvenient time—The convenience of Bonding Houses—Taxes on commodities ought, as far as possible, to be made consistent with Adam Smith's last rule—Customs duties are most inexpensive to levy in an island, be confined frontier is more difficult to protect against smuggling—Excise and customs duties should be confined to a few articles of consumption—The most serious objection against taxes on commodities is due to the fact that a tax increases the price of a commodity by an amount which exceeds the amount which the tax yields to the State—This objection ought to be, as far as possible, guarded against; hence a manufactured commodity ought to be taxed in preference to the raw material—A tax on a manufactured commodity is objectionable, because it necessitates the enforcement of vexatious regulations by Government officers—It is intended that import and excise duties should be paid by the consumers, but an export duties supposed to be mainly paid by foreigners—This, however, rarely happens; such a duty usually diminishes the export trade of a country, and thus decreases her national wealth—It would be most disastrous for England to impose an export duty on silk goods, because, as far as this branch of industy is concerned, we should be unable in foreign commerce to compete with other countries—The theory of international trade proves the impolicy of protective duties—Landowners are the only class that can be permanently benefited by protective duties; the value of the natural monopoly which they possess may be artificially increased by protection—Protective duties cannot, in the long run, increase the profits of any class of traders, because the competition of capital equalises profits in different trades—The Corn Laws benefited the landowner, not the tenant farmers—The increased prosperity of the country compensates landowners for the abolition of protective duties; this illustrated by the rise in the rent of land in this country since the passing of free trade—An industry artificially fostered by protection may be destroyed by free trade; but this cannot be ultimately a loss to a nation—A strong party in Australia are in favour of imposing protective import duties—They have supported this policy by a remark in Mr. Mill's *Political Economy*, in reference to an apparent exception which he makes in favour of protective duties in certain branches of industry in a young colony—A comparison between direct and indirect taxation useless—Each system has its peculiar disadvantages; hence equality of taxation is best secured by raising the revenue, partly by direct, and partly by indirect taxes ·· PAGES 524—545

Chapter Ⅳ. *On the Land-Tax and Poor-Rates.*

The chief part of the revenue of India is raised by a land-tax—A land-tax is simply rent—A land-tax neither diminishes the profits of the cultivator nor increases the price of agricultural produce—If a land-tax exceeds a rack-rent in amount, the price of agricultural produce must rise, and therefore the consumers of this produce will be virtually taxed—The importation of produce will be encouraged if the land-tax exceeds a rack-rent; hence land will be thrown out of cultivation, and the land-tax will yield a smaller revenue—The land-tax in this country is small, because commuted at a fixed money payment—The tax-payers would have been benefited if the land-tax had not been thus commuted, but had been fixed at a certain definite proportion of the value of the land—A tithe may be regarded as a rent-charge, and tithes neither diminish the profits of the cultivator nor affect the price of agricultural produce—The Tithe Commutation Act was not quite fair to tithe-proprietors, because tithes are not affected by a rise in the price of stock—Agricultural improvements may be impeded if tithes are not commuted ··· PAGES 546—551

Chapter Ⅴ. *The Poor-Law and its Influence on Pauperism.*

The prevalence of pauperism in England—The allowance system exercises a pernicious influence by stimulating population—Labourers have been greatly injured by the law of Settlement—The provisions of the new Poor Law of 1834 explained—A national poor-rate is undesirable because it would lead to extravagance—An investigation into the incidence of poor- rates—Poor-rates when levied upon land fall upon the landowner—When levied upon trade premises they are partly a charge upon profits, and are partly paid by the consumers of commodities—When levied upon houses they fall jointly on the occupier of the house and on the owner of the land on which it is built—Parochial relief discourages prudential habits, and depresses wages—Considerations in favour of gradually abolishing parochial relief—The danger which would result if the State guaranteed employment to all applicants—An evil influence is often produced by private charity—It is generally wastefully administered—Charitable endowments ought to be devoted to education—Breakdown of the present poor-law system—The effect of various agencies, such as national education, in diminishing pauperism—Out-door relief ought to be greatly restricted—The Irish poor law forbids out-door relief to the able-bodied; the Scotch poor law permits it: and the number of paupers in Scotland in proportion to the population is five times the number in Ireland—By an Act recently passed the in-door relief given in London is a charge upon the whole metropolis; whereas each district has to bear the whole cost of the out-door relief which it affords to the poor residing within it. This discouragement to out-door relief has been accompanied by a considerable decrease in the number of paupers in London—State emigration is a doubtful and partial remedy for pauperism—Various means by which labourers can render themselves independent of parochial relief—Injury is inflicted on prudent labourers by parochial relief—Pauperism is encouraged by the present position of women—State interference with women's labour is unjust—The necessity of producing a marked improvement in the condition of one generation

Chapter Ⅵ. *Local Taxation.*

In this country a great contrast exists between local and imperial finance—The imperial revenue has been of late years so prosperous that although the expenditure has been maintained at a very high rate, there have been repeated surpluses and constant remissions of taxation—In local finance the expenditure invariably exceeds the revenue, and the deficiency is made up by loans—Statement of the local finance of London in 1868—Local expenditure is increasing much more rapidly than the national wealth—This illustrated by the great increase of rates in Liverpool since1841—Defects of administration arising from confused areas of rating and from multifarious rating bodies—The creation of many new rates—The demand for new rates is encouraged by the idea that an increase of local expenditure is of little consequence in a country so rapidly increasing in wealth as England—Fallacy of this explained—Arguments against meeting local expenditure by grants from the Consolidated Fund ············ PAGES 577—589

Chapter Ⅶ. *The Incidence of Local Taxation.*

Local taxation consists almost entirely of rates on real property—Figures quoted to prove that rates in towns are generally much higher than in country districts—Land is contributing a constantly decreasing amount to local taxation in comparison with other kinds of property—In the case of cultivated land, although the rates are usually paid by the occupier, their real incidence is upon the owner of the land—In the case of houses the incidence of by far the larger portion of the rates is upon the occupier; a small portion only falling upon the owner of the land on which the house is built—If, however, the house possesses such exceptional advantages of situation that the rent is only in a small degree determined by the cost of building, then the incidence of the rates is almost entirely upon the owner of the ground—Investigation of the incidence of rates on business premises, railways, gas and water-works ································ PAGES 590—607

《重译富国策》

《重译富国策》[*] 叙

陈　炽^{**}

英人斯密德，著《富国策》一书，西国通人，珍之如拱璧①。李提摩太②译述《秦西新史》③，推原英国富强之本，托始于是书。因忆十五年前，曾见总署④同文馆所译《富国策》，词旨庸陋，平平焉无奇也。续因学堂议起，译抄欧美各国课程，由小学以入中学大学，其条贯综汇之处，皆以《富国策》为归，犹总学也。此外，天学、地学、化重光电诸学，犹分学也。因思西人析理颇精，岂有五六大国，千万生徒，所心维口诵，勤勤然奉为指南者，而顾肤浅不足观若是。

　＊　本译著录自《时务报》（1896 年第十五、十六、十九、二十三、二十五册），署名"通正斋生"，即陈炽。《时务报》，1896 年在上海创刊，为维新运动时著名的维新派报纸。

　＊＊　陈炽（1855—1900），江西瑞金人，清末早期维新思想家。曾担任户部郎中、军机章京、强学会会长。著有《庸书》《续富国策》。1896 年，他与朋友重新翻译《富国策》，刊载于《时务报》。

　①　拱璧，泛指珍宝。

　②　李提摩太（1845—1919），英国传教士。1870 年抵达上海，随后去山东烟台等地传教。1890 年，去天津任《中国时报》中文版主笔。1891 年 10 月到上海主持广学会工作。在维新运动中，他与梁启超、康有为等人联系密切，同时与李鸿章、张之洞等政府官员有较深的交往。曾主持翻译《七国新学备要》《天下五大洲各大国》《百年一觉》《欧洲八大帝王传》《泰西新史揽要》《新政策》等 20 多种著作。这些著作对当时中国社会思潮产生了很大的影响。

　③　《泰西新史》，即《泰西新史揽要》，原名《十九世纪史》（History of the Nineteenth Century），英国人麦肯齐（Robert Mackenzie）著，1889 年伦敦首版。该书从列国沿革、争战、政体演变、科技发展、著名人物、物产人口等方面叙述了 19 世纪西方各资本主义国家的历史。英国传教士李提摩太口译，华人学者蔡尔康笔录，译文摘要发表在 1894 年的《万国公报》，次年由广学会出版单行本。此书通过翁同龢推荐给光绪皇帝，是戊戌变法时期光绪皇帝经常阅读的主要参考书之一。

　④　总署，清总理各国事务衙门的别称，1861 年成立，为洋务运动时清政府设立的办理洋务及外交事务、通商、海防、路矿、同文馆等事务的中央机构。1901 年改称外务部。

适有友人自南方来，熟精西国语言文字，下榻寓邸。退食之暇，晨夕剧谈，因及泰西各学，友人言欧美各国，以富强为本，权利为归，其得力实在《富国策》一书，阐明其理，而以格致各学辅之，遂以纵横四海。《富国策》，洵天下奇文也。其言与李提摩太同。旋假得西人《富国策》原文，与同文馆所译华文，彼此参校，始知原文闳肆博辨，文品在管墨之间，而译者弃菁英、存糟粕，名言精理，百无一存。盖西士既不甚达华文，华人又不甚通西事。虽经觌面①，如隔浓雾十重，以故破碎阘茸②，以至于斯极也。盖译人之工拙，文笔之良窳，中外古今，关系綦巨。中国所传佛经三藏，义蕴精深，岂皆大慈氏原文哉？实六代隋唐以来，通人才士，假椽笔以张之耳。然说性谈空，何益于天地民物。今西方佛国，一殄于天方③，再灭于蒙古，三并于英吉利。庄严七宝，千余年来，早属他人矣。

中国人士，初沦于清净，再惑于虚无，三古遗规，扫地几尽。《富国策》以公化私，以实救虚，以真破伪，真回生起死之良方也。三十年来，徒以译者不工，上智通才，弃如敝屣，又何效法之足云！中国伊古以来，圣作明述，政教所贻，尽美尽善，惟此寻常日用，保富生财之道，经秦火而尽失其传，虽有管墨诸书，具存规制，或又以霸术屏之，以兼爱疑之，圣道益高，圣心愈晦，此堂堂大国，所以日趋贫弱，受侮外人也。爰即原本，倩友口授，以笔写之，虽未必吻合原文，亦庶乎可供观览矣。

天下事知之匪艰，行之维艰。西人即知即行，勇猛精进，故能坐致富强。如以读佛经之法读之，以谈性理之法谈之，吾知其必不合也。然西人法制之善，虽多暗合古人，惜未有天生圣人，偕之大道，故保富之法，仍属偏而未备，驳而不纯，所谓知进而不知退，知存而不知亡，知得而不知丧者。先天而天弗违，后天而奉天时，知进退存亡而不失其正者，其惟圣人乎？光绪丙申小阳月，通正斋生译述，叙次讫。

---

① 觌面，指见面；当面。
② 阘茸，指低劣。
③ 天方，原指伊斯兰教发源地麦加，后泛指阿拉伯。

《重译富国策》内容

卷一　生财

一　总论

天下万事万物，莫不有理，浅者见浅，深者见深，浅人不可以语深，犹深人之不可以语浅也。富国之学，以美利利天下。欲天下人人能知之能行之，则必自浅者始矣。

斯密德[①]者，英人也。首创是学，名之曰《邦国财用论》。言富国也，实言富民也。盖财用者，人生衣食之源，民苟无财，国安得用。故民财者，国用之本也。夫财在天地之间，其途亦至广矣。凡人之所食所用，有无多寡，盈虚缓急，或足或不足，彼此交易而退者，皆得谓之财。天空之气，生人呼吸之所需也，得之则生，不得则死，其可宝贵，孰大于是。然取之不禁，用之不竭，人非不足，我非有余。不可交易者，非财也。水之为物，无地无之，无人不用，宜水亦非财。然而通都大邑，地狭人稠，雨水不足以供用，则必借人力以运之，而水亦财矣。英国安威耳山，名泉所出，一渠之水，贱与天空气等，及运至伦敦，迁地十余里，而纽利佛自来水公司，遂倚为致富之源。故天下之财，无定者也，视天下人之用与不用而已，视所用之有无多寡盈虚缓急而已。贫富之不齐，非独国与国然也，即一国之中，今与昔亦异。英人昔日之贫，与今之土番等。地犹是地，民犹是民，以今较昔，若判天渊者，何哉？英所

---

① 斯密德，即亚当·斯密。

倚以致富而保富者，煤铁也，纺织也，工艺物产也。昔有是财而不知用，不能用，故蹙蹙然①千岁食贫耳。乃数十年间，风气大开，贫者骤富，则昔之英民愚，而今之英民智也。造物生财，不囿方隅，本无限量，而取财用财理财之道，则视其国之教养以为盛衰，无中外古今，一也。有富国，有贫国，有不贫不富之国。厥初生民，猎兽而食，一变而为游牧，再变而为耕稼，而教以兴，而政以立，声明文物，彪炳寰区，所谓富国者也。蛮夷之俗，佃渔为生，沙漠之民，游牧为业，或草衣木食，或毳幕毡裘，荒忽往来，自生自灭，所谓贫国者也。东方诸国，立长以治，聚族而居，遗俗流风，最为近古，特安常习故，不知变通，地产虽丰，人力未尽，所谓不贫不富之国者也。此其中各有其所以然之故焉，不可不察也。天下事不进则退，富国求进不已，故能日臻富强，贫国日退者也，不贫不富之国，不求进亦不欲退，终亦归于日退而后已。

宇宙生成之物，固无久而不敝者。夫国亦犹是耳。钱币者，计数者也。校量物价之贵贱，以懋迁有无者也。而百年以前，觇国之贫富者，辄以金银之多寡为衡，谬矣。夫钱币可以笼万物，而万物亦可以制钱币。人见钱币之贵，遂谓万物莫贵于钱币。金银之外，无所谓财，乃至理财制用，内治外交，上下沾沾然日为积金之计，抑知财之所以生，与国之所以富者，在是而不在是也。苟务得之，乃反失之，此既聚之，彼或散之，将欲取之，必固与之，不有通人，安知道妙。此《富国策》一书所由不能不作也。

二　三要

生财之道三：曰天时，曰地利，曰人功。天事隐而难明也。请先言地利。

地中之利，则五谷百果鸟兽草木，及飞潜动植诸物是已。地中之利，则五金煤铁药石诸产是已。地上之生长者无穷，地中之蕴藏者无穷，而出以供天下人之取携者有限，此所谓自然之利，不竭之源也。然地利虽

---

① 蹙蹙然，指局促不安貌或忧愁不悦貌。

富，取材致用，则全恃乎人。如煤产于山，天生利薮，不有人力采而运之，其利将终弃于地，即采之运之，仅恃人力，而手足之力，必有所穷，则取者半而弃者亦半也。机器之用兴，而后山川之蕴出，其制虽巧，非铜铁不能成，则地利之与人功，交相需也，亦交相济也。

虽然，以物制物，物必有自来，以工作工，工不能无食，所以筹之于先，积之于素，固有在地利人功之外者，则资本其尤要矣。夫资本不从天降，不由地出，一言以蔽之曰：撙节之所余，非谓有所余，即有所得，有所节即有所成也。地利之所生，或经数十百人，而始能供用；人功之所出，或阅数千百器，而始可观成。譬之农夫服田力穑，自耕耘播种，以至有秋，必经数月之久。此数月中，岂能枵腹而待新谷之登乎？所恃以延生养命者，固旧岁之所余。撙之节之，以济今年之用者也。农夫则然，推之于工，推之于商，亦何莫不然。然天下之人，往往明于农而暗于工与商者，则何也？夫地利者，生财之道也。人功者，取财之道也。而资本者，节财之道也。是之谓三要。

三　人功

一纱一布，物至微矣。然而种棉者，美国也；纺纱织布者，英国也；购而服之者，印度、中国、日本诸国也。计其道里，已环绕地球一周。其棉之在美国也，始而耕，继而种，终而获。而轧子，而打包，而舟车运载，由内地以至海口，美国人功之劳费，已不可胜计矣。其由美至英，隔三万里之海程，不能径渡，英人于是乎造舟以迎之。初用帆，后用轮，万舳千艘，连樯入口，又必有担负之人夫，堆积之行栈，舟车运载，由海口以达内地，入织布纺纱各厂，汽机一动，万轴玲珑。工徒千人，往来如蚁，经十五器而成纱，经廿四器而成布，而成包，而成捆。舟车运载，又由内地以出海滨，载以轮船，入地中海，穿苏彝士河，四万里而至印度，又二万里而至中国、日本，则英国人功之劳费，又当何如也。区区纱布之微，其功繁且巨如此，此外之百货百物可知矣。功虽至繁，费虽至巨，而上下孳孳然，并力一心，未尝厌倦者，则亿万生民度日谋生之所系也。

然而，人功之生财，有可见者，有不可见者，有相关者，有若不相关者。万物生于天，出于地，聚于人，成于众，人之不能生物，犹天地之不能聚物也。谷之与麦，天所生，地所出，种之获之，舂之磨之，炊之煮之，成饭成饼，以充饥而果腹者，人也。若农若工若商，此生财之显然可见者耳。钱镈以耕，釜甑以爨，农有所不能为，则助农以耕者，皆生财者也。饥必思食，寒必得衣，工有所不能致，则助工以作者，皆生财者也。道路往还，舟车转运，商有所不能兼，则助商以通者，皆生财者也。不宁惟是，彼修道之兵夫，巡街之捕役，听讼之官吏，守埠之兵船，乃至轮舟、火车、邮政、电报、银行之属，及各种格致化学、重学、光学、电学、地学之类，皆所以补农工商之不及，兴大利，除大害，以永保此农工商各业，以坐收大利于无穷也，此生财之功。若相关，若不相关，若可见，而若不可见者也。即如乡里之蒙师，不知者以为糜财实甚，妨工实甚。若谓蒙师亦生财者，其谁信之。及出而就农工商各业，则知书识字者，较之不知书识字者，所得之工价必较丰，则所生之财在人身矣；所成之物料必较精，其取价必较昂，则所生之财在器物矣。

今日通商万国，机器盛行，无论大贾巨商，皆须通达古今中外人情政俗之大凡，始能独操胜算。即下至小负贩，一材一艺，若非通晓书算，几于跬步不行。智慧聪明，非师不开，非学不出。然则劳力者生财之末节，而劳心者生财之本原也。且人之所以成大功立大业者，恃此精神意气耳。苟惟是潦倒颓唐，则万念俱灰，即万事瓦裂。西国七日安息，蹴鞠①放鹰，花草园林，供人游憩，隐以陶熔志气，涵养心神，使举国之人，俯仰宽然，皆得有生之乐，而后可以课其勤惰，责其功能，所谓劳之而不怨也。此事无端糜费，似有害于生财，而固亦生财之大本矣。独是糜费则同，而有益与无益不同。天下不能无游民，游民不能无浪费。如东方诸国，修筑寺观，赛会迎神，僧道之流，敛钱肥己，不耕而食，不织而衣，所费者皆农工商勤苦之所生，而不能自生一物，以裨世用，则于生财一道，有害无利，有过无功，实国与民之蠹也。而作为有益之人，亦往往有无益之浪费，如一身之服物，戚友之应酬，婚丧则奢侈相

---

① 蹴鞠，指古人以脚蹴、蹋、踢皮球的活动，类似今日的足球。

高，玩好则珍奇是尚，校其究竟，无益于己，并无益于人。徒以习俗相沿，性情偏嗜，负累滋甚，欲罢不能，所谓久则难变耳。欲富国者，审之于劳力劳心之大小，辨之于有益无益之异同，于生财之大道，思过半矣。

四　资本

资本者，蓄积之谓也，而非金银钱币之谓。凡预储于平日，以为生财之具者，皆是也。执农人而问之曰：尔有资本若干？则以若干金对，非必皆金银也。综其田产器物之属，都为此数耳。盖必如是而后可为良农也。新谷既登，今岁之所入，备明岁之所出，不能不售也。用之于有益，则资本矣；用之于无益，则非资本矣。

或曰，售谷易金以供耗费，此金不已为人之资本乎？不知好此无益者耗费也，作此无益者亦耗费也，皆非资本也。譬以千金制一服，百金设一筵，食尽则空，衣敝则弃，用者售者，均浪费耳。假移此千金百金者，出而就农工商各业，则朝夕孳生之财产，什伯倍蓰而不可胜穷，而所费之佣值，所役之工人，复有无算贫民，借奔走以谋衣食。是用者售者，均有大益也。故资本者，撙节之余，彼此均利之谓，非藏而不用，与用而不当之谓。能孳生者，谓之资本，不能孳生者，即不得谓之资本。其大较也。故用财之道有三：既能养民，又能生物，勤于农工商之本业者，上也；虽能养人，不能生物，用于筑亭凿沼土木诸工者，次也；既不能生物，又不能养人，费于衣食玩好之具者，下也。

或曰，国趋节俭，如财源壅滞何？毋宁示之以奢，使钱币流通，小民亦得各谋生计乎？夫所谓撙节者，非惜财聚财如守财虏也。乃用财于有用之地，则财产益增，流通益广，生计益宽，而贫贱之民，皆得以节其劳而纾其力，是故田器牲畜者，农之资本也；机器工食者，工之资本也；金银钱币者，商之资本也。皆通也，非塞也；皆蓄也，非藏也。资本有二：曰暂本，曰常本。暂本为目前计，消耗易，筹措易，孳生亦易，而收效则速而小。常本为持久计，消耗难，筹措难，孳生亦较难，而收效则大而长。如农之耕耘培壅，暂本也，开渠建堰，则常本也；工之廪忾，暂本也，机器则常本也；商之货物，暂本也，行栈舟车，则常本也。暂本之外，应有常本，以备意外之事，不时之需，异日推广拓充之用。而人知暂本，不知常本者，识力有大小，心计有浅深耳。夫暂本之改为常本也，莫大于手工之改为机器，舟楫之改为轮舟，车马之改为铁路矣。将改之时，咸虑工商失业，乃消耗虽巨，弥补益丰，富国富民，均倚此为生财之大本。而当其始也，则明智者犹窃窃然疑之，皇皇然虑之，然后知天地之理。

日出不穷，规规一隅，安知大局。一知一不知，一改一不改，其不敌也决矣。天下事知则真知，改则竟改，若如中国吴淞铁路[①]，购赴台湾，听其霉烂。江河虽广，轮舟有准行有不准行。机器厂听人设立，而自不设立，则偏枯瞀乱，百弊丛生，不改固不能，改亦终无所利也。此之谓不知本。

五 分合

地利、人功、资本，生财之三要。然孳生之力，则有多寡大小之分。英国有数郡，物产至富。昔也沦为泽国，荡若邱墟，后以智巧转移硗田变为沃壤，此地利之因时而异者也。犹是刈稻粱也，英人一日之作，抵俄人者三；犹是造铁路也，英人一日之工，抵法人者二。体性之强弱，技艺之工拙系焉，此人功之因地而异者也。地利有所遏，以机器开之；人力有所穷，以机器济之；时日之多费，道里之险艰，以机器通之速之，此资本之分，因地因时而异者也。美洲密息比江滨，一片平原，产麦丰富，运欧售卖，费重利微。瑞士诸山，多产大杉，空谷朽株，无人过问。自轮舟铁路通行，而二物皆售重价矣。澳大里亚之草田，牧羊蕃息，皮贵而肉贱，犹弃物也。逮开旷工徒云集雾萃，而肉价顿昂，则地利因人而分也。

人功之善者，曰勤与巧，性情专一，各国皆不如英。勤赋于天，而巧关于学。同一腴田美产，在苏葛兰之南鄙，较英吉利值价尤多者，因苏人好学故耳。农人读书识书，则智巧所出，耕获倍丰，田价之贵，贵

---

① 吴淞铁路，指1876年以英国怡和洋行为首的英国资本集团擅自在上海修建的铁路。翌年清政府赎回拆除。

由佃户。农犹如此，工商可知，则人功因学而分也。综计英国一岁所生之物，几冠地球，使非机器盛行，虽合倾国之力为之，不能及半。所用之器愈巧，所获之利愈丰，以我之有余，补人之不足，亦以人之有余，补我之不足，即以机器之有余，补地利人功之不足，则资本因器而分也。针之为物至微也，一针之工，凡历八十手而成器，铸钢以为线，截线以合度，锐其首，穿其鼻，利其锋，磨之砺之，整齐而束缚之，使以一身兼众役，虽至巧者，仅日成二十针。今分而任之，而每日每人可成五千针，加速至二百余倍，则加利亦二百余倍矣。此其故有三：用志不纷，熟则生巧，一也；不易器，不旷时，二也；各以私智创新机，事半功倍，三也。且工之精粗不等，则其工价亦不等，系针扎针之役，儿女子优为之，而钢线针锋，非良工不能制造。每日工价，自六钱递减，以至五分，使以一人为之，精粗并骛，即一人能抵十人之力，其针价犹当四倍于今。举一针而其他可知矣。此分职之妙也。

机器代人工作，而每一机器，必有专司之人，纺织棉花，经二十四器而成布。美国造船机器，铁工木工，分人司理，程工迅速，阅日而成。然则机器所长，在精与速，而所以能精能速者，则其用在分也。能分之而不能合之，不可也。有同合，有异合。同业相济，以多人合作，如造一路，开一矿，建一桥，并力一心，众擎易举，所谓同合者也。异业相济，不相谋而适相成，如种棉纺纱织布制衣，经历多工，始堪服用，一事不备，功废半途，所谓异合者也。然则生财之理，备于分合，而能分能合之道，莫要于通商。英人遍游天下，垦荒辟土，一人之产，不给多田，尽地利也；修道浚渠，先开互市，通人功也；创立商埠，轮舟铁路，络绎纵横，厚资本也。每得一地，不数年而骤臻富庶者，职此故耳。新金山金矿大开，趋之若鹜，人疑矿利虽厚，垦业将衰，乃未几而百物殷阗，农事亦益加兴盛。散内地之金，以来天下之货。而维多利亚一郡，遂颉颃欧亚名都，其骤兴也若彼。印度，古之大国也，徒以民习游惰，道路不通，转运艰阻，此郡之米，不能救彼郡之饥。英人得之数十年，惟沿海之区，尚产棉花罂粟，其腹地荒凉芜秽，如亘古未经开辟者然，其难兴也若此。同为英属，同是英人，岂厚于澳而薄于印哉？抑拙于治印而工于治澳哉？三要不全而分合之势异也（按：此书作于数十年前。

今印度铁路四通，转运灵便，北印度茶利突过中华，中印度棉花颉颃美国。盖即用此书之说，竭力经营，臻兹繁盛。以今观之，岂澳洲所能及哉！甚矣，地利人功不可不求进步也）。

六　多寡

生财之法，有聚散，有大小，有迟速，而出财之多寡因之。机器者，宜聚而不宜散也，宜大而不宜小也，宜速而不宜迟也，宜多而不宜寡也。如纺织一业，昔用人工，散处群分，不相统一，自机器兴而散者聚，迟者速，寡者多，纱锭多则成纱愈速，织机速则出布愈多，纱布愈多则获利愈厚，较之昔日人功劳逸，天壤相悬。所虑者设局购机，资本大巨，非多财善贾者，不能相与有成耳。

或曰：设一局而置纱锭十万，织机千张，固需资本百万矣。今我以一局分作两局，则止需五十万金，以一局分作十局，则每局止需十万金，不亦轻而易举乎？不知一机之力，本可以制十万锭，御千机。今分两局以制之，则两机仅得一机之用，而购两机之价，必倍于一机，管两局之工，必浮于一局，自余转运诸费，因缘而增，所出之纱布，仅仅与一局相等，则设一局而可以获利者，设两局或反以失利，况分作十局，糜费愈大，利息愈微，亏折愈甚。故一自人力变而机器，则规划之道，移步换形，而散之不如聚，小之不如大，迟之不如速，寡之不如多也决矣。虽然，制造之多寡，又必视销售之畅滞以为衡。一物焉，限于时，限于地，限于人，制者多，售者寡，则货壅而工停，工食既已虚糜，机器复虞绣①坏，较当日人工作厂，资本愈大，收拾将愈难。若而人者，亦可谓拙于用大矣。况法以新为贵，而物以罕见珍，心计能工，不关资本，每有寻常一业，多财者所不屑为，斯人或以少许微资，自出新意，争先扼要，亦能获利无穷者。若是乎小固可以敌大，而寡亦可以胜多乎？是固然矣，然是偶也，非常也，是奇也，非正也。

夫以机器代人工，天下古今之变局也。则散不如聚，小不如大，迟不

---

① 绣，应为"锈"。

如速，寡不如多，亦即天下古今之公理也。一国之内，巨富者能有几人；出多资以兴制造者，能有几局。资少则徒存奢望，无力经营，可奈何？则公司尚焉。公司者，合众人之资本以为资本者也。构群材以成大厦，全家荫庇，不忧风雨之漂摇。假人握一椽，则相将露处矣。聚巨石以造桥梁，举国往来，无复江河之艰阻。假人携一鼍，则病涉徒嗟矣。故公司者，公其利之谓也。或曰，既立公司，则必有司其事者，如司公司之事者，难得其人何？为公不如其为私也，为人不如其为己也。浸至知有己而不知有人也，知有私而不知有公也。工不勤也，费不节也，谋不忠也，心不齐一也，数不清析也，皆公司用人之弊，可奈何？是必严定章程，以钳制之也；厚给薪俸，以鼓舞之也；责成保人，以维系之也；设立商部，以董劝之也；表章信义，以风示之也；刊刻帐单，以查核之也。此数事者，皆利于合而不利于分，宜于通而不宜于塞。上假国家之权力，下维商贾之利源，而后廓然大公，人知自爱，使其爱名之心重于爱利，能成其名即能享其利，苟不能自保其名即亦不能自全其利。视人之事如己之事，视己之财犹人之财，此欧美各国之公司所以既富且强、纵横四海也。

工商类然，而农事之盈亏多寡，亦何莫不然。比来机器盛行，一农之所耕，多至二三千亩，使耕田过少，不能尽各机之力，则所费巨而收效转微。盖百器俱新，则百业因之俱变也。所幸轮舟铁路，万国通行，转运之程途，亦随之而俱变。互相挹注，如环无端，何货多而滞，将争购之，不崇朝而贵矣；何货缺而昂，将争赴之，不崇朝而贱矣。五行百产，不能皆备，此有所盈，彼有所绌。截长补短，以有易无，此际转移，有莫之为而为，莫之致而致者矣。故曰天也。

七　损益

生财三要，既各极其能事矣，其事遂可以已乎？未已也。农田无遗利，地利尽矣。然人数日增，不足以养欲给求也，则宜益其地。工作无遗力，人功勤矣。然出货有限，不足以操奇计赢[①]也，则宜益其人。子

[①]　操奇计赢，指掌握难得的货物，计算盈利。形容商人囤积货物，谋取厚利。

母无遗策，资本丰矣。然财力未充，不足以任重致远也，则宜益其本。

以一国之地利计之，有已垦者，必有未垦者。硗确沮洳①，耕不偿费，则弃之耳。英国挪佛一郡，荒瘠难耕，旋审其地所宜，广种萝卜，并植草牧羊，获利之丰，无异膏腴沃壤，则土宜不可不审也。撒里司白里平原，土性硗薄，肥以海岛鸟粪，而亩收十倍，岁卜有秋，则培壅不可不讲也。伊里岛田卑湿，后用开沟填石之法，土脉自干，其积潦过深者，复以机器竭其水，遂为举国上腴，此水利不可不修也。英国三岛，地狭人稠，属地如坎拿大、澳大里亚等处，皆系草田，尚多荒弃，乃移民以实其地，而人满土满二患皆除矣。地利之厚薄，地实限之。故近城市之腴田，其价必贵于乡僻，城市人多而谷少，乡僻人少而谷多也。夫物多则贱，少则贵。谷贱则有损于农，谷贵则有损于国。金之与谷，二者恒相胜，惟有道者，能衰多益寡，剂有余不足，而使之平。于是有积储之法，有转运之法。然积储之法，功拙而效微，惟转运一端，用力深而收效远。故泰西各国，于浚河修道，最所究心，车马帆樯，往来如织。近创兴轮舟铁路，益复风驰电骛，神速无伦。盖此有所盈，彼有所绌，前或患寡，后或患多，损己之有余，以益人之不足，即损人之有余，以益己之不足，有余者不以价贱而损，不足者亦不以价贵而损，是彼此均益也。

英国近年，生齿增多数百万人，而谷麦之价，反贱于前者，转运流通，外粮之入境者广耳。故英人广制轮舟铁路，不啻为本国骤增无数膏腴。出货以易金，出金以易谷，于本国有益无损也，此增益地利之说也。

人功之增益，有二道焉：一曰人数不增而功效增；一曰人数增而功效亦增。其一则机器之用，上章言之详矣；其二则加工加价是已。前二十年间，洋布销售骤广，英国各纺织局，增募多工，扩充此业，习织业者，固趋之若鹜，习他业者，亦舍旧图新。他埠英民，复归而谋食，利之所在，天下归之。此工人之数，所以骤益也。说者谓工人既增，则工价必贱，恐获利仍属无多。不知工增则出货速，所出之数，不足敌所销之数，则需工愈众，仍不能不加价招徕，而国中穷民，倚所获工资，皆

---

① 沮洳，指由腐烂植物埋在地下而形成的泥沼。

得早成婚娶，乃至箕裘弓冶①，妇人孺子，亦可以工作谋生。以英国近事论之，商业既兴，工业逾盛，宏开地利，益广人功，利息厚则资本丰，资本丰则工价长，工价长则食用广，生齿蕃，种地之农夫，亦坐享工商之大利。本国之谷麦，不足供用，轮舟海舶，挽运他邦之食物，以应其求。是一业兴而百业环收其益也。此增益人功之说也。

至于增益资本，必以节俭为先。节俭之说，亦有二：图匮于丰，蓄财以贻孙子，一也；积小高大，创业以致富强，二也。由前之说，斤斤自守者能之，诲盗厚亡，非良策矣。由后之说，则非国家之政教方新，民庶之聪明日益，不能使人知远虑，俗改奢淫。百年前南美洲有巴拉乖国，草昧初开，人无心计。耶稣教士，给以籽种，教之耕耘，其人乃怀其籽种，炊而食之。彼亦知种之数月，可以百倍丰收，而竟不能稍待者，愚且贪耳。然天下之人，或见浅，或见深，知其一不知其二，察于毫末而暗于邱山者，比比然矣。人笑巴人之贪也愚也，而利害当前，其贪其愚，乃有更甚于巴人者。

夫微物如鸟，亦解营巢，微虫如蜂，能知酿蜜，岂觍然人面，反逊昆虫！而言之易，知之难，知之易，行之难，则政教之所关非小也。昔印度重征盐糖二税，周年统计所得，反少于前，盐税增则漏私者多，糖税增则嗜食者寡也。故国家欲富其资本，莫如以厚利予民。英国积本之丰，甲于天下，若俄若土若澳若美若南美洲诸国，莫不称贷于英。外如加那大之铁路，印度之浚河、屯田、筑路诸大工，悉借英本为之。美洲五金各矿，半皆英商承办。英人之资本，其迁流抟注于他国者，悉数难穷，每岁约居全地球十分之七，国家无论有何要需，数万万镑金钱，但一截留，咄嗟可得。英国区区三岛地，岂天雨金、地布金，人擅点金之术哉？国尚轻微，而人知节用，所为保业保富，以厚利予民，而增益其资本者，固自有其道也。是故国家之贫富，资本之多寡，决以利息之厚薄为权。法国地利人功，均与英埒，而资本之增益较少者，重税困之耳。印度人功地利有余，而资本不足，筹印度者，必先广借资本，以开地利、

---

① 箕裘弓冶，指善于冶铸、制弓者的儿子必定会根据其技艺制造裘衣、簸箕。比喻儿孙定能继承祖辈传下的事业。语出《礼记·学记》："良冶之子，必学为裘；良弓之子，必学为箕。"

聚人功，此东方诸国大抵皆然，非独印度也。惟印度洊经寇乱，人难自保，得财者皆埋之地中，非日久太平，不敢出而营利。英属西印度群岛，则地利资本皆足，而所少者独系人功。因英国禁贩黑奴，欧人不耐炎热，华工不知其地，故也。美国地利实胜于英，惟资本人功，视英略绌。然其国例保业保富，以厚利予民者，较英殆有过之，数十年后，富甲全球者，其惟美国乎？此增益资本之说也。

夫此有所益，彼有所损，此有所损，彼有所益，天下之常理也。惟善用其道者，乃能使彼此均益，而彼此均无所损。故有始损而终益者，小损而大益者，显损而阴益者，是有公理，非天下之至明者，不能洞悉本原，此富国所以有专学也。

卷二 用财

一 总论

盈天下皆生财之人，即盈天下皆用财之人，而盈天下用财之人，不必皆生财之人，其生财用财之差等，亦正难言矣。同一工也，工价何以有低昂？同一商也，利息何以有厚薄？同一农也，田租之多寡，何以随时随地而不同？非综揽前规，得其实据，不能贯天下消息盈虚之理，而曲剂其平。

夫用财之道无他，均而已矣，分而已矣。分之云者，必人己之分定，人乃得各保其产业，产业可以保，而后财用可以分。西律虽多，大半为保业保商而设，即分财富国之原也。然律例有因时而异者，如英人昔贩黑奴，今禁黑奴是也。有因地而异者，如英国田产皆归宗子，法国田产诸子均分，欧洲田产属于民，印度田产属于国，是也。是故生财之道，天定之，用财之道，则人定之。盖未成之财，天生材物，济以人功，美恶精粗，略随原质，人不能违天也；已成之财，法由人立，宽严缓急，家国之兴衰系焉，天亦不能违人也。故分财保富之道，莫妙于听民自便。所谓太上任之者，惟英国准今酌古，毅然举行。此外，东西两洋，大小诸国，则各有相沿旧制，以束缚驰骤其民。收利之多寡既殊，受弊之浅深亦异，非博考而详说之，未易知其究竟也。

至均财一说，固天下之美名。然持此义者多矣。而古往今来，闻其语未见其人者，非分则决不能均耳。盖财之不均，由于人有私产，私产愈多，国家愈富，而民间之贫富，愈不能均，此天下古今之常理也。诚使英国勃然发愤，遍籍民间之财产，按户口而均分之。吾知不及数年，仍归于贫富悬殊而后已。盖人之聪明材力，各各不同，其强而明者，业广于精勤，其愚而柔者，家倾于怠逸，清斯濯缨，浊斯濯足矣，自取之也。

昔者英人温氏①，尝创均富之说矣。其法令若干家联为一气，通力合作，扶持友助，如一家人，计利均分，更无厚薄。然不合而强合之，恐其弊有更甚于未合者，又安得人人如温氏者而均之也。法人傅氏②，变通其意，以二千人为一邑，每邑受地方九里，制为恒产，世世相传，或劳心，或劳力，或供资本，如合股经商者然，所有财物，无分老弱，各给以衣食之需，其余利则由邑长与邑人公议，区为三等，以酬出资出力之人，同力而作，异室而居，各竭辛劳，各知撙节，此与英国济贫之法略同。然斯人生计所关，邑长岂能干预，既分三等，必肇争端，数年后生齿渐蕃，地力何以自给？是均财之法，终不可行，而贫富之不均，亦有国者之大患也。

故富国策则以分财为均富之法，使各保其私产，即可以分济贫人，则取为我者，不得诮其迂，主兼爱者，不得讥其忍，维持补救，以人力济天事之穷，而国计民生，交资其益，其所秉者尤公，所全者尤大，所见者尤远也。

二　角逐

分财之道，所谓太上任之者，无他焉，则角逐是已。夫角逐之义，事近分争，而富国策取之，转自诩为良法美意者，何哉？此其中有至理焉，不可以不辨。夫欲分天下之财者，必先知利之所由生，财之所从出。地利也，人功也，资本也，三也，而实一也。当生利之初，已具分财之义，而分财义，不过适持生利之平，非移也，非夺也，无太过，无不及，不可以虚言为据，请以实事为征。如英国田租，分为三事：地主之所应得者，地租也；佃人之所应得者，工资也；租户之所应得者，利息也。所得之多寡，各无一定之限，则地有厚薄，工有勤惰，息有低昂故也。英国则地租贵而工价贱，澳大利亚则地租贱而工价昂，土满人满，移步换形，各随其地而变。况地租、工资、利息，截然判为三事者，惟

---

① 温氏，即罗伯特·欧文。19世纪上半叶英国空想社会主义思想家和实践家。见前文注释。

② 傅氏，即夏尔·傅立叶，法国空想社会主义者。见前文注释。

英国为然，出地者不筹本也，出本者不作工也，出工者又无资与地也，则一判为三。若法、义等国，则诸子均分，无多恒产，种田工本，皆出一人，则三合为一。印度田亩皆属于国，富民租田，而后另筹资本，转租于人，是三事又并为二。五方风气，不能强同，欲比而同之，则民间必有所不便，与太上任之之道，相去远矣。然此就地利言之耳。

至于天时之寒暑不同，人民之灵蠢不同，物产之多寡不同，时价之贵贱不同，年岁之丰歉不同，风俗人事之盛衰今昔不同，莫患乎为国理财，而为民分财者。不能顺民之所欲，去民之所恶，乃预定一格而强同之，或拘守一格而永同之，则四民日受拘挛，如坐图圄，如被桎梏。其始也，受害者尚复无多耳。自其外观之，亦似熙熙攘攘，尚有升平景象耳。而实则生计日艰，生机日蹙，跼天蹐地①，几几无一利可图，则不知生财之道，莫妙予听民角逐，而在上者无一善于分财之人，故也。

至于角逐之道，实由好胜贪得之一念而生，必其国政日益修，民生日加勤敏，而后角逐之风乃愈甚，角逐之事乃愈多。英国之所以上下一心，方行四海者，此耳。无识之士，方以为此道贪私鄙吝，有害贫民，而不知相制相维，非惟无害，而且有大益也。盖市贩争售，则百物之价贱；公司争利，则佣工之俸优；国债争借，则取息愈轻；工厂争开，则制物益美；善堂争设，则举国无穷人；学校争兴，一时多智士。略举数事以概之，其道之有益无益，亦可不烦言而解矣。第彼此角逐，实由于彼此相争，亦由于彼此贪利，而争胜之心，与嗜利之心，皆与生俱来，与年俱长者也。惟英人知此心之大可用也，因而任之，听其角逐，而智能竞奋，机巧竞新，物价竞廉，工作竞美，行销竞广，转运竞通，厂肆竞增，公司竞设，闾阎竞富，财币竞丰，乃至赛奇会开，与全地球万国六洲，互相角逐，而其盛皆自好胜之一念开之，亦皆由君相之善为分财者，听民角逐之一法成之。然而，欧洲诸国能之，而他国不能者，其蔽有二：一曰拘于法，一曰囿于俗。

---

① 跼天蹐地，形容惶恐不安的样子，也指窘迫无路的样子。出自《诗经·小雅·正月》。

187

三 田限

伊古兴王崛起，恒以土地分赐元勋。今英国犹有赐田，皆若人之祖宗，受诸维廉第一者也。故其地以力得之，即以力守之，军徒兴发，无所不供，而田租何论焉？自国法大定，痛抑豪强，举国之人，始得各有其产，而征租之事起焉。土脉有肥硗，租价有贵贱，转输有远近，脚价有低昂，英人梨氏，定为田限，以比较之，而角逐之法生焉。

梨氏[①]之言曰：田何以有限，以最下下则之田为限也。有地焉，土脉最硗，出路又僻，耕此田者，仅偿工本，所出之租，价必极微，所谓下下则也。准此以为限，以递推而上之，入息之多寡，即以判租价之低昂。息寡而租昂，则佃工将舍之而去；息多而租贱，则地主将另觅他人。盖人各有心，地各有利，不能过绌，不能过赢，畸重畸轻，即有绗其臂而夺之者，此即所谓角逐耳。然角逐之中，必有所限，使其田硗瘠，竟不可耕，乃至不敷工本，或工本之外，一无所余，虽有良农，安能耕此石田？更付租息，充类至尽，则弃之矣。故梨氏之说，角逐之根原，实天下至当不易之大道也。

或谓英国创兴农学，培壅有法，机器盛行，尝有下下则之田变为上则者，则梨氏之说非矣。而不知肥瘠可变，以下下则为田限之说不可变也。不特此也，地租之贵贱，或因银利之高下而分，或因粮价之低昂而异，或因工力之精粗而判，或因今昔户口之增多减少而殊，各有其所以然之故。纷纭错杂，万有不齐。而于角逐之说无碍者，则田限一法，实已探其原而握其要耳。譬之地球绕日，轨道椭圆，实则大小行星，皆有摄力，牵撼地球，出入于椭圆道之内外。惟其差甚微，可以不计。天学家以椭圆立法推之，已能密合矣。此梨氏田限之说也。

四 工价

工价之贵贱，随资本为消长者也。人工少而资本多，则工价贵矣；

---

① 梨氏，即大卫·李嘉图。见前文注释。

人工多而资本少，则工价贱矣。顾天下之患，恒患于人工太多，资本太少，所求者众，所应者稀。比户穷民，何以自活？则开辟地利之法，又所以分布人工而增益资本者也。英国比年商务之盛，增至倍蓰什百千万而未穷，而工人之困苦，仍如前日，岂竟一无所增哉？百物俱昂，所入仍不敷所出者耳。

夫一机器之力，可以抵千百人之工，而一机器所成之功，犹不止抵千百人所出之货，向用手工需百人者，今用机器仅需一二人，则此一二人，已抵百人之工，即此一二人，应得百人之值。而顾不能者，手工之资本少，机器之资本多，此资本固日日有息，与时俱长者也。工可百倍，工价不能百倍，虽增至数倍或十数倍，而食物之贵于前者亦然，此工人之所由穷困也。是故工人之穷，由于食物之贵；食物之贵，由于生齿之蕃；生齿之蕃，由于婚嫁之早；婚嫁之早，由于谋生之易；谋生之易，由于工价之增。循环倚伏，互为始终，虽曰天数，岂非人事哉！

然生齿蕃庶，其在天者难知也，其在人者可知也。六洲之表，四海之滨，有旷土焉，亘古荒凉，未经开垦，地利未辟，人力未施，徙民以实之，以羡补不足。穷民数百万，皆得以耕种谋生，即以彼地之粮，转济国中之食，则移粟移民之事起，而土满人满之患除，粮价渐平，工价渐贵，广谋生之路，即以惠本国之民，则徙民出洋，实保国分财之大道矣。特是工价贵贱之故，万有不齐，约而举之，约有五类。

一曰托业有苦乐。挖煤之工，受价反优于巧匠，以其事甚劳，其地甚险，吐纳浊气，呼吸死生，使工价不优，谁肯为之者？木工之勤，过于煤矿，而工价较煤工大减者，苦乐相悬耳。

二曰学艺有难易。艺愈精巧，从学之费愈多，往往绵历岁年，不得工价。故收效愈缓，愿望愈奢。及学之既成，则声价自高，遂称专门绝技。如航海所用之时辰表，精准细密，皆系手工，环游地球一周，不差累黍。英国工匠，能制者，十人中不获一人。殆天授非人力，则定价以酬其巧者，亦不得寻常工艺例之矣。

三曰工作有久暂。砖工木工石工之属，风雨霜雪，不能作工，且一室已成，难乎为继，非若他工按日而作，即按日得钱。故砖木工价，亦当稍优，预为他日赋闲坐食之地耳。

四曰责任有重轻。金工银工、珠宝钻石等工，所攻治者，皆贵重之品，其人不可托，则日夕监督，所费益多，求可托之人，即不能吝稍高之值矣。

五曰成功有可必不可必。屠龙之技，学成而无所用之。如医术刑名之类，致精者能有几人？果能剖析毫芒，保全人物，则所以酬其劳而养其体者，自当超越等伦矣。

此五事者，举一以概其余，而工价贵贱之故，或以劳心而异，或以托业而殊，其决不能一律也。理也，亦势也。特是同一工也，有在彼国甚贱，而在此国甚贵者；同一国也，有在此地甚贱，而在彼地甚贵者，劳逸既异，苦乐迥殊，或事蓄有余，或饥寒不免。如英国约克县佃工，每礼拜得小银钱十六七圆，威尔笃色县之佃工，每礼拜仅得小银钱十一二圆。同此力耕，悬殊至此，在国家分财保民之盛意，岂不欲使之均匀普遍，各得其平哉！即彼两邑之民，亦何不可迁徙往来，图此更高之工价哉？然而乡愚无识，远道难行，山川间之，资斧不给，则不均之患，皆由道途之艰阻而生。修理道路一端，亦分财之要术矣。西国先修平路，后修铁路，水有轮舶，陆有轮车，晨夕飞驰，商民皆便，转轮挹注，远近相均，以较当日，何啻霄壤！说者谓，道途修整，转运流通，独有益于商务耳。岂知有关系于工价均不均之故。所以爱养贫民者，固有如是之大且远哉！谋国者幸务以细故而忽之也。

《富国策》（白话文）

《富国策》（白话文）[*]

梁溪毋我室主人

做这部书的，是英国人，名叫法思德。《富国策》，是这部书的名字。什么叫《富国策》？就是教国里发财的计策。话说天底下的书，不下几千万种，都是明白道理的人做出来的。有的书讲那从前的事情，有的书讲的如今的事情，也有的书讲那种田做生意做各样物件的道理，也有的书讲那天上地下各样东西的道理，这也不必细讲，却说那讲各样道理的书。原来不比那记事情的书，人人都看得懂的。你道为何？只为那各样的道理，又弯曲，又细致，不比那记事情的书，都是直直爽爽说下来的。就像从前西洋人做的一部书，名叫《重学》，是专门讲各样东西轻重的道理；又有一部书，名叫《几何》，是专门讲各样东西大小的道理。这两部书也算做得明白的了，世上看不懂的人还很不少呢。这样看起来，要叫天下念书的人，都懂得那富国的道理，恐怕很不容易呢。这道理虽说不容易懂，总是世界上不能不讲的，总要指望天底下的人，不要怕难，不要粗心，细细的②想去，到那明白的时候，就相信这种学问，是很有用处的。

从前英国有一个人，名叫斯密得，第一个讲这富国的道理，做一部

＊ 刊载于《无锡白话报》《中国官音白话报》。1898 年 5 月 11 日（光绪二十四年闰三月二十一日）在江苏无锡创刊，裘廷梁、顾述之、吴荫阶等组织，从第 5 期开始改称《中国官音白话报》，因环境条件所限，出到 24 期停刊。《富国策》刊载在《无锡白话报》1898 年第 1、2、3 期；《中国官音白话报》1898 年第 5—6、12、14 期。本文署名"梁溪毋我室主人"，梁溪，为无锡一地名；"毋我室主人"，尚需查证。所载内容为白话文推演的汪凤藻翻译的《富国策》。

② 的，今应为"地"。

书，名叫那《国财用论》。这部书上，不是专讲国家的用度，连百姓赚钱的道理，都讲得明明白白的。人活在世上，若没有钱用，都要活活饿杀的。你看天底下的人，盈千累万，辛辛苦苦，那一个不想赚些钱发些财。说起钱来，没有一个不眼红的，就怕说到赚钱的道理，懂的人也很不多呢。原来世界上有用的东西，都能够靠他赚钱的。你看那半空中的气，是第一样有用的东西。人一刻不得着空气，性命就要不保的，这空气岂不是无价之宝么？不过那空气，到处都有，大家一样，都不要用钱买的，这就不能靠他①赚钱了。还有人吃的水，也是到处都有的，似乎也不能靠他赚钱的。等到不凑巧起来，碰着热闹地方，密排排的都是人家，天落的雨水，一点两点，那②里能够用呢？必定要有挑水的人，才会够用，这地方的穷人，就可以靠挑水赚钱了。就像英国安威耳山，是出泉水的地方，那泉水是不值一钱的。英国的京城，名叫伦敦，十分热闹，英国人开一个自来水公司，店号叫纽利佛，专门运安威耳山泉水，卖与伦敦地方的人家。安威耳山，离伦敦不过大几里路，这公司已经很赚钱了。这样看起来，货色值钱不值钱？第一样看那货色的多少，第二样看人家要用不要用，就像我说的那泉水，嫌多的地方，就不值一钱，到不够用的地方，就值钱很多了。

如今天底下的国，穷的也有，财主的也有；就是一个国里也有起初极穷，后来发财的，就像英国从前穷的时候，同如今野人一样，后来会变做第一个财主的国，奇也不奇。你道英国后来怎么会发了财？不过靠他国里有许多的煤铁，又会织布，又会纺纱，有什么希奇宝贝的东西，难道他从前就没有煤铁么？不许百姓纺纱织布么？只为他从前的煤铁，终年终世埋在地下，不晓得挖出来用的；百姓又不懂织布，又不懂纺纱，你叫要穷不要穷？这样看起来，国里的穷富，都是人做主的了。

从前古时候的人，糊糊涂涂，昏天黑地，不懂种田的法子，怎么会有饭吃呢？肚里饿了，无非吃的是野兽的肉；嘴里渴了，无非吃的是野兽的血。后来的人，心窍慢慢的有些开了。想到野兽甚是不容易捉，就

---

① 他，今应为"它"，下同。
② 那，今应为"哪"。下同。

自家养起牛羊来，肚子几时饿，几时就可以吃。比起从前的人，已经便当十倍了。那时候牛羊亦没有东西吃，就吃地下的青草，一块地方的青草吃完，再换块有青草的地方吃。那许多养牛羊的人，只得跟着牛羊走来走去，好像跟屁虫一般。那时候也没有屋住，走到那里，就住在那里，你说苦不苦？我想那时候的人，如过①说声苦，那几个老辈里人，必定要说道。

我们小时候，到肚子饿的时刻，东逃西走，要费许多气力，才能够捉着一只野兽，有时还要捉不着。你们如今这样便当，还要说苦，真是得福不知了。那里晓得再到后来的人，就会想出种田的法子，又慢慢想出起屋的法子，既有饭吃，又有屋住，比那从前的人，岂不是神仙了么？更有聪明的人，想出法子，教大家都懂得道理，大家就推那聪明的人做了皇帝，各样事情，都听皇帝作主，大家就从此有安顿日子过了。如今天底下，只有那许多野人，还靠着捉鱼打野兽过日子，也有几处地方的人，还像我说的那养牛羊当饭吃的样子。这也不消多说，却说如今的中国，是天下第一等没有长进的国。你们也应该晓得的了，想起他国里的人，明白道理，比别国都早。他开国的年代，也比别国都先。他国里的地方，也很不小；他国里的出产，也很不少。只为他国里人的脾气，做各样事情，都喜欢照从前的老样子，从前人没有做过的事情，他是万万不敢做的。

地里的金银铜锡铁煤，不知有多少，从古到今，都没有认真开过的，到没有钱用的时候，在百姓身上，多剥削几个沙壳②，也是好的。唉，这种样式，你道要穷不要穷。如今天底下，无论哪个国，都用金银，是什么讲究呢？原来用了金银，有两样好处。一则可以比较各样东西的贵贱。譬如麦一担值银一两，米一担值银三两，就晓得米比麦贵三倍了。二则便于买卖。譬如人家只有米麦，心里又想买布，只要卖去米麦，得了银钱，就可以买布了。若是不用金银，那只有米麦的人家，要想买布，必定要碰着只有布没有米的人，才能同他换用。岂不难极了么？大家看

---

① 过，应为"果"。
② 沙壳，指清代一种私铸薄恶铜钱。量轻质劣，掺沙多，故名。

见金银有这两样好处，都说天下的物件，只有金银是好的。国里若没有金银，断乎不能发财。这句话是说错的，原来国家发财的道理，并不单在金银上头，我这部富国策书上，专是讲的这个道理。

天底下各样的东西，有生在地上的，有生在地里的，有生在山上的，有生在水里的，那一样不能够靠他赚钱。这些东西，虽说是好的，等到人要用他的时候，又要费多少气力，才能够用着他。就像大家用的煤，是生在山上的，如果不到山上开出来，怎么会有得用呢？若是单靠着人工去开他，今天挖一点，明天挖一点，到几时停当呢？这就要用机器了。那机器是天下第一等玲珑的东西，却是用极笨重的铜铁做出来的，世上若没有铜铁，这机器怎么会成功呢？这样看起来，地里的出产，固然是好的，那人工①也是万万不能少的了。你知道有了人工，各样东西，就可以成功了么？就可以赚钱了么？要做一样东西，必定要有许多做工的人，那做工的人，是不能饿肚子做事情的。你若没有本钱养活做工的人，这各样东西，就不能做了。譬如那做生意的人，先要有本钱，才能够想赚钱呢。这本钱又是第一样要紧的了。

我前面已经说过，没有人工，各样东西都不会成功的。如今再细细的说与你们听，像如今印度地方的人，身上穿的布，都是英国人织出来的；英国人织布的棉花，都是出在美国的；棉花在美国的时候，先要人费力去种他，再要人费力去采他，还要人费力去捆扎他，从国里运到海口，再要做生意的人贩到英国。那贩到英国，是一定要船装去的，造船的工夫是不能少的，船自家不会走；行船的本领，又要人费工夫学习的；到了英国海口，又要人工运下来，你道费事不费事。如果要走旱路，铁路又不能少的，造路又要人工的。无论旱路，无论水路，哪一样不要工夫。织其布来，又要用机器了，造机器也要费工夫的。做工的人，还要吃饭，又要先有了本钱，才能养活做工的，那本钱又要费功夫慢慢赚下来的。这样看起来，极不值钱的布还要这样费事，别样的东西，都可想而知了。

天底下的人，怎么会赚钱，都是拿人工去换来的，也有费了人功赚

---

① 人工，同"人功"。下同。

不着钱的。就像田里的麦，是天生出来的，人再拿麦磨成面，和点水，安点酿，蒸成功饼，大家就好买来吃了。做饼的人，就好赚钱了。这就是我说的拿人工去换钱的。像那些种田的、做工的、做生意的，都是这样的。余外像街上的巡捕、查夜的兵勇，是保护大家钱财的，也算是能够生财。还有那些费了人工，赚不着钱的，是什么讲究呢？譬如做一样事，已经成功了，做的人又去弄坏，那从前的功夫，就是白做的了。就像如今有一块地方造的铁路，已经好了，造的人又不要造了，从新拿铁路拆坏，这有用的人工，岂不变做无用的了么？

天下亦有费了功夫，一时候不会赚钱的，就像那小孩念书，功夫费了许多，赚钱却慢慢得很哩。英国前几年，大家不晓得读书是要紧的，都说小孩念了书，反耽搁了出去赚钱的工夫，都不叫小孩念书。到了如今，大家都晓得念书是好的了。别样好处，不要说他，就是讲究赚钱，也不能不念书的。做大生意的，不要说他，就是做小生意的人，如果不识字，不会算，就同瞎子一般，人家欺骗他，他也不晓得，作弄他，他也不晓得。这样看起来，小孩念了书，虽说一时不会赚钱，到了后来，却没有不赚钱的。不但念书是不能少的，就是闲玩的工夫①，也不能少的；虽说闲玩的工夫，不免可惜，我们寻快活的心，也是不能没有的。就像那做事情的人，做到吃力不过，略为松散一息，闲玩闲玩，那精神就觉好了百倍，做事越觉有劲了。这样看起来，闲玩的功夫，岂不就是多赚钱的根子么？

世界上的人，能替国家赚钱的，有两种：一种是费心，一种是费力。像那教书先生，同那些教人做手艺的，都是费心的；那些种田做生意做工的人，都是费力的。只有那一种不做事情闲荡的人，不费心，不费力，不种田，不织布，他穿的吃的，都是几个种田做工的人，辛辛苦苦，做出来的。他吃了穿了，又不会做点别样有用的东西，教别人沾点他的光，这就是不会替国家赚钱的了。一个国里的人，如果都像这种闲荡不做事情的一般，国里的人，岂不都要饿杀了么？

那一种闲荡的人，不会赚钱，也不消说得了，就是那做事情的人，

---

① 工夫，同"功夫"。下同。

白用的钱，亦很不少。你道为何？只为人活在世上，除了穿衣吃饭，别样都可以不要的。如今的人，就算穷苦万分，他除了穿衣吃饭，总不免再用几个钱；就算他是个极会做事情赚钱的人，也不能说他不是白用的。

我前面说要做各样事情，本钱断不能少的，你们也应该明白了，那本钱不是专指金银说的，凡是有用的东西，都算本钱。譬如看见一个种田的人，问他有多少本钱，他必定要拿他家里养的牲口、买的耕田的家伙、连他现有的金银，一同算出来，不能说金银是本钱，别样东西都不是本钱。你道为何？他那些种田的家伙，既不是偷来的，也不是拐来的，又不是打杀卖的人抢来的，无非都是雪白的银子换来的。怎么能不算本钱呢？这样看起来，本钱是没有一定的东西了。本钱既然没有一定的，这一个国里的本钱，就不免有瞎用的了。就像田里的谷，今年收下来的，都是预备明年谷没有熟的前头，拿出去卖的。有人问一年收下来的谷，当中有多少能够算做各样事情的本钱？我说这是没有一定的。譬如种田的人，今年收谷一百担，拿五十担换了银子，去买了许多没有用的东西，这五十担谷值的钱，就算叫他瞎用了。这五十担谷，就不能算本钱了。如果单就谷一面想，卖与别人吃了，同自家吃了，也是一样。不过那五十担谷值的钱，种田的如果拿他多买几个牲口，多买些浇田的东西，这国里的本钱，不又多了五十担谷了么？

有人说那些没有用的东西，既有人做，就有人买，这个种田人，就不去向他买，也必定有人买他的。这个做没有用的东西的人，就是替国家败家私的，并不关那买的人事。这句话又是说错的，那东西如果没有人要，他也就不做了。先有要的，后有做的，是一定的道理，这样看起来，一个国里的本钱，或多或少，都是百姓做主的了。百姓瞎用铜钱，国里的本钱就少了；百姓晓得省俭，国里的本钱就多了，那省俭的道理，不是要把银钱紧腾腾锁在箱里，一个沙壳，看到磨盘大，都舍不得用的，不过是用出去的钱，都要拿他做赚钱的根子，这就算不是瞎用了。如今世上的人，看见那些阔公子，用钱像泥沙一般，倒不说他坏，反说他自己固然丢许多的钱，别人却沾他的光，同那做好事的都是一样。那些不肯瞎用钱的人，大家反要说他吝啬小器，你叫这个道理，从那里讲起？他不晓得一个国里的本钱，那些做工的人都靠他吃饭的，国里本钱越多，做工的生意越好。譬如有个人，起初拿银钱瞎用，到后来懊悔了，就拿从前瞎用的钱，都雇了做工的人。那些做工的，岂不沾他的光么。起初他瞎用的时候，不过多吃些好食，多穿些好衣。譬如他花了一千两银子，叫织衣匠织一件十分体面的衣裳，织衣匠有了一千两银子的生意，必定要多雇几个做工的，这样看起来，花一千两银子，做一件好衣裳，正好多养活几个做工的，似乎也不能算是瞎用的了。不过那件衣裳一破，一千两银子就算丢去。如果他花一千两银子，雇做工的人做些赚钱的事情，这个国里，岂不更加发财了么？有人驳道：你这个话，是合一个国总算的。如果单就国里做工的人，合算起来，这样做工的人吃亏，总有别样做工的人占便宜。譬如人拿雇人种田的钱，来做衣裳，天下少一个替人种田的，就要多一个织衣裳的匠人。如果拿做衣裳的钱，雇个种田人，天下少一个织衣匠，就要多一个替人种田的人，这不是一样的么？据我看来，面子上虽说是一样的，底子里总是两样的。你道为何？那织衣匠看见要做衣裳的少，必定要少用几个做工的，做工的既少，他织衣裳的本钱，就轻了。本钱既轻，赚的钱就多了。赚钱既多，就要再添做别样生意。这样看起来，天下少一个织衣匠，就不止多一个替人种田的了。

凡是瞎用钱的人，不但国家吃他的亏，就是那些做工的做生意的，也并不沾他的光。这个道理却极不容易懂。我细细讲与你们听。譬如有个人拿一千两银子的产业，变卖了银子，去买绣花店里绣的东西，似乎绣花店里做工的，应该沾他的光了，比那些凭空拿一千两银子的产业败了的，岂不好么？不过他果真拿买绣花的银子凭空败去，这绣花的既少，钱就赚的多了，就要添做别样生意，添做别样生意，又要雇用别样做工的了。可见得绣花店里生意虽少，也并不吃亏，生意少既不会吃亏，生意多也就不会十分占便宜，是可想而知了。这样看起来，百姓替国家赚钱的道理，是一定要省俭的了。

那个瞎用钱的人，只晓得做阔气，穿好衣裳，吃好东西，国家既吃他的亏，百姓又不会沾他的光。这个缘故，你们都应该明白了。他如果拿瞎用的钱，雇做工的起花园亭阁，虽说没有用处，做工的岂不沾他的光么？我再讲这个道理与你们听听。譬如人拿一百两银子，开个大池，天下做工的，就多了一百两银子的工钱，比穿好衣吃好食用的钱，似乎有些用处了。不过与做有用的事情比起来，这个终归是瞎用的。

大凡天下用钱的有三种。第一种是用钱做有用的事情，既可以养活做工的人，又可以替国家赚钱。凡种田做手艺的都是。第二种是用钱做没有用的事情，虽可以养活做工的，却不能替国家赚钱，凡起花园筑亭阁的都是。第三种是瞎用银钱，既不能替国家赚钱，又不能养活做工的人，凡讲究穿好衣吃好食的都是。

凡是用钱做有用的事情，能够赚钱的，才算得本钱。就像做各样东西的机器，做生意的堆积的货色，耕田的家伙，养活做工的工钱，都算本钱。如今无论那个国，他国里用的本钱，总不能没有一个冤枉用的。既不免有冤枉用的，他本钱就受伤了。那几样是冤枉用的呢？一样是做工的手段不好，一样是用的家伙不顺手，一样是雇人做工，做到半路，又不要做了，一样是做工的工钱过多，浪吃浪用①。这几样事情，本钱都要受伤的，那做工的工钱过多，怎么本钱会受伤呢？只为那做工的人，有了余钱，就要浪吃浪用，就像英国通国的做工人，统算他们吃烟叶子的费用，一年要合到银子九百万两。吃了烟叶，不但没有好处，还有坏处。这样看来，用了九百万两银子，不但不能替国家赚钱，还要消磨许多做工的精力，这不是大伤国家的本钱了么？若是中国做工的，多了几个钱就要吃几筒鸦片烟，个个吃到黄瘦，做不动事情。若是俄国做工的，就要多吃几杯酒，吃到糊糊涂涂，个个醉倒街上，都是只有坏处，没有好处的。有人说道：一个国里的本钱，如果没有一个冤枉用的，这本钱越积越多，既没有用的地方，怎么会流通呢？那有钱的人，都拿瞎用的钱，雇做工的做有用的东西，做工的既多，货色也必多。做货色的多，买货色的少，许多的钱不是多变做死的了么？这句话是说错的，要想明白这个道理，先要分两层说。一层是本钱多出来，百姓也多出来；一层是本钱多出来，百姓不多出来。如果是本钱多出来，百姓也多出来，这新添出来的本钱，正好养活添出来的百姓，怎么会不流通呢？如果是本钱多出来，百姓不多出来，这国里许多做工的人，本来没有空闲的，本钱虽然添出来，做工的也不会多出来，货色怎么会比从前多呢？有钱的

---

① 浪吃浪用，指生活奢侈，不节俭。

人，既然不拿钱瞎用，那许多做没有用的东西的人，没有了生意，就要改做别样有用的东西，就好拿从前做没有用的东西的本钱，来做有用的东西。这新添出来的本钱，本来用不着了，怕什么流通不流通呢？却说国里本钱既多，虽说用不着，国里的情形，却比从前大不相同了。你道为何？只为那些做工的人，没有不愿店主人加工钱的。从前本钱既少，工钱不得不少。如今本钱既多，工钱就可加了。工钱既多，做工的就不必像从前吃苦了。你想人活在世上，那一个是喜欢吃苦的，不过要弄饭吃，真叫没法。如果赚钱容易了，大家就可以少做些工，多念些书，开发些心思，多长些见识，安安顿顿，快快活活，岂不好么？这国里的情形，岂不比从前大不相同了么？国里的本钱，都是省俭出来的。世上的人因此都说钱是不好用出来的，这句话是误会了。譬如人有谷几担，拿出来养活做工的，做能够赚钱的东西，这谷就能算本钱了。如果把谷收藏起来，不舍得拿出来用，怎么能算本钱呢？凡是各种器用，都能够算得本钱。不过一个国里的本钱，无论银钱，无论米麦，无论器用，要据他用到外面来的计算。凡是藏在里面不用的，都不能算数的。

　　以上的话，是空讲他的理，我再指一件事情，说与你们听听。譬如有个国，被别国洋枪火炮打进来，碰着银钱就抢，看见米粮就夺，许多讲究的房屋，变做一片瓦屑，许多精巧的器用，变做一片灰尘，看这样情形，似乎应该没有兴旺的日子了，我看天底下的国，弄到这种地步的，亦很不少，往往三年两载，就从新兴旺出来。什么缘故呢？原来不论那个国，他国里的本钱，总有瞎用的，他国里靠他赚钱的本钱，本来不须他用出来的数目那样多，就像一个做工人赚的钱，往往有穿衣吃饭用不尽的，他用不尽的钱，被人家抢去，怕什么呢？所以国里虽然经了刀兵，如果种田的家伙，没有失去，只要国里有够一年吃的米粮，做工的就照旧可以做工，种田的就照旧可以种田，一样可以赚钱。这就容易兴旺出来了。如果连种田的家伙，全然没有，这就难于兴旺了。

　　以上的话，是说的没有和别国通商的国，那和别国通商的国，情形就大两样了。却说那国家自从和别国通商以后，国里的本钱日积，家私日多，就照英国说，生意的盛，像长潮水一般；货色的多，像堆高山一般；铁厂的多，像树林一般；机器的巧，像神鬼一般；铁路的长，像电线一般。装货色的船，来来往往，日夜不断，更像中国织布的梭子一般。看这样情形，他国里的财主，就可想而知了。譬如英国的米粮，一日被别人抢去，只要百姓不至于饿死，一年半载，也可以从新兴旺了。如果经了刀兵，一切房屋器用，全数毁去，这就难于兴旺，比没有通商的国，受伤就格外重了。国里的家私越多，经出反乱来，受伤越重，这样看起来，和别国通商的国，最怕的是用兵了。

有人问道：国里如果有格外的费用，像那平定反乱，和别国用兵一类的事，还是问百姓借债呢？这是多抽些货色的税呢？我想英国的规矩，都是问百姓借用的，所以欠百姓的债，比别国还多。四十年前头，有个人叫葛兰司登①，是替国家管钱财的。他曾经说过：以后国里如有用兵的费用，不要问百姓借了，还是多抽些货色的税罢，免得叫百姓的子孙后来受累。人听见这话，个个说是，后来终究没有照这样办法。这句话就算是白说的，向百姓借来的钱，不是百姓做生意的本钱，就是百姓省下来的。如果借了钱做制造枪炮火药弹子的费用，既不能养活百姓，又不能赚钱发财。只有滚出去，没有滚进来。这些放债的百姓，岂不要受累么？

如果借了钱，做那开河道造铁路一类的事，不但放债的，免得受累，还能叫国里赚钱，岂不好么？况且开河道造铁路一类的事，都是百姓自家不能够做的，国家不去做，那个去做呢？

照这样说起来，凡是国家借百姓的钱，做有用的事情，难道都只有好处没有坏处么？这是万万不能够的。大凡各样事情，做官的去办，不及百姓自家办。官经了手，就不免有瞎用的钱，就像中国织纺、纱布、开矿一类的事，凡是官经了手，有了总办，又有帮办，有了管理，又有提调，名目不一，都是吃了大俸禄，不管一点儿闲事的。你想那中国如今的官，不是拿几句烂时文换来的，就是拿几千臭银子买来的。他会懂得什么事情呢？这也罢了，那许多的官，既要吃鸦片，瞎应酬，又要做人情，送干俸，还要瞎作弊，瞎赚钱，那些花样，真是教人猜也猜不着的。你叫那些事情，做得好做不好呢？

---

① 葛兰司登，指威廉·尤尔特·格莱斯顿。见前文注释。

有人问道，百姓的钱，被国家借去瞎用，和百姓自家瞎用，毕竟是一样呢，是两样呢？我以为要想明白这缘故，先要合一个国里的钱统算起来，譬如一个人，有银子一千两，拿五百两借与国家，这五百两的借票，就要算国家的钱，不能算百姓的。因为这五百两银子，就在百姓一千两银子当中的，不是国家另外有五百两银子，国家就一个不还百姓。这国里的钱，仍旧和从前一样，这样看来，国家瞎用百姓的钱，同百姓自家瞎用，不是一样的么？不过百姓自家用去，就算停当了，国家替他用去，百姓年年的利钱，都是净到手的，这就是百姓自家用去，和国家用去不同的缘故。

有人说道国家向百姓借钱，百姓的本钱少了，做工的工钱，就不能多赚，做工的岂不吃了亏么？我想这事亦有几等几样的。如果国家借去做要紧的事情，像我前面说的那些开河造铁路一类的事，那一样不要用做工的，况且百姓拿钱借与国家，就要格外省俭，国里的钱，岂不要反多出来了么？

还有一种借债的法子，反能替国家赚钱，什么法子呢？就是借别国的钱，来做要紧的事情，就像印度地方，造铁路的钱，都是向英国借的，内中有一千一百万磅，是造铁路做工的工钱。什么叫一磅？十几年前头一磅，大约合中国三四两银子，到了如今，就要合到七八两银子了。这印度做工的人，得了这一千一百万镑的好处，就譬如那印度国里雇做工的本钱，忽然添了这些银子的一般。这样看起来，借别国的钱，就是做不要紧的事情，做工人也受他益处的。

我前面说，借债制造枪炮军器，百姓就要受累，其实枪炮军器，也是不能少的。国家用兵打仗，固然是瞎用银钱，如果国里兵不够用，军器不利，就不能抵敌别国。一旦时势不太平，国家百姓，岂不要吃亏么？这办军火的钱……①

---

① 目前从《无锡白话报》《中国官音白话报》中只能找到这些《富国策》（白话文）。

《富国须知》

《富国须知》[*]

傅兰雅[**]

总　引

　　窃以为邦国之富盛，端赖民牧之经营；万姓之康乐，胥由主治之调护。顾富国而不以安国为本者，国终不富。欲保民而不以足民为心者，民终难保。雄才大略之君，其从事于富国保民也，每厌小而务大，舍近而图远，则国之威声虽极盛，而民反受不堪之苦，岂不知行远必自迩乎？谨小慎微之主，从事于富国保民也，每以拊循[①]为事，以煦妪[②]为恩，则小民虽稍有裨益，而国家反有不支之势，此盖不知树德当务滋也。若夫志切远大，则国有虚号，民无实惠；志拘浅鲜，则民有小补，国无奋振，此二者交相失也。然则其法安在？曰开源，曰政教，曰农事，曰资本，曰人功，曰货物，曰钱币。谋国者苟能一一讲求，有利必兴，有弊必除，将近效可收于目前，后效亦可俟于异日矣。

　　此书凡七章，第一章论开源，即富国之源也；第二章论政教，即启民愚，正民德之事也；第三章论农事，即足民食之方也；第四章论资财，

---

　　* 《富国须知》为清朝后期益智书会出版的《格致须知》丛书之一。光绪十八年（1892）版。

　　** 傅兰雅（John Fryer，1839—1928），英国传教士。1861年来华，任香港圣保罗书院院长。1863年被清政府聘为京师同文馆英文教习。1865年起任上海英华书院首任院长，《教会新报》编辑。1868年在江南制造局翻译馆从事译书工作，创办并主持《格致汇编》，参加筹办上海格致书院。1896年赴美国任加利福尼亚大学首任东方语言文学教授，并继续从事西书汉译工作。后卒于美国。

　　① 拊循，指安抚、抚慰；护养。

　　② 煦妪，指抚育；爱抚；长养。

即国家生财之本也；第五章论人功，即令民自食其力，不至游闲失业，而无以生长也；第六章论货物，即往来贸易，交通邻国也；第七章论钱币，即立交相凭信之物，以兴商贾也。由是推而行之，扩而充之，国之强盛之基，不可量矣。

第一章　论开源

富国不独在金银

天下各国之人，皆不惮经营力作，不惜精神心思，所为何事？无非为求财养生计耳。诚以财乃人生衣食之源，不可不精心理之。然必生之有道，用之有方，货殖交易之事兴，始能取之不竭，用之不尽。世人概以金银为财，而不知贸易之利，犹为人之所必需，皆可谓之财。夫贸易之利，必出于以有易无，以此之有余，补彼之不足，交售之际，而利生焉。世有至要之物，而又为人所必用者，亦不得谓之财，即天空之气、井泉之水，纵巨富而无余，虽极贫而亦足，其故随处皆有。然就地利而论，水亦可谓之财，如通都大邑、人烟稠密之处，雨水不足供其用，势必借人力以运之。于是乎贸易之利兴，如安威耳一山，泉所自出也，一渠之水，分文不值，及运至城中，迁地不过十余里，则价昂而售速，业水遂足以致富，水亦居然财矣。是故物之贵贱，本无定衡，只在物之多少，人之好尚，地之有无以为准。可知有贸易之利者，即为生财之物，财岂可以金银尽哉！

国富在谋

邦国之贫富，每以相形而见端，然不独国与国同也。即一国之中，其贫富亦今昔有别，如英国昔时本甚贫乏，与今之山番相埒，而今则富甲天下。其在昔之贫也，为无财源之可开，非也，而在今之富也，为有利薮之外至，非也。实因昔时智谋未足，虽煤铁诸矿藏储在山中，有无数窖藏而不知取用，故贫势难支，今则煤矿开加之，以负载搬运之力，铁矿开申之，以镕冶煅炼之法，于是则财源开利薮巨，富甲天下，而无往不利。可见理财致富之由，全在计谋之精粗臧否。若拘守成见，恶能自新哉！

金银止为物价

人之论富，辄曰富称巨万，皆以金银钱币名也。专以金银钱币为富之人，不知金银钱币止为物之价耳。盖自钱币兴，而物之贵贱不难立时核计。设麦一石值银一两，米一石值银三两，一闻其价，即知米较麦贵加三倍。至金银为万国之通宝，而人之贸迁有无为尤便，设人载麦一舟，欲易他物，只须售麦得银，而百物可致。苟以麦易之，则累甚。欲易布者，必得一有布无麦之人，方可交易随意。一物如是，万物亦如是。商贾无由通，政教无由隆，守货待毙者，不知几何人矣。是金银之甚便于国也。而人之专以金银为富者，正因乎此。彼见物之贵贱，悉以金银计，百物之有无，悉以金银易，遂为天下至宝，莫若金银，金银而外，无所谓富。其在邦国通往来、重商务，亦沾沾为积金银计，则计已左矣。岂知国之所以富，与财之所以生，实不在是，焉可以不思。

第二章　论政教

上古之人，大抵皆猎禽兽以为食，用皮草以为衣，其后则一变为牧养牛羊，再变为耕稼力田，而教于是兴，国于是立。今之蛮夷，以渔猎为生，回部以游牧为业，荒陋之习，犹未变革。他若东方之国，其民聚族而居，立长而治，亦见先古之遗风。中国兴教最先，立国最久，其人狃于信古，故流风遗俗，至今犹有存者。凡此贫富之殊，由于物产者少，由于人事者多。而天下之大，万民之众，或日进于富强，或转流于贫弱，或历久而如故，其中莫不各有其故。英人勇于自修，日思富强，故其国则日臻于强盛，正以其教化特隆，民之智巧日进，国之财源广开。彼不进不退及不进反退者，相去奚啻天壤耶？

设乡校以启愚正德

欲令国富，先启民愚；欲厚民生，先正民德。顾民愚何以启？要不外乎读书识字而已。今之人多以为子弟读书，必求资本，何若不读书，省此资本，可为衣食小补，即执牧监小业，尚可得微利。苟读书有成，未必获利倍蓰，至学而不成，所需资本，何由偿补。以不读书而立得实惠，与读书而多望梅止渴者，较孰上孰下，不难显判。小民愚见，概出乎此，何望国之日臻富强也，此其权在为民牧者主之。苟民主透识国富之本，而广兴乡校，使村夫皆识字，匠役皆知书，而后智虑渐生，灵明日开，一切道理艺能，乃得相辅而行，以著久长之效，乡校顾可忽乎？

正民德

民情凉薄，则强必凌弱，智必欺愚。强者智者，可获财以自私，弱者愚者，几糊口而无方，邦国不能安静，又焉望其富强？俗尚浑厚，则富必恤贫，安必济危。富者安者，能向化以施惠；贫者危者，可邀惠以讬身。邦国非特富强，且又占康乐，民俗之有关于国者，岂浅鲜哉！

启民智巧

百工之事，固以力为尚，而有巧则可以省力。譬之田工，至浅易之事也，人向以为无所用其巧，今则农器精，佃工巧，获利倍厚。农夫如是，百工尤甚。举凡手之巧，心之灵，设法之精详，用器之灵敏，与夫任事之勤谨，愚者难于巧者比美。今德美二国，百工制造，蒸蒸日盛，骎骎乎驾英而上之。其故盖以二国久兴乡校之典，凡工民村户之有子女者，必令及时入塾，历若干年始准出塾就业。倘于国中见有失时未读之子女，即执问其父兄之罪。故家道无论贫富，男女无一非读书知礼之人，某业一举，即高人数筹。英纵富强，何能及乎？

学校严肃

统计英国人民，不识字者不下数百万，国中非无乡校里塾也，幼年子女，亦非不读书也。徒以其父兄迫于贫而拘于愚，子弟甫八九岁，血气未足，诵读未久，即令其废读就工，以博饔飧之给，遂使所学尽忘，卒与未读书者等，而且服役过早，精神气力无不受伤，年未老而筋力已衰，即仰给于赈贷。国家视此多费，不得不加税敛以取给焉，举国商民，悉受其害。统美德英三国而论，同有乡校，一则获效甚微，一则获效甚大。其故无他，即立教育有严有不严耳。

利因不学而减

货物精廉，则销售多且易，而其利必厚；货物粗昂，则销售少且难，而其利必薄。昔时英国制铁锁一业，甲于天下，今美国艺事日精，购铁于英，造锁于美，复售之英，市价尚较低于本地所制者。其故因美国工人读书讲法，手艺悉皆妙巧，器械悉皆轻灵，设法运器，尤皆敏捷，故其国内人工虽视英为贵，而所需工本则视英为轻，得利能不厚乎？

民因不学而为匪

饱食煖衣，逸居而无教，则近于禽兽。工民之子，幼而失学，势必日习于愚顽，既长亦不能改易性情，即至知识渐开，往往有逞其桀骜之性，致干国纪，而被囚犴狱。以英国囚徒计之，百名中能通文识字者不过三四人，询其被囚之故，半由于酗酒滋事，致困囹圄。彼惟目不识字，手不能书，并不知纪纲法律为何物，当间暇时，无有消遣适情之举，闷闷无聊，遂相率而沉湎于酒，其罹罪以此，其贫困亦以此，不诚大可悯乎？

教足疗贫

财能疗贫，尽人而知，然必生财、用财、积财三者，各得其道，方可常恃。倘无教化以开，其愚蒙则前后不顾，财奚足恃。如今日之民，即优其工价，亦不知节用，徒肆其醉饱淫欲之谋，一旦因故失业，则囊橐①皆空，又愚钝成性，而不知变计以图，将坐以待毙矣。若久经教化之民，则断不出此。当境遇亨通时，即虑及日后窘迫，豫积财贿以防之，即后来失业，亦不坐食其余，必变生他计以聊生。从此可知，茧茧者流，

---

① 囊橐，指盛物的袋子。大称囊，小称橐。或称有底面的叫囊，无底面的叫橐。

一日未能启其愚，即一日未能济其困，纵国家广兴工役，令民谋食有方，若无乡校之法以辅之，资财之未足徒恃也。

迁徙不足以济贫

工民迁徙一事，英人固自以为得计。为维持工贾之善法，非特国中无闲居游民，亦且能得开垦输饷之益也，不知其中有大可虑者。大凡去国他适之人，皆年幼壮丁、技艺巧妙之人，乃国中所不忍舍弃者，死守乡里，皆老幼残疾、愚拙无能之辈。国中须加赈恤，虽因此，而一时工价稍增，久之生齿繁多，人工依然充塞，其利终归乌有。试观二十年来，英民之远适异国者，不为不多矣。而国之贫民，生计依然窘迫，此其明验自在也。

非乡校不足以补救

总之，乡校之法行，则百工生巧，用本愈广，生财愈速，业主之利息与佣工之工价同时并增，两不相害。百工兴，百物贱，国计裕，民生厚，其利可普遍，财可长久，细民知身家之计，深居养之谋，礼义廉耻，悉由此振，学校之利益，大矣哉。然乡校之行，非徒建立学塾，延请塾师已也，必以实力行实政，严定科条。凡国中童幼子弟，务令及时入塾，定以年限，违者治其父兄之罪，庶几有实效，而非等虚文耳。明夫乡校兴民之理，治国不难立富矣。仁人长者，所创救济贫困之法，欲知其有效与否，先问其能振兴民风与否。苟外乡校而更立他法，吾恐其用意虽美，设法虽良，终难言其能泽被苍生也。

第三章　论农事

邦固以民为本，民乃以食为天，农事实立国之始基也，亦富国之要务。助贡彻[①]在古已有成法，而民咸乐之。小民躬耕，君子理国，上下

---

① 贡彻，指赋税。

其享康乐，透识世事之人，亦退归于农，农之一事，诚万民之恒业也。而有田一区，躬耕自给，于世无求，诗人发为咏叹，赋诸篇章，用能民俗敦庞，坚强不屈。诚优游于光天化日之中，为民上者，精理此事，则国本以固，民乐以生，农事诚急务也。

各国农政不同

英国地亩属于世家，租于租户，租户犹不耕种，率皆招佃工承种，年终所获，地主、租户、佃工三项瓜分。租户必多租地亩，始为得计，故有田大利厚之说。至法兰西、挪威、瑞士、意大利、比利时、布鲁士诸国，地亩分于零星小户，谓之小农。小农各主其地，耕耘收获，亲率家人妇子为之，年终所获，一家自享之，初无地主、租户、佃工之别，此与租田招佃者较，孰得孰失，不难明判。而英人为风尚所趋，见闻所囿，皆重租田之法，极议小农之非，而不知同一小田，有为地主自治者，有租典于他户而治者，其情形迥不相侔。小农之所以得计，正在自治己田耳。羊氏云：予人以荒谷，人将变之为田园；租人以田园，人将变之为荒谷。诚哉斯言也。

田大利厚

英国数年以来，农业广行，农人租田而耕，每户率有二千余亩之多。今一二户所种之地，于数十年前，皆二三十户分种之。究其故，则因用机器耳。前打稻悉以棍牌，今则以机器为之；前耕田以人力，今则以汽机为之。自有机器，农户之费用加多，打稻器一具，佳者值金四百磅，田多业大，则工力皆省。倘田亩较少，则用之非宜，非特力不足以致之，亦所事无几，不足供机器之工作。机器工作，非数十人分司之不可，大户之农，亦不能独置一具。率皆租用，租器又兼雇工，短雇之工，其价必昂，若田亩少，所得之利，不敷租价工价。故用机器工作，田愈多，得利愈厚。

大田亦因机器而利厚

机器耕田，固速且利矣。而用之于小农则非宜，何也？盖小农之田恒小，周围圈以篱笆，其间界以阡陌。机器之用，旋转费时，四周阻于篱笆，中间碍于阡陌，耕犁所不及之处，又须改行另耕，而于宽阔之地，则纵横无碍，机器可奏其捷妙。同一机器，以之耕田一区，方六十亩，较之耕田二区，各方三十亩者，其时得半，其费仅三之二焉。

业大工省

以人工论之，亦大业之成效多，小业之成效少，何也？盖业大业小，其费略同。如牧羊八百只，需人若干；牧羊四百只，亦需人若干。有田二千亩者，需一仆夫；有田一千亩者，亦需一仆夫，凡此皆大农之利厚于小农。机器之用愈广，则大农之利愈厚，有断然者。田大户富，人力足而生利多，机器良则弃地少。地力、人功、资本，皆因之而增滋生之力也。

大田失利之处

田地租于租户，粪田播种，悉由租户主之，而地主弗与焉。租户以为田非己有，不过暂租数年，纵极力粪治，令出产加多，地利加厚，亦不能长亨其利，待租限一满，租价将长，地利全归地主，与我何有焉。何必辛勤劳瘁，为他人开利源乎？租户之意见，如此久之，而沃田渐变硗野矣。论此事者，有羊氏述见录一编，颇资考证，内云：余游历法国至某村，远望之止，见岩石嵯峨，入其村，则见桑麻蔬果，隙地种树，布置有法，灌溉得宜，莫不欣欣向荣，极田园之盛。予深异之，喟然叹曰：何村人之勤乃事乎？使余当路于法，村人定受上赏，因思以此治田，何田不治。沙墟荒谷，悉可变之为良田，甚矣，以己谋己，力无不尽也。倘租田而治，其何能费此辛勤，成此业茂乎？

以比国农事证之

比之属国，佛兰德斯，其民精于稼事，欧洲各国无出其右者。论其地，则瘠土砂田，特以人事之精勤，粪治之合法，遂成沃野。苟此地属之世家，有听其荒废者已，以之招租，固不值一钱，即雇工垦种，工人岂肯竭力尽心，转白土为黄壤，如佛国人之功利哉？问佛国人用何法，尽何心，而有此莫大之能乎？无他，特以其自治己田耳。自植己田，故不惮劳苦，凡游其地者，皆称其治田之善。又比国之甘滨地方，乃海岸砂田，地土瘦瘠，居民尽心治之，每地一区，必界以沟洫，沙之松者实之，坎者平之，种以茅苇、芋薯、木槿之类，广采粪田之料，一二年后，即可种麦矣。益粪治之，而土脉肥美，盖因有芋薯、木槿之类，即可养牛以积粪拥田，而田土膏腴，虽良田无以过之。今英国之农户，读书者较多，其心思益敏，器且益精，然而治田之法，大不及佛国，其故不显而易见乎？

地属世家之弊

地属世家而负此良田，固属可惜，而尤有可怜者，即佃工之困苦。如英国佃工，工价甚微，日用不给，去市镇稍远之地，工价尤微，约一月不过得银二磅余，以英国食物之贵，仅欲糊口而不足，何能更积余资，为疾病养老计哉！迨血气既衰，此区区者并不可得，非流栖于工所，即乞食于赈厂，困苦颠沛，一至于此，曾不若奴役之受养于主人，犹堪一饱也。虽素持租田利厚之说者，亦不能漠然于心。

租田之法行，民贫且愚

国家不惜重费，广设学塾，汲汲以教育穷民为计，而佃工迄未有获其益者，何居？盖佃工家计窘困，子弟辈年岁稍长，知识稍开，即令弃读就耕，向所诵习，亦皆忘记，虽浅近如新闻纸之文字，亦不能读，此诚父兄之过也。而其父兄，既贫且愚，初不识学问之可贵，第知八九岁之童子，从事田间，月亦得银若干，谁肯舍之。大佃工既贫且愚，各国如是，不独英国为然。特以英之富裕隆盛，犹且如此，斯可悲耳。由此观之，英国租地招佃之法，纵为有利，其利亦归于租户、地主，而佃工之困苦，仍不稍减。终有民不聊生之叹，亦何取于惠爱穷民也。

自主其地者，志气亦高

躬耕之农，自治己田，力之所施，全利归之，以视佣工于人者，其盈绌可显见矣。为佣工者，必不能鼓舞尽神，使地利倍厚，无冀倖心、无求胜心，并无希得患失之心，冥顽不灵，蚩蚩毕世而已。或谓无思无虑，不识不知，岂不愈于躬耕力田者，深思远虑之心力俱劳乎？曰：非也。志虑精，则兴作勤；兴作勤，则俭德生。事关切己，故早作晏息，寸阴是竞，不责自勤，不教自俭，心思日辟，智虑渐生，其裨益为何如哉！其衣食之恶，居处之陋，一若甚贫也者，非贫也。彼甚知节用可以厚生，积银数磅，便可添买一牛，或更置一器。多一牛，多一器，即人功多一助，田事多一利也。

兼利之法

夫机器之用，利于大户，人事之尽，利于小农。今欲兼而有之，计将安出？止有联佣工若干户，使合主一地，通力而耕之，若是，则庶几两利兼收矣。

第四章　论资本

富由资本

借本生利，由利致富，为必然之势。苟问一有恒产之人，曰：尔有资本几何？彼必以若干金银对。诚以非金银，无以核资本之数。而人多泥见此事，咸以为非金银，无所谓资本，故拘拘以积金银为计，财遂滞塞而不通。不知资本原无定物，凡积蓄于素，以为生财之资者，皆资本也。试谓一农人，曰：尔有资本几何？彼必以若干金银对，然非真存此若干金银也，乃据其牲畜、田器之所值，合之现存之金银，皆在资本数也。夫农夫何以需资本乎？曰：市田器、市牲畜、置籽种、雇佣工。则农夫虽真有若干金银，犹必以之易市储物，而后农事可兴。观乎此，即知资本之所以然矣。

能生财者为资本

资本非定物，已明言之，人知此事，即可知一国之资本，无定数也。试以谷论，大抵今年之所入，备明年之所出，或问所入之谷，应以若干为资本乎？曰：难言也。举田主所用于有益之事者，即为资本。然人心无常，今日用之有益之事者，明日反货之以肆挥霍，故一国之资本，难知其准数，惟统一年计之，庶得其大概耳。或者曰：人之生也，端赖饮食，即奢侈无极，亦不至轻弃佳谷。审是则一国之谷，何不可视为资本？不知人虽贵谷，不难货谷以恣欲，任意挥霍，而资本短减矣。或又曰，挥金若土，固非宜事，然因其不惜金银，百工大为得利，较之鄙吝者不更加一等乎？就其一人而论，固减其富，就通国而论，不过此增彼损，略旋转耳，资本有何亏折？设一人以千金制华服，而织匠多售千金之货，必增雇织工，是以千金制华服者，不啻以千金雇织工也，织匠之益何如哉？然其衣一敝则千金立尽。衣之者虽炫耀于一时而不能稍有滋生，假令迳以千金佣工作，则所作之工，皆滋生利息，国中添千金之资本，而加富矣。

资本出于节用

国之资本，增损在民，节俭则增，奢侈则损。所谓资本者，即撙节之余也。撙节云者，非藏之于无用，乃用之于有益，以为生财之本耳。适言奢侈则损国之财，节用则增国之财，由是知人之耗其财以恣嗜好者，不独无益于国家，并无益于工贾，此说不易明，试申论之。设有人以千金之产，变价而市绣，宜其有益于业绣之工，而与无端毁其千金之产者异矣。反之，设毁其市绣之金，业绣者必略裁其工，将有余资另托一业，其经营也如故，其获利也如故，曾不以少一市绣之人而稍有所损也。少之既无所损，多之焉有所益？从可知嗜好之费用，信无益于工贾，民之

足以富其国者，乃断断在节俭也。

用财于无益之工

夫耗其财以适一己之口体，实于国计民生两无裨益。若出资雇工以为无益之举，如造苑囿、凿池沼等事，亦为虚耗资本。如人以百金凿池，国中得添此百金之工价，较之恣口体之欲者，固为稍胜，然仍为无益之耗费。盖所为有益者，必更有滋生之利，而此则无之。是故用财之道，凡分三等：一用财于有益之工，既可养赡工人，又可滋生利息，即业农业贾之类是也。二为用财于无益之工，此等用度虽亦养赡工人，而不能更有滋生，如筑亭台、凿池沼之类是也。三为用财于嗜好之物，既不能滋生物产，又不足养赡工人，凡役志于口体者皆是也。

资本加增，民渐康乐

民间节俭成风，久之资本益增，而百工之工价可长，工价长则向之仅足给衣食者，今得从容自适于衣食之外，今而后民之生计各足，向之疲惫困苦者，今可安居乐业矣。试思人孰好劳，只迫于衣食，不得不尔也。治国之道，莫善于节民之劳，使民得所休息，倘资本不足，百姓流离，夫民有心思而不知辟，有筋骸而不得息，靡室靡家，哀号载道，何云富国乎？

藏财非为资本

资本从利用而来，上文已详言之矣。然自有是说，而人即将财物固藏，置有用之物，于无用之地，此为大错，虽有巨万资本，不见运用，即无滋生之效，是有之仍若无也。如有谷若干，固可以之养赡百工，以成各事，若藏之于仓，尚可谓资本乎？推之一切器用皆然，如机器一具，乃资本也，若置之高阁，有何取乎？是一国资本，必自是见之运用者言之，非自其藏于无用者言之也。

运用资本之法

资本用之于有益，则兴民间不能兴之利，用之于无益，则举国受害。国家用财，何为无益？如用之于战征军火之事，皆为无益。故有志富国者，必先和邻国，息争战，凡伤财害国之事不兴，君民相安，而后富国之法可施矣。若是则武备可以不修乎？非也。倘兵不足，器不利，即无以防御外患，一旦有变，百姓皆束手待毙，是故军律之费，虽无益于民，亦不可不备。何为有益之费？即用之以修造铁路、开矿诸事。此等工作动费巨万，难以猝办，当何法处之？统天下而论，止有二法：一为借贷，二为加税。论借贷一事，亦有二端：一为借贷于民间，是将民间闲余之财借为国家资本；二为借贷于邻国，是以邻国闲余之财借为国家资本。二者皆足令国家富盛。要之，或加税，或借贷，须因地制宜，不可偏执一见。

第五章　论人功

财非人功不生

天生万物以备人用，而令万物合用者，即修造之功也，因此修造之工而财生焉。请看市中之物，无论何件，统算其功，有不可胜数者。试以洋布论。棉花出自美国，织布在英国，后散售各国。其在美国，始而种植收采，继而束缚捆载，由内地运至海口，以备商贩，固在在需人矣。其至英国也，非船不能载，则有造船之功；船不能自行，则有航海之功；至岸起货，则有人夫挑运之功；行旱路赖乎铁路，则有创造铁路之功；织布赖乎机器，则有创造机器之工；百工之兴作，恃乎饮食，又有农田之功。按步推计，一布之微，其需功之众若此，他物更可知矣。由此观之，非特富国赖乎人功，即民之生计，亦赖人功以维持之。

人功生财之迟速

财固以人功而生，而人功之生财却不能相等，其异即生财之迟速也。

如农之耕种，秋收而财生矣；工之制造，工成而财生矣；商之贸迁有无，货售而财生矣。此皆生财之显而速者，人所共知。至若读书一事，其功不能立时生财，人当读书之年，费尽心思，终年耗财，曾不见有些少利益，至十年功成，亦未必即能获报。如英国昔年，人不重读书识字者，其工价与不识字者等，教读之师每叹其空费心力，空费资本，反不若不读书而佣工食力，犹得心神安闲也。佣工之业，以为读书则妨工，国家之有塾，反不若昔日之无塾。当其时塾师之功，纵不为有害，必为无益，岂果无益哉？特其益不显耳。迄于今，文教日兴，人知读书之足贵，塾师之声价亦贵，论读书之益，上而求取功名，中而巨商大贾，下至负贩小民，一技一艺之末，莫不心力并重，能识字知算者，必于其业有益。然则教人以道艺，牖人以聪明，师儒之功，岂不深有益于富国之道哉？从此可见人功之不迳生财者，徐待之未必无生财之效也。

人功有益无益之别

致功于正业，则业举而财生，此为有益之功。致功于玩好，则误功而耗财，此为无益之功。然玩好之事，虽为无益，若欲举耳目玩好之事而尽弃之，非惟势有所不能，亦情有所不必，何也？盖一国升平之象，可觇[①]民情而知之。民得闲暇自适，以寻乐趣，必国中之财用已足，政教已隆，而民享康乐也。且人生有作必有息，劳倦之余，得一舒散，而精神忽振，力作愈勤。若是则使人耳目玩好之事，非尽为无益，而亦足为生财之功也。

劳心劳力皆生财之功

前言生财之功，即劳力工作，以利物之用者。若拘守是说，则教授技巧之工师，亦非生财之功矣。百工之技巧，实富国之要端，而工非师不巧，工失其巧，国可减其富。特是人之论财用者，悉以形言，若遽以无形之技巧为财用，亦非至当。总之，或劳心，或劳力，凡足以利物之

① 觇，指窥视，观测。

用者，皆生财之功也。然世有游民，不劳心，不劳力，不耕而食，不织而衣，其所消耗者，犹是农工商贾之勤苦所生，天不更生他类以裨世。讲富国者，必设法令百姓皆有恒产，而无游闲之民而后可。

物之销路广则人工贵

人功之所以能生财者，以其制造之物也。然必将所造之物销售而财始生。如昔年英国之织布者，有明证焉。其时亚细亚洲诸国，以次通商，布之销路骤广，织布各厂以人工不足，遂遣人四乡招雇，优其工价，使之弃耕就织，有于一邑而得百人者。然大抵皆村农耳，妇孺耳，技巧之事，素所未谙，入手十分笨拙，故往往有功半而事倍者。旧有之织匠，其工价不待言矣。倘人功极巧，所造之物极多，而销路未广，人功即不见贵。如美国托氏创以锯木机器，专为制造小船而用，法极精巧，能省无数人力，无数工夫。计其所成一船之价，能省十分之三，然其器究无大用，船价亦不大减，此无他，无销售之路也。功程虽速，而所用之数不敌所成之数，势必停机以待，于是工本不免虚费，而船价仍不少减。托氏之法虽良，但不能收效于旦夕，使船之销路广，制造之工，足尽此器之用，而托氏之功亦显。

合力共作为人功之妙用

日用之物，统计其工，不知更历凡几，一人独执之，则虽格外辛苦，而所成之功有限，令数人共执之，必事半而功倍。如针之为物，至小也，而一针之成，所经历之工，几八十次。铸钢以成线，截线以合度，由是而锐其端，利其锋，磨之砺之，整齐而束缚之，使一人兼诸役，虽至巧之人，日不过造二十而已。今分司其役，而一日之间，一人之手，可造五千枚之多，速加二百余倍，即其利加二百余倍矣。推此分职之所以加速者，其故有三：专一则巧生，一也；无更役之劳，则时不空废，二也；各以私智，创器以便用，三也。

第六章 论货物

货物分三类

货物即一国之出产，为通国之财源也。总计之共分三类：一为多寡有限，而不能添制者。如古之名人巧匠所制之石像图画，精工无匹，世所罕有，虽购求者多，亦无法添办，故一切古玩珍宝，以及一名一物，有关古迹者，皆限于一定之数。二为多寡无限，可以添制，而价必增者。其增价之由，以工本愈用愈大，势必增价以补之，此类专主农田所产百谷、蔬果、丝茶之属，用之者多必生之者众，良田不足以取给，则次者垦种矣，次者不足以取给，则又次者垦种矣。夫如是，需本愈大，需工愈多，其价安得不增。三为多寡无限，可以任意添制，而价仍不增者，即百工所成之物，以及日用器皿衣服之类是也。虽各种材料有时日贵，而为数究微，于货价未必有所增损，直可不计。如业履者，不难随时添制，以应给不穷，岂因用者多而遂致短乏昂贵乎？一国货物不出此三类。要之，第一类有之不多，无之不少，于国家毫无重轻，惟二三两类堪贵也。

物价时变其故不一

农田货物贵贱，随时不同，其故非一端也。以英国米麦论之，其市价之涨落，不独系乎上年之丰歉，本年之收成，亦关乎他国年景之丰歉。夫关系如此之多，而必欲定其价亦甚难事。

货物之利为工费之余

无论何物，必需人功而后有用，是人功即货物之工费也。欲知得利几何，必开除一切工费而后可知。如业田者，从一年之出产，除去地租工价，以及添制之农器，喂养牲畜，督课之经费，一切费用，所余者，即业田之利也。

粮价之贵贱因户口之众寡

户口多需食亦多，良田出产不足以供给，薄田必以次开垦，于是功本重而粮价贵矣。欲平粮价，不外二法：其一令农事加精，出产加多，薄田可不必开垦，功本省而粮价以平；其二广采外洋谷米，以充民食，以他国之有余补我国之不足，而粮价以平。由此观之，英国已有明验。昔英国禁外洋谷米入口，商船不得往来，粮价大贵，民窘于食，迨废此禁令，英之户口虽日见增益，而粮不增价。又近年田事愈精，粪治尽力，向所谓薄田者，今乃有如许出产，耕种收获之力省，人功之费轻。行此二法，即勿虞粮贵矣。

矿产与地产同

论国之货物，田产仅居其半，此外犹有矿产，论此事与田产无异。因地有肥硗，产物有多少，利即有厚薄，矿亦有好歹，开采之费有多少。假令铁价大减，必有若干铁矿，因出产稍微，塞闭不开，如是铁之来源顿少，苟铁尚足用，价可不增，如其不足，铁价安得不增乎？价终不增，彼停开之矿，势不能复开矣。由是观之，采铁者之多寡，视乎铁价之贵贱，销路之广狭，铁贵者以用之者多，采之者少，铁贱者以采之者多，用之者少，二者皆不能持久。故凡矿产之物，必所出与所消适均，而后市价乃平。虽有时贵贱稍差，然必终归于平，如悬重然，以力加之，则左右摆动，终必定于中点也。

人功制造之货物

帛布器具，皆货物也，其贵贱之由，与农田山矿之产迥异。盖天产之物，以物料为价值之大纲，而系于人功者微；人制之物，以人功为价值之大纲，而系于物料者微，故其贵贱未可混言。农田山矿之产，苟来源不加广，人事不加巧，则所出有常数，一旦需用加多，其价必昂，若人功制造之物，则不然。试以布论，使织布者豫知来年之布销路加增，不难本年多备棉花，若是则棉花之价必涨，棉花价涨，布价亦因而加涨。

223

然制布多，工必见省，统布之工本而论，其所增特微无几耳，故可略而不论。按之销路加广，机器工作不必因之加费也，织匠工价不必因之加昂也。况制物多，工本每省，是一物销路加广，非惟不使之贵，而反使之贱焉。

第七章　论钱币

钱币之用

天下之大，万国之众，苟其稍有文教，必有一物以为交易之币，否则贸迁有无，必以物换物，甚为不便。如有人欲以粟易布，必得一欲以布易粟者交易之，斯何如之难？凡物如是，则贸迁不通，商贾不兴，又安望其富强乎？是故文教之邦，必制钱币为海内共信，以裕国便民。

钱币之质

各国钱币不同，有以金银为者，有以铜为者，此外复有他物，亦可视为钱币。如中国与蒙古人交易以茶砖，阿洲部落以文贝，是钱币不必定为金银，无论何物，凡为众人所共宝者，即为钱币。天下各国大都取用金银，而蒙古之视茶砖，阿洲之视文贝，不啻金银也。虽其取物不善，而视蛮夷生番绝无所谓钱币者，犹远胜矣。

钱币定物价

自钱币行，而后各物有各价，一家一国之富，可得而考核计算。如云某户有千金家产，乃统计所有为千金之值也。使无钱币，则必列陈其宫室车马衣服，而终无成数，拙何如之？或谓各物互易，可计其价，此亦不足定物价也。如谷一石，能易布几匹，或易丝几斤，是谷之价定，而布与丝之价未定。即逐物相较，终有不能定价之物，故必于物外另有一物，以为公共之准，而后物之大小精粗贵贱，其价值不难一目了然。是钱币一法，邦国所必行也。

物价不必专以金银为则，要以金银为便

第就一端而言，钱币不必专在金银也。如某国之法，凡物之值皆以粟计，一物之值，不曰钱几何而曰粟几何，是粟为公共之准，谓之为钱币，似无不可。然此法于邻里交易则可行，若远方交易则断不可行，因携带不便耳。民间一买一卖，皆以粟交纳，累孰甚焉，倘买一珍贵之物，需粟万石，将如何缴纳乎？

钱币必出入甚微

夫度长短以尺寸，权轻重以斤两，皆出入甚微者也。钱币为百物贵贱之准，尤当划一不变，然天下绝无不变之物，故取其出入至微者为之。若米粟之类，皆因岁之丰歉，国之治乱而变，一遇凶荒，斗粟或值数金。如英国之麦，自入口之禁废，麦价减至九分之五，若以麦为钱币，则前后二年中百物之值差至倍余。钱币有大出入，商贾之业必废，而贸迁之道亦紊矣，国何由富乎？

钱币质必自贵

凡钱币宜择质之贵重者为之，始难毁废。今各国有兼用纸币者，在国人深信不疑，视行票一若金银，然而行票不过以纸为之，设用金少许，则千万纸票成亦易易，是行票之质本不足贵。又况千金之券，一经火焚，即归乌有，非若金银锞锭，虽数经熔化，而其质仍存。故纸币者不过用于商民交信，国家太平之秋，以为金银出纳之据耳，非常法也。夫物之足贵，其故有二：一必借人工而得，二足给生人之欲。使人得之不仅可作钱币之用，非金银无有当斯二贵者。

便于携带

凡钱币必择体小值多者为之，不然则售一珍贵之物，所得之钱必重而且累，势难搬运。假使英国废金银钱币以铜为之，则物之值金钱十圆

者，所值之铜钱，不亦甚重乎？若降而用铁，则愈不胜其累矣。

铜济金银之穷

自上文可知，钱币莫胜于金银，而国之以铜为钱币者，亦未可厚非也。盖铜虽远不若金银之可贵，用为钱币，亦为甚便，因零星小物，其值有限，以金银偿之，亦甚累也。爰有铜焉，民甚便之，二者交相济，亦交相需而不可偏废者。

金为钱币之准

英国钱币，虽金银铜兼用，而用之为物价之准者，惟有金。他国有不以金而以银者，中国专以铜。究三者之用，铜远不若银，银犹不若金，因金尤珍贵，尤能以少值多，又挖金矿之费，视银矿为省，出产亦不能忽多忽少，故金价之出入甚微。

兼以金银为准则弊端生

或云金银既足并贵，则兼以以金银为物价之准，法非更宽乎？曰：非也。钱币之足贵，维其常不维其变，上文已言之矣，若二者并用，其中一有低昂，足滋弊端。假令金价如故，银价减百分之五，以金易银，每百两可多得五两，以之偿债，则与之者显得利，受之者阴受亏，图利者皆得取巧于其间，故金银可兼用而不可并重。

用银铜以副金

金银之不可并重如此。或云英国金银铜并用，其间似不无此弊，不知英之用银铜，只副金为用者也。复有善法以维制之，绝无通用取巧之弊，金钱每圆重若干，银钱每圆亦重若干，各有定数，金钱一圆抵大银钱二十圆，若熔化二十圆银钱所得之银，并不值一圆金钱。此故国家泉局之利权，而其立法如此，正自有故。倘其价各足相抵，则银价一涨，人将私熔银钱，售碎银以射利，而银钱短缺矣。观之法国已有明验。法国钱币之法，金银相抵，数年间银价渐贵，在英未致以私熔为利，而法之银钱几尽遭销熔，利在则然耳。故讲富国者必事事关心，令无害于民，无伤于国，百般设法，以免国家变乱，悉心经营，以开民间利数，而后富国之道得矣。

附

录

晚清《富国策》的译刊与传播[*]

　　《富国策》是清末西方资产阶级经济学的最早中译本。而"富国策"最初即京师同文馆按照西方学制设置的一门新兴课程。1867 年同文馆聘请美国人丁韪良为"富国策"教习。尔后公布的八年制和五年制课程表的最后一年均开设"富国策"课。至于为何放在最后一年，据《大清会典》记载，当学完前几年课程，"则习公法或富国策"，"富国策，农工商事也。三者裕国之源，明乎其术，惟士为能，故必择颖悟之资、精于格致者习之"。在同文馆的影响下，"富国策"课程在上海中西书院和山东登州文会馆陆续开设。由于大部分课程在中国是首次开设，没有现成的教材可用，所以丁韪良组织同文馆的教习、副教习和学生翻译、编写了一批教科书。这些书多译自西方原著，其中即包括英国资产阶级经济学家法思德的《政治经济学手册》（*Manual of Political Economy*）。该书1880 年出版，由汪凤藻翻译，丁韪良鉴定，译名则为《富国策》。

　　法思德（1833—1884，Henry Fawcett），出生于英国一贫苦家庭，中学毕业后，考入剑桥大学。由于其父亲不小心，致使法思德双目失明，他虽然很痛苦，却仍然保持了学术上和政治上的兴趣。经过努力，1863年他应聘担任剑桥大学政治经济学教授。同年出版《政治经济学手册》。1865 年被选为议员。1880—1884 年，法思德在格莱斯顿内阁中任邮政总长。马克思在《资本论》中称他为"英国的博爱主义经济学家"[①]。丁韪良在《富国策·凡例》中谈到法思德，"英国当今名士也，幼而丧明，

---

　　[*] 张登德：《晚清〈富国策〉的译刊与传播》，《广西社会科学》2003 年第 3 期。
　　[①] 马克思：《资本论》第 1 卷，人民出版社 1975 年版，第 817 页。

仍矢志勤学，先充国学教习，嗣擢为国会大臣，凡政务之涉于斯学者，无不与议"，并说"'富国策'为西国之新学，近代最重之"，"百年来名家迭出，如斯美氏、梨喀多、弥耳氏等，均未如法思德之详而且明"。

《政治经济学手册》刊印后，受到当时英国社会的好评，很快风靡欧洲经济学界，到 1883 年已出版过 6 次，1907 年有第 8 版。在政治经济学发展史上，该书是一本占有重要地位的著作。

关于《富国策》中文本的翻译出版，学术界有不同意见，有两点需要说明。一是《富国策》的初版时间问题。学术界存在一些不同说法：有的认为 1882 年同文馆所用教材为最早版本；有的认为同文馆出版《富国策》的时间为 1883 年；也有认为"译本于 1882 年在上海出版，定名为《富国策》"。其实，这些说法都值得商榷。经过笔者查证，美华印书馆出版过《富国策》不假，但时间是在 1882 年，并不是最早版本。在这之前，同文馆已于 1880 年出版聚珍版本。该版本扉页上印有"光绪六年（即 1880 年）"和"同文馆聚珍版"字样，卷前有时任总署大臣崇礼所作的序文，总教习丁韪良所写的凡例以及中西历对照表。这才是《富国策》刊行的最早版本。二是同文馆译本所依据的是英文哪一年版本。目前学术界存在 1863 年、1874 年、1876 年版三种不同看法。笔者根据同文馆 1880 年出版的聚珍版中译本中涉及"普法之战"及文中多次所提到的数据年份最晚是 1873 年，认为持依据 1863 年版本的说法是不对的，而到底是依据 1874 年版还是 1876 年版尚须进一步研究。

有关《富国策》翻译上的一些问题，应该说此书的翻译存在些不尽人意的地方，如除了把 *Manual of Political Economy*（《政治经济学手册》）译为《富国策》外，把亚当·斯密的 *the Wealth of Nations*（《国富论》）译为《邦国财用论》、wages（工资）译为工价、labour（劳动）译为人功、socialism（社会主义）译为均富，等等。当然，翻译者在当时很难从中文中找到与西方经济学相对应的词汇。近 20 年后，严复在翻译西方名著时尚"一名之立，旬月踟蹰"。梁启超在 1902 年《生计学学说沿革小史·例言》中也说"草创之初，正名最难"。可以想见汪凤藻和丁韪良还是付出了很大的努力。正如现代学者胡寄窗所指出，"1880 年出版的《富国策》是资产阶级经济学的第一部中译本"，"无论在名称或译文的内容上均不足取"，但"创始意义""不应抹杀"①。

同文馆译本《富国策》并不是严格依原著进行的翻译，在译述过程中，译者作了变动。原著本为4卷，而译者仅仅翻译了3卷，省略了一些章节。译本分为生财、用财、交易3卷26章。该译本对当时英国经济学理论所包含的生产、交换、分配等观点进行了较详细的论述，系统地介绍了英国政治经济学的基本内容。

《富国策》涉及许多西方的著名人物及其理论观点，如亚当·斯密的分工理论与赋税理论、李嘉图的地租论、马尔萨斯的人口论、欧文与傅立叶的空想社会主义学说及约翰·穆勒的学说等。中国人恐怕最早于此知道这些人物与学说。例如，书中介绍马尔萨斯及其人口理论："工价之贵贱，既与民数之消长相因，则民数所以增损之理，又不可不讲矣。英国马耳德氏所著《民数论》一书，最为详备，每发诸家所未发。其论民数之所以阻其增者，其端有二：曰天数，曰人事。凡人事无权，如饥馑、水旱、疾病、兵革之类，皆系乎天数者也。自人身世之谋益工，室家之计益熟，而婚姻之迟缓者多，婚姻迟则生齿少，而户口不能增，此系乎人事者也。马氏遍考列国之风土人情，各究其民数消长之故，以著为论，或因乎天数者多，或因乎人事者重。观风者盖深有取焉。其书之出，于今数十年矣，而诸家之说，卒无能出其右者，其书不重可贵乎？"

书中对空想社会主义学说亦有介绍："均富之说所由来也。英国温氏首创此说，其法令若干家联络一气，通力合作，计利均分，相助相济如家人然。""法国傅氏之说，较为变通。其法以二千人为一邑，每邑受地方九里，制为恒产，世世相传，或劳心，或劳力，或供资本如合伙经商然。其地出产，无分老弱壮者，各给以衣食之需，有余则计邑人之工力、资本、才能，而分之以为酬。分之法，由邑长区别材力，列为三等（列等之法，由邑人公定），酌其多寡，称量而与。"

由于原著刊行的时代是19世纪中叶，此时英国已经过渡到自由资本主义阶段，当时代表工业资产阶级利益的自由党执政，推行自由贸易政

---

① 胡寄窗：《二十—四十年代中国的经济基本理论》，载《胡寄窗文集》，中国财政经济出版社1995年版，第695页。

策。法思德为自由党议员，拥护该党的自由贸易政策。故他的书中充满了要求自由贸易的言论。如，"宇宙之大，邦国之多，不独天时地利互有不同，即人巧亦各有所擅。故往往此之所有者，或彼之所无；彼所有余者，或此所不足。自邦国通商互市，而后以有易无，以易济难，以有余补不足，上以裕国计，下以厚民生也。获益维均，其为利甚溥，国不待智者而后知之也"，推行自由贸易政策便理所当然。这种宣扬经济自由主义的论调，不只在《富国策》中有所反映，随后输入的《佐治刍言》《富国养民策》等西方经济学译著中也有同样类似的声音。

《富国策》出版后有多少人读过，有何反映，没有具体文献记载。不过时任总署大臣的崇礼为最早阅读该译本的官员之一。当时同文馆副教习汪凤藻译述完此书后经过丁韪良校订，呈请崇礼为该译本作序。该序着重阐发了翻译出版的意义，同时也是清政府官方对《富国策》的简单认识与评价。崇礼在序中称"天地之大德在好生，圣人之大业在富有，发政之始以足食，聚人之术曰丰财"，提出了与传统"重义轻利"完全不同的见解。陈炽曾在该书出版后阅读，也是热心的读者之一，而且后来撰写《续富国策》，重译过《富国策》。梁启超在 1896 年将同文馆《富国策》译本作为商政之书收入《西学书目表》，并在《读西学书法》中提到《富国策》"精义甚多。其中所言商理商情，合地球人民土地，以几何公法盈虚消长之，盖非专门名家不能通其窔奥也"。1903 年美华书馆版《中国学塾会书目》谈道："（《富国策》）为此学最早之译本，今日访问理财学之本，层见叠出，然细按之，则大半徒有虚名，其内容多不合教科之用，反不如此本之繁简得中，说理清楚为独胜也。"

有的学者在关注《富国策》的同时，也对其进行了批评。梁启超在《读西学书法》中说："同文馆所译《富国策》，与税务司所译《富国养民策》，或言本属一书云，译笔皆劣。"陈炽也认为同文馆所译"弃菁英，存糟粕，名言精理，百无一存"[①]。严复在《论译才之难》中说："曩闻友人言，已译之书，如《谈天》、《万国公法》、《富国策》，皆纰缪层出，开卷即见。"

---

① 赵树贵、曾丽雅编：《陈炽集》，中华书局 1997 年版，第 274—275 页。

虽然此书受到一些人的批评，但在洋务运动的求富阶段，该书还是被多次刊刻翻印。《湘学报》［光绪二十三年（1897）三月二十日］有商学书目提要介绍给读者，1898 年丁韪良充任京师大学堂教习仍然用《富国策》作为教材。《富国策》在变法运动中亦深受维新派的重视，1896—1897 年《时务报》连载了陈炽译述的《重译富国策》，1898 年同文馆聚珍版译本又有校印本问世。

《富国策》的内容还被收集在经世文编中。于宝轩辑《皇朝蓄艾文编》，即包括《富国策》的部分内容，如《论增益财用之利》《论制产之义与均富之说》《论财所自分》《论地租角逐之道》《论工价》《论利息》《论合本同工》（以上载该书卷 17）、《论邦国通商》（卷 28）、《论钱币》《论钱币贵贱之理》《论金银流通各国之理》（卷 31）。

光绪二十五年正月（1899 年 2 月）《万国公报》刊登的《各家富国策辨》中提到"昔格物家有马耳德者，深思人民患贫之苦，手著一书，历来作富国策者，皆以为笃论而宗之"。所以"丁韪良先生《富国策》中亦曰：数十年来，诸家之说，俱无能出马氏之右者"。这在一定程度上说明同文馆译本，不仅在中国知识分子中引起反响，就是外国人也关注它所讲的理论，以作为自己说理的依据。

《富国策》在 1880 年刚问世时并未引起知识界的足够重视，与同文馆所译出的《万国公法》的传播形成了鲜明对比。这与当时中国的社会环境有关。在"诸夷环伺"的情况下，同文馆所译的外交方面的书籍自然更适合形势需要。当时清政府在西力冲击下被迫走上国际外交的舞台，"如何处理对外关系成为晚清最为棘手、也最为关键的政治事务"①。所以《万国公法》一出版即受到当时学者的注意，而且成为清政府外交官的必备参考书，"在 19 世纪七八十年代，《万国公法》是中国通商口岸地方官员以及一切涉外人员必备书"②。相比之下，《富国策》出版后就没那么幸运了，仅有刚刚进入总理衙门的崇礼作序，虽是免费送给各地官员阅览，但未见多少反响。不过，考虑到此时的译书特点，正如梁启

① 田涛：《国际法输入与晚清中国》，济南出版社 2001 年版，第 59 页。
② 熊月之：《西学东渐与晚清社会》，上海人民出版社 1994 年版，第 318 页。

超所说"当时之人，绝不承认欧美人除能制造能测量能驾驶能操练外，更有其他学问"[1]。整个社会关注的主要是自然科学和应用科学的译书，以及同文馆所译外交史地之类部分书籍，并不重视社会科学著作的翻译。

另一个原因是该书内容的制约。《富国策》原著出现年代的英国已经过渡到自由资本主义阶段。此时代表工业资产阶级利益的自由党执政，推行的是自由贸易政策。《富国策》原著即是在此历史条件下的产物，主要适应英国社会需要，阐述的是自由贸易理论。而在19世纪80年代的中国，民族资本主义企业刚刚诞生，需要官方支持，"处在幼年时期的新的生产方式还难以独立行走，它在学步时还必须依靠国家之手的搀扶"[2]。虽有一些先进之士鼓吹发展资本主义，但多受西方重商主义思想影响，主张"重征进口税，轻征出口税"，而且对西方的经济侵略有抵制的爱国情绪，要求"收回利权""抵制外货"，主张中国自制机器，自办工矿交通业，保护民族工业，这很自然与《富国策》书中所讲的分工理论和国际自由贸易理论有许多抵触之处。梁启超在1902年所写《生计学学说沿革小史》中谈到读亚当·斯密的书时认为应该"审其时、衡其势"，"斯密之言，治当时欧洲之良策，而非治今日中国之良策也"，而且"重商主义在16世纪以后之欧洲，诚不免阻生计界之进步，若移植于今日中国，则诚救时之不二法门也"。这已经是20世纪初，社会上仍然弥漫着对经济自由主义的不以为然，而要求在这之前的20年该理论能有广阔的市场是不可能的。

影响《富国策》传播因素之三是传播媒介的作用。19世纪80年代西学传播途径主要是各类西书翻译出版机构。当时政府组织的译书机构主要是上海江南制造局翻译馆和京师同文馆。其中同文馆所译书大部分是免费送给各地官员阅览，且皆是聚珍版，数量当然有限。加之当时交通运输条件落后，该书的传播范围自然就有限了。傅兰雅曾针对中国当时现状就说："缺乏正常的交流手段，没有邮局和铁路帮助，没有中间

---

① 梁启超：《清代学术概论》，上海古籍出版社1998年版，第97页。
② 吴易风：《英国古典经济理论》，商务印书馆1988年版，第520页。

商撮合，没有广告等宣传手段，书籍滞销还是可以理解的。"① 在这种情形下，对于一些西书译本，除北京、上海以及一些沿海通商口岸有条件获得外，"腹地各省僻绩学士，犹往往徒觇目录，如宋椠元钞，欲见而不可得"②。本来翻译《富国策》的目的之一是"俾留心时务者文人学士皆得阅之"，但客观因素的存在也自然在一定程度上影响了《富国策》的传播范围。

汪凤藻"致力于西书翻译之引介"，利用自己所受的传统教育及在馆中所打下的外文基础，对《富国策》原书"熟读备探秘奥"，"脱稿后复经总教习详加核对"而成。当然他对该书的理解有所偏颇，而且需要外人的协助，与严复、马君武独立翻译相比有些差距。书中所宣扬的经济理论也与当时中国的环境并不合拍，因而未获得如期的效果，不过该书作为近代中国第一部西方经济学中译本的地位却是可以肯定的。

---

① ［美］乔纳森·斯潘塞：《改变中国》，曹德骏等译，生活·读书·新知三联书店1990年版，第153页。

② 求自强斋主人辑：《西政丛书·序》，光绪丁酉（1897）仲夏慎记书庄石印本。

《富国须知》与《富国策》关系考述[*]

晚清以降，来华西方传教士曾翻译了一些西人的著作，有的还有所著述。英国传教士傅兰雅即有《富国须知》一书。不过拿同文馆译本《富国策》细加对照，发现《富国须知》几乎是《富国策》的简写本。从论文观点到所举例证，除有少量字句有所改动外，其余的几乎相同。经笔者考证，《富国须知》绝大部分内容抄录于《富国策》，而并非傅兰雅所"著"，也不是其翻译的。对于这一问题，迄今尚未有专文予以指出。为避免以讹传讹，特撰此文加以澄清，以期对研究傅兰雅的思想有所帮助。

傅兰雅，英文名为 John Fryer（1839—1928），英国传教士。19 世纪60 年代来华后，长期担任江南制造局翻译馆翻译，先后翻译了 100 多种西书，被称为西学传播大师。关于《富国须知》一书，学术界大多认为是傅兰雅所译。如顾长声在《从马礼逊到司徒雷登——来华新教传教士评传》中的《傅兰雅传》谈到其译著时即包括该书，并列出此书的英文底本原名，即 Political Economy（outline series）。^① 台湾学者姚菘龄在《影响我国维新的几个外国人》书中谈及的傅兰雅译著中文一览表"经济政治类"中即包括《富国须知》一书（1892 年出版），亦列出原书名称为 Political Economy（outline series）。^② 陈潮在《傅兰雅及其译书》文中谈到傅兰雅从 1885 年起开始有选择的翻译社会科学的著作，其中包括

　＊ 张登德：《〈富国须知〉与〈富国策〉关系考述》，《安徽史学》2005 年第 2 期。

　① 顾长声：《从马礼逊到司徒雷登——来华新教传教士评传》，上海人民出版社 1985 年版，第 262 页。

　② 姚菘龄：《影响我国维新的几个外国人》，传记文学出版社 1971 年版，第 137 页。

《佐治刍言》《公法总论》《富国须知》等。① 另外有一种意见，以熊月之为代表。他在《西学东渐与晚清社会》一书中，指出傅兰雅在主持益智书会（School and Textbook Series Committee）期间，曾负责编纂各种教科书，以供高等小学和中学的需要，其中就包括《富国须知》一书，但其并未指明傅兰雅所据资料的来源。② 北京师范大学图书馆所藏《富国须知》一书，扉页内写着"傅兰雅著"（并无中国人"述"）四个字，出版时间为光绪十八年（1892）新镌（出版地未详）。这就引发一个疑问，《富国须知》到底是傅兰雅所翻译，还是本人独立所"著"，抑或是"编"成？笔者将《富国须知》与《富国策》细加对照，发现两书内容非常类似，我们可以初步断定前者是傅兰雅依据后者编辑再加阐发而成。主要论证如下。

第一，两书出版时间的不同，存在着前者抄录后者的可能性。《富国须知》出版于光绪十八年，而《富国策》是同文馆在 1880 年出版的聚珍版本。也就是说，《富国须知》一书出版时，《富国策》已经问世十几年了。这样，傅兰雅即非常有可能获得此书。

第二，两书具体内容的雷同，足以证明二者之间的关系。《富国须知》共有七章，即开源、政教、农事、资本、人功、货物、钱币。《富国策》分为 3 卷 26 章，其中包含着前者相关的内容。笔者将《富国须知》与《富国策》［光绪六年（1880）同文馆聚珍版本］仔细对照，发现傅兰雅在这本书的七章内容中，绝大多数文字系抄录自后者。

现举几例如下。

《富国须知》第二章《论政教》前言部分：

> 上古之人，大抵皆猎禽兽以为食，用皮草以为衣；其后则一变为牧，养牛羊，再变为耕稼力田，而教于是兴，国于是立。今之蛮夷，以渔猎为生，回部以游牧为业，荒陋之习，犹未变革。他若东方之国，其民聚族而居，立长而治，亦见先古之遗风。中国兴教最

---

① 陈潮：《傅兰雅及其译书》，《书林》1984 年第 3 期。

② 熊月之：《西学东渐与晚清社会》，上海人民出版社 1994 年版，第 486 页。

先，立国最久，其人狃于信古，故流风遗俗，至今犹有存者。凡此贫富之殊，由于物产者少，由于人事者多。而天下之大，万民之众，或日进于富强，或转流于贫弱，或历久而如故，其中莫不各有其故。英人勇于自修，日思富强，故其国则日臻于强盛。

而《富国策》卷一第一章总论第四自然段：

> 厥初生民，大抵猎兽而食，一变为游牧，再变为耕稼，而教于是兴，国于是立矣。今之蛮夷，以渔猎为生，回部以游牧为业。盖荒陋之习，犹未变革。他若东方之国，其民聚族而居，立长而治，亦见古世之遗风。中国兴教最先，立国最久，特其人狃于信古，故流风遗俗，至今犹有存者。凡此贫富之殊，由于物产者少，由于人事者多。而天下之大，万国之众，或则日进富强，或则转流于贫弱，或则历久而如故。此其中莫不有所以然之故。英人勇于自新，日思富强其国，而国亦日臻于盛。

从这两段文字相比较可以看出，《富国须知》中该段除个别字句措辞稍有改动外，其他均与《富国策》中相关段落相同。这类例子在《富国须知》其他章节中随处可见，有的甚至一字不改，大段大段地引用。

我们再抽出一段加以比较。《富国须知》第七章《论钱币》中第一、二段：

> 天下之大，万国之众，苟其稍有文教，必有一物以为交易之币，否则贸迁有无，必以物换物，甚为不便。如有人欲以粟易布，必得一欲以布易粟者交易之，斯何如之难？凡物如是，则贸迁不通，商贾不兴，又安望其富强乎？是故文教之邦，必制钱币为海内共信，以裕国便民。

再看《富国策》卷三第五章《论钱币》第二、三段：

天下之大，万国之众，苟其稍有文教，必有物焉以为交易之币，否则民间贸迁有无，必以物易物而后可，不便孰甚焉。假如有人欲以粟易布，必得一愿以布易粟者交易之，斯何如之难？通国如是，则贸迁迟滞，商贾不兴，其国必不能以富强。是故凡在声明文物之邦，必制钱币以便民，为海内之所共信。

两相比较，相同之处，尚有许多，兹不赘举，列表说明。

表1　　　　　　　　《富国策》与《富国须知》相关内容对照

《富国策》	《富国须知》
卷一　第一章 总论	第一章　论开源
卷一　第三章 论人功	第五章　论人功
卷一　第四章 论资本	第四章　论资本
卷二　第二章 论物价贵贱之理 第三章　论农田物产贵贱之理 第四章　论人功制造之货物及其贵贱之由	第六章　论货物
卷二　第六章　论小农躬耕之法	第三章　论农事
卷二　第七章　兴乡学以维工价	第二章　论政教
卷三　第五章　论钱币	第七章　论钱币

注：表中仅列《富国须知》所抄录于《富国策》的卷章，具体内容可参考原书。

由此推断，傅兰雅的《富国须知》一书并非其翻译而成，也并非他所著，而是大量参考了《富国策》而撰成。当然，傅氏并非完全照搬《富国策》的内容，他也是有选择，经过了自己缜密思考的。同文馆译本《富国策》有3卷26章，而傅氏之书仅仅7章。傅兰雅根据需要进行取舍，有的章节通过摘编，有的部分引用，有的则完全引用，并且时常打乱原文顺序，重新进行组合。如《富国策》卷二第七章《兴乡学以维工价》内容本为完整一段，而傅氏把它分为两段，分别以"启民智巧""学校严肃"为小标题录入《富国须知》第二章《论政教》中；《富国须知》第六章《论货物》内容则是其抄自《富国策》卷三第二、三、四章的相关部分；《富国须知》第七章《论钱币》除少量词句有所不同外，其他全部袭自《富国策》卷三第五章《论钱币》；《富国策》卷一第一章《总论》的第四段则被傅氏调整到《富国须知》第二章《论政教》的首段。这样的情况比比皆是，在此不一一列举。如此之多的雷同内容，由于傅兰雅没有注明出处，全书也只字没提《富国策》。这样，他的观点就与原作者的相混淆，容易给人造成误解，即《富国须知》为其潜心钻研的结果，这样使后人在研究傅兰雅时，误以为该书即为其所著，不利于对傅兰雅的客观评价。

当然，在 19 世纪中期，英国以"Political Economy"为名出版的书籍较为普遍。曾被章太炎叹为观止如醉如痴的《佐治刍言》（1885 年江南制造局出版）的英文底本即为"Political Economy"；《富国养民策》译本的原著则是英国经济学家杰文斯的"Political Economy"。有的作者将法思德的《政治经济学手册》的英文底本名为"Fawcett's Political Economy"① 或"Political Economy"②。傅兰雅作为一名英国学者，有可能得到上述"Political Economy"诸书并进行翻译。不过，笔者目前虽没有找到一些学者所说的傅兰雅编辑《富国须知》所依据的英文本，但通过上文的论证，可以初步断定《富国须知》一书并不是任何"Political Economy"的中译本，而是傅氏大量抄录同文馆译本《富国策》的内容再略加阐发而成。

---

① ［美］丁韪良：《同文馆记》，傅任敢译，载黎难秋主编《中国科学翻译史料》，中国科学技术大学出版社 1996 年版，第 440 页。

② 王立新：《美国传教士与晚清中国现代化》，天津人民出版社 1997 年版，第 372 页。

《富国策》与《重译富国策》关系研究*

晚清时期，随着西学东渐，西方资产阶级经济学说也传入中国，并对中国思想界和社会经济生活产生了重要影响。其中"富国策"曾是清末知识界较为流行的经济学的中文译名。1880年该书由同文馆副教习汪凤藻以《富国策》之名翻译出版。《富国策》问世后，不仅被其他学校沿用，而且社会各阶层纷纷从不同的角度对其进行介绍和评价。1896年，早期维新派代表人物陈炽与朋友将其重译并发表在《时务报》上，受到广泛重视。但是对于陈炽"重译"的动机以及《富国策》与《重译富国策》之间的关系，学术界尚缺乏必要的研究。本文通过对照《富国策》与《重译富国策》两个文本内容以及与原著的关系，分析两者之间的差异，以探讨译本的质量，同时解决《重译富国策》是否为"重译"的问题。

一 《富国策》著译者与内容简介

由于同文馆"立馆之本意"是为办理洋务培养翻译人才，因此译书成为馆中学生所必须经历的一种基本训练。从1867年到1898年，京师同文馆共翻译了20多种书籍，成为晚清传播西学的重镇。其中《富国策》是同文馆师生翻译的重要译著。这是一部全面系统介绍西方经济学知识的教科书式著作，内容丰富，是晚清流传较广的译著之一。

《富国策》原作者亨利·法思德（1833—1884），自幼热爱读书，中

* 张登德：《〈富国策〉与〈重译富国策〉关系研究》，《鲁东大学学报》2009年第4期。

学毕业后考入剑桥大学。1858 年，父子两人外出打猎时，其父不小心误伤了法思德，致使法思德双目失明。虽然很痛苦，但他"仍然保持了学术上和政治上的兴趣"①。经过努力，1863 年应聘担任剑桥大学政治经济学教授。同年出版《政治经济学手册》（*Manual of Political Economy*）传颂一时，到 1883 年已出版过 6 次，1907 年有第 8 版，在 19 世纪的英国"几乎与穆勒的书一样流行"②。该书的一次次再版，充分证明了它的历史作用和影响力。

译者汪凤藻（1851—1918），江苏元和人，同文馆英文班毕业生。后因成绩优秀升任副教习。1882 年中举，次年进士及第，随又被点为翰林。可见其中外文水平都很高。当时总教习丁韪良都赞叹他"夙擅敏才，既长于汉文，尤精于英文"。今人也称其"中、英文功底均不浅"③，"学贯中西并达到传统科举考试之巅峰，实属难得"④。崇礼在《富国策·序》中指出该书由丁韪良"督率汪生凤藻译之而详加核焉"。丁韪良在《富国策·凡例》中也说"译是书者为同文馆副教习汪生凤藻"，"其原书先已熟读，备探秘奥。迨译本脱稿后，复经总教习详加核对"⑤。因此，《富国策》由同文馆副教习汪凤藻译，后经丁韪良校订而成。

在 19 世纪的中国，《富国策》是第一部系统介绍西方经济学的中文译著。全书共 3 卷 26 章。第 1 卷论生财包括 7 章，分别是总论、论生财有三要、论人功、论资本、论三要滋生之力、论制造多寡之异、论增益财用之理；第 2 卷论用财，分为 9 章，分别是论制产之义与均富之说、论财所自分、论地租角逐之道、论工价、论利息、论小农躬耕之法、论兴乡学以维工价、论齐行罢工、论合本同功；第 3 卷论交易，有 10 章，包括论价值之别、论物价贵贱之理、论农田物产贵贱之理、论人功制造之货物及其贵贱之由、论钱币、论钱币贵贱之理、论邦国通商、论金银

① 商务印书馆编辑部编：《近代现代外国哲学社会科学人名资料汇编》，商务印书馆 1965 年版，第 740 页。

② 戴金珊：《中国近代资产阶级经济发展思想》，福建人民出版社 1998 年版，第 186 页。

③ 郭汉民、徐彻主编：《清代人物传稿》下编第 8 卷，辽宁人民出版社 1993 年版，第 88 页。

④ 苏精：《清季同文馆及其师生》，1985 年印刷，第 185 页。

⑤ 丁韪良：《富国策·凡例》，光绪六年（1880）京师同文馆聚珍版。

流通各国之理、论邦国货币互易之法、论税敛之法。该书资料丰富，利用和引用了前人的大量论述，其中法思德经常引用亚当·斯密、大卫·李嘉图、约翰·穆勒、马尔萨斯、欧文与傅立叶等学者的著作，中国人恐怕最早于此知道这些人物与学说。译本对西方经济学所包含的生产、交换、分配等理论作了较为详细的论述，系统地介绍了英国古典政治经济学的基本内容。

《富国策》出版后，引起了人们的广泛关注。除了京师同文馆在1880年以聚珍版的形式出版外，《富国策》后来曾被多次刊刻翻印，尚出现过上海美华书馆印行本、益智书会本、实学新编本、乐善堂铅印本、上海鸿宝书局本。《湘学新报》《中国学塾会书目》《东西学书录》等书报分别给予了评介；《皇朝蓄艾文编》收录了该书的部分内容。可见，《富国策》的翻译刊行，对近代中国社会产生了多么深远的影响。

二 陈炽重译《富国策》的动因

《富国策》问世15年后，1896年《时务报》连载了陈炽的《重译富国策》，使其影响更加深远。陈炽为何要重译《富国策》呢？

（一）甲午战后的形势所迫，清政府经济政策变化

"一种学说的产生与所处环境所受背景相关，同样，一种新思想的输入和摄取也与所处环境所受背景相关。"① 甲午战争后，清政府被迫允许外人在中国投资设厂，同时对官办、官督商办企业弊端也有所觉察，舆论开始对民间资本有所重视。胡燏棻在《变法自强事宜疏》中明确说，"窃谓中国欲藉官厂制器，虽百年亦终无起色，必须准各省广开各厂，令民间自为讲求"②，并大力提倡商办铁路。王鹏运、刘坤一等针对开矿、铁路等问题提出要招集民间商股，采用商办之法。同时，民间有关"设厂自救"发展工商业的社会舆论也日趋高涨，呼吁政府应鼓励民间

---

① 王克非：《中日近代对西方政治哲学思想的摄取：严复与日本启蒙学者》，中国社会科学出版社1996年版，第72页。

② 沈桐生辑：《光绪政要》卷21，清宣统一年（1908）上海崇义堂石印本，第18页。

兴办实业。在朝野上下的吁请下，清政府改变了以往对民营企业的态度，允许民间独立设厂。这在一定程度上促进了民族资本主义经济的发展，也有利于《富国策》所主张的经济自由主义理论的传播。同时，为了宣传救亡图存，康有为、梁启超等人呼吁政府允许私人办报，并率先在京城办起了报刊。1896 年《时务报》创刊后，各地维新派报刊如雨后春笋般兴起，对几千年来的封建言禁予以冲击。

（二）《富国策》的重要性

甲午战争的失败，引起了国人对富强问题的进一步认识，西方经济学逐渐走进人们的视野。严复在《天演论》按语中指出："晚近欧洲富强之效，识者皆归功于计学。"① 陈炽也说英国"富强之本，托始于是书"，当时整个英国及其他西方国家"珍之如拱璧""勤勤然奉为指南"，如果此学"肤浅不足观"的话，就不会有"五六大国千万生徒，所心维口诵"。其朋友的话，更坚定了陈炽对该书重要性的认识。据陈炽记载，当时他的一个熟悉英语的朋友从南方来京城，住在其处，两人朝夕谈论，"因及泰西各学，友人言欧美各国，以富强为本，权利为归，其得力实在《富国策》一书，阐明其理，而以格致各学辅之，遂以纵横四海。《富国策》，洵天下奇文也"②。因此陈炽在致汪康年的信中说，"此书在西国最有名"，可以"救时"③。于是，早就有心致力于中国富强的陈炽，便欣然与朋友一起，开始了对该书的翻译。

（三）同文馆译本《富国策》的弊端

《富国策》出版后，受到一些人士重视，同时其翻译的准确性也受到质疑。梁启超赞同《富国策》的开创意义，但是他认为此书的翻译与艾约瑟的《富国养民策》一样"议笔皆劣"④。陈炽也谈到自己读此书的最初感受："总署同文馆所译《富国策》，词旨庸陋，平平焉无奇也。"通过《富国策》的英文原本与同文馆的中译本进行比较，"始知原文闳

① 严复译：《天演论》，科学出版社 1971 年版，第 48 页。
② 赵树贵、曾丽雅编：《陈炽集》，中华书局 1997 年版，第 274 页。
③ 上海图书馆编：《汪康年师友书札》（二），上海古籍出版社 1986 年版，第 2075 页。
④ 梁启超：《读西学书法》，载黎难秋主编《中国科学翻译史料》，中国科学技术大学出版社 1996 年版，第 639 页。

肆博辨，文品在管墨之间"，而同文馆本的翻译者却"弃菁英，存糟粕"，原书中的"名言精理，百无一存"。陈炽对其进行批评道："西士既不甚达华文，华人又不甚通西事"，所以"虽经观面，如隔浓雾十重，以故破碎阘茸，以至于斯极也"。陈炽痛心地说，《富国策》问世后，"三十年来，徒以译者不工，上智通才，弃如敝屣，又何效法之足云"①。这也是促使陈炽致力于《富国策》翻译的原因之一。

三 《富国策》《重译富国策》与原著的对照分析

与《富国策》相似，《重译富国策》问世后也引起了社会的广泛关注，这足以说明它们所蕴含的经济思想对于近代中国的重要性。但两书是否真正传达了原书的观点，则需要具体论证。试举两例。

例 1

The great natural pastures of Australia have for many years supported immense flocks of sheep. In England the carcass of a sheep is far more valuable than its wool; but the reverse was the case in Australia—the wool was valuable, the carcass was almost worthless. Wool is not a bulky commodity, and the cost of sending a fleece from Australia to England is comparatively trifling; but so great a quantity of meat was almost worthless to so sparse a population. ②

《富国策》：澳大里亚之草田，向以牧羊为息，然往往贵皮而贱肉。以皮之为物轻，易于输运；肉则居人稀而食之者少，又不便贩运，故弃之无可惜。与英国之贵肉而贱皮，正相反也。（卷 1 第 5 章《论三要滋生之力》）

《重译富国策》：澳大里亚之草田，牧羊蕃息，皮贵而肉贱，犹弃物也。（卷 1《分合》）

① 赵树贵、曾丽雅编：《陈炽集》，中华书局 1997 年版，第 274—275 页。
② Heny Fawcett, *Maunal of Political Economy*, London：Macmilliand Co, 1874, p. 48.

例 2

The Labour of policemen and others who are engaged in protecting industry is productive, because they confer upon commodities the important utility of security. ①

《富国策》：推之巡街之捕役，查夜之兵丁，所以靖盗寇、保商贾，亦足与于生财之列。（卷 1 第 3 章《论人功》）

《重译富国策》：彼修道之兵夫，巡街之捕役，听讼之官吏，守埠之兵船，乃至轮舟、火车、邮政、电报、银行之属，及各种格致化学、重学、光学、电学、地学之类，皆所以补农工商之不及，兴大利，除大害，以永保此农工商各业，以坐收大利于无穷也，此生财之功。（卷 1《人功》）

通过以上译例（暂不一一列举），可以得到以下认识。

第一，《重译富国策》删略较多。原著《政治经济学提要》中 155 页的内容（仅指两文共同所译部分而言），《重译富国策》译成中文不过 8000 多字，而同文馆译本基本上是逐字逐句对译，译本的篇幅接近 40000 字，几乎是前者的五倍。

第二，两位翻译者在翻译时侧重点各不相同。汪凤藻惟恐读者难以理解原书内容，往往许多地方就原文加以解释说明；而陈炽则注意锤炼字句，译文中几乎无多余词句，"只求雅驯，不欲艰涩"②。如例 1 谈到澳大利亚草田时，汪本译文约用 70 字，显得有些啰嗦，而《重译富国策》则用大约 20 字即说明了情况。

第三，译文的准确性。《富国策》虽然有许多欠通之处，也存在删节，但基本上忠实于原著。《重译富国策》译文虽较简洁，但由于采用的译书方法存在弊端，自然损害原意之处较多。正如钱锺书评价林纾时所说："他在翻译时，碰到他认为是原作的弱笔或败笔，不免手痒难熬，

---

① Heny Fawcett, *Maunal of Political Economy*, London: Macmilliand Co, 1874, p.14.
② 赵树贵、曾丽雅编：《陈炽集》，中华书局 1997 年版，第 275 页。

抢过作者的笔代他去写。从翻译的角度判断，这当然也是'讹'。即使添改得很好，毕竟变换了本来面目，何况添改未必一一妥当。"① 陈炽的译述中类似问题亦比比皆是。如例 2 论述生财之人时，汪本照译原文，而《重译富国策》则增加了"听讼之官吏，守埠之兵船，乃至轮舟、火车、邮政、电报、银行之属，及各种格致化学、重学、光学、电学、地学之类"等语。在《重译富国策》中有的地方很明显为译者所加。如第 1 卷第 4 章《论资本》最后一段："日出不穷，规规一隅，安知大局，一知一不知，一改一不改，其不敌也决矣。天下事知则真知，改则竟改，若如中国吴淞铁路，购赴台湾，听其霉烂。江河虽广，轮舟有准行有不准行。机器厂听人设立，而自不设立，则偏枯瞀乱，百弊丛生，不改固不能，改亦终无所利也。此之谓不知本。"② 英文原著中并无这段文字，显然为陈炽所加。

通过两个译本与原作的对比，我们认为两者的翻译皆存在某些问题，均未能达到忠实、准确地体现原作的目的。汪凤藻的翻译虽较尊重原著，但也有漏译和添加之处，而且多处用中文旧词汇比附西方经济学说。陈炽的《重译富国策》问题就更多，删略太多，补充太多，不免损害了原意。因此，我们可以看到，汪本并不像陈炽所说弃其精华，取其糟粕，而是对西方经济词汇做了尽可能的解释，较准确地表达了原文的含义。相反，陈炽与朋友所译存在着可以妨碍人们对该书原意理解的两个问题：一是懂英文的朋友的口述对原文的理解是否完全准确，一是陈炽在表述朋友口述之意时是否根据己意作过处理。后者在陈炽的《重译富国策》中随处可见。陈炽自己也说：《重译富国策》"未必吻合原文，亦庶乎可供观览"③。他删改之处如此之多，不见得其所译比汪本能好多少。因此，我们只能说两书各有特点，汪本比陈本更详尽、更准确地表达了原文之意，陈本在行文上比汪本更简洁、流畅、易懂，但内容删略较多。

---

① 钱锺书：《七缀集》，上海古籍出版社 1985 年版，第 73 页。

② 赵树贵、曾丽雅编：《陈炽集》，中华书局 1997 年版，第 281 页。

③ 上海图书馆编：《汪康年师友书札》（二），上海古籍出版社 1986 年版，第 2075 页。

四 《重译富国策》是否为"重译"《富国策》

《重译富国策》在《时务报》（第 15、16、19、23、25 册）连载后，受到知识界一些人士的关注。高凤谦、张元济、梁启超等人分别进行了评价。《富强新书》《皇朝经世文编五集》等书也收录了其中的相关章节。可见，《重译富国策》在维新运动时期的影响是很深远的。

陈炽的《重译富国策》是否像他自己所讲的那样，就原本重新翻译，还是抄录《富国策》加工拼凑而成？当《重译富国策》在《时务报》上连载后的第二年，《湘学新报》上即有人质疑。当时《湘学新报》中的"商学书目提要"载："《重译富国策》，《时务报》馆刊本。是书自署通正斋生译。原序谓：'斯密德著《富国策》，李提摩太译述《泰西新史》，推原英国富强之本，托始是书。因忆十五年前，曾见总署同文馆所译《富国策》，词旨庸陋，平平焉无奇。因假得西人《富国策》原文与同文馆所译，彼此参校，始知原文闳肆博辨，文品在管墨之间，故为重译。'今按斯密德即斯米雅堂，虽曾著《富国策》，主张均税，使英人盛兴工商，以致富强。然西人为富国策者颇多。同文馆所译《富国策》乃法思德采辑各家之作。所谓斯密德即法思德所称斯美氏。第十章均税之说，多采其说。观此则斯密德所著《富国策》与同文馆译本为法思德所著者，迥不相同，乃合为一人，又合为一书，而谓取原本重译，其谁信之。且篇第名目议论，均与法思德所著相同，其为取同文馆本重加删润无疑。不独斯密原书未见，即法思德原本亦未见也。"① 即他们认为陈炽不是"取原本重译"，而是"取同文馆本重加删润"而成。今人李竞能也说："在 1897 年初，又出现了时务报馆刊本的《重译富国策》，改头换面地再版了 1882 年的《富国策》。"② 邹振环在《京师同文馆及其译书简述》一文中指出："1897 年《时务报》以'重译富国策'为名，重版了这一译本。"③ 为了弄清问题的真相，下面将两个译本的目录和同

---

① 《湘学新报》第 10 册，光绪二十三年六月二十一日（1897 年 7 月 20 日）。
② 李竞能：《论清末西方资产阶级经济学的传入中国》，《经济研究》1979 年第 2 期。
③ 邹振环：《京师同文馆及其译书简述》，《出版史料》1989 年第 2 期。

一原文译句予以对勘比较（见表 2）。

表 2　　　　　　　　　　　　　　**两书目录对照**

卷章	英文目录名称	同文馆本	时务报馆本
卷 1	Production of Wealth	论生财	生财
第 1 章	Introductory Remarks	总论	总论
第 2 章	The Requisites of Production	论生财有三要	三要
第 3 章	Labour as an Agent of Production	论人功	人功
第 4 章	Of Capital	论资本	资本
第 5 章	On the Productive Power of the three Requisites of Production	论三要滋生之力	分合
第 6 章	Production on a Large and on a Small scale	论制造多寡之异	多寡
第 7 章	On the laws which determine the Increase of Production	论增益财用之理	损益
第 8 章	On the Increase of Capital	未译	未译
卷 2	Distribution	论用财	用财
第 1 章	Private Property and Socialism	论制产之义与均富之说	总论
第 2 章	The Classes among Whom Weath is Distributed	论财所自分	角逐
第 3 章	Rents as Determined by Competition	论地租角逐之道	田限
第 4 章	On Wages	论工价	工价

注：法思德英文原著共 4 卷 43 章，汪凤藻译本调整为 3 卷 26 章，而《时务报》馆本为 2 卷 11 章，本表只列两版本共译章节。

通过仔细对照，除了字词上有所差异，可见两者篇章结构基本一致。再看文句内容。

例 1

《富国策》："斯密氏首创是学，名其书曰《邦国财用论》。……清空之气，固生人呼吸之所需，然取之无尽，用之不竭，我非有余，人非不足，即无利于贸易也。水之为物，几于无地无之，亦不得谓之财。然遇通都大邑，人烟稠密之区，雨水不足供其用，则必借人力以运之，于是乎有贸易之利，而水亦居然财矣。安威耳山，泉所自出也，一渠之水，贱与空气等，及其运至都城，迁地不过十数里，而业水遂足以致富。彼纽利佛公司，其明验也。"（卷1《总论》）

《重译富国策》："斯密德者，英人也。首创是学，名之曰《邦国财用论》。……天空之气，生人呼吸之所需也，得之则生，不得则死，其可宝贵，孰大于是。然取之不禁，用之不竭，人非不足，我非有余。不可交易者，非财也。水之为物，无地无之，无人不用，宜水亦非财。然而通都大邑，地狭人稠，雨水不足以供用，则必借人力以运之，而水亦财矣。英国安威耳山，名泉所出，一渠之水，贱与天空气等，及运至伦敦，迁地十余里，而纽利佛自来水公司，遂倚为致富之源。"（卷1《总论》）

例2

《富国策》："一王兴起，征诛得国，辄以地分赐元勋，以为报功之典。今英国犹有世守其赐田者，皆其祖宗所受诸维廉第一者也。夫地以力得，亦必以力守。"（卷2《论地租角逐之道》）

《重译富国策》："伊古兴王崛起，恒以土地分赐元勋。今英国犹有赐田，皆若人之祖宗，受诸维廉第一者也。故其地以力得之，即以力守之。"（卷2《田限》）

通过两个译本的对照，我们可以发现陈炽译述的《重译富国策》与汪凤藻译本《富国策》的确在标题、内容等方面存在许多相似之处。那么，陈炽的《重译富国策》是"重译"，还是对《富国策》"剽窃性"的"重版"，应该如何判断？关于什么是严格意义上的重译？重译与剽窃有何界限？丁锡鹏撰文进行了分析。他认为："重译大致有两种情况：一是不同的译者分头独立翻译、出版同一著作；二是不同译者在不同时间翻译、出版同一著作，后译的目的应该是在于对前译本进行改善。真正的重译理应指后一种情况。……在前译基础上的重译，通常总要研究前译，并可能继承和借鉴，难免有相同之处。如果仅凭译文部分的、表面的词句相同而判为剽窃，很可能造成'冤案'。"正确的做法是根据语言学（即从语言、文字方面寻找线索）和艺术等值性判据（即从文学艺术表现手法、修辞能力高下、对原著的理解等方面考查）的综合。① 我们可以此为依据，对陈炽的《重译富国策》进行判断。从时间上看，汪凤藻首译《富国策》为 1880 年，而陈炽则译于 1896 年，两人在不同的时间内翻译同一本著作，可以说是"重译"。从内容上看，《重译富国策》与同文馆本《富国策》在字句上有雷同，足见陈炽对部分章节的处理上确实参考过汪本，这一点陈炽也承认"与同文馆所译华文，彼此参校"②。在相同的文化背景下，汪凤藻和陈炽对一些问题的看法难免会有重叠之处，但《重译富国策》的大部分内容由陈炽作了发挥，与汪本有所不同。所以，《重译富国策》叫"重译"也未尝不可，而不能轻易下"改头换面地再版""重版"的结论。

---

① 丁锡鹏：《关于重译与剽窃的思考——由前苏联译坛的一桩公案谈起》，《中国翻译》1992 年第 2 期。

② 赵树贵、曾丽雅编：《陈炽集》，中华书局 1997 年版，第 274 页。

英国政治经济学在晚清的境遇

——以《富国策》和《原富》译介为例①

选择汪凤藻和严复以及他们分别翻译的《富国策》和《原富》译著进行比较，主要原因是西方经济学在近代中国的传播和影响中，他们二人厥功甚伟。1880 年，京师同文馆副教习汪凤藻将英国经济学家亨利·法思德（Henry Fawcett）的《政治经济学手册》（*Manual of Political Economy*）译为《富国策》，由同文馆出版。1901 年，天津北洋水师学堂总办严复把英国经济学家亚当·斯密（Adam Smith）的《国民财富的性质和原因的研究》（*An Inquiry into the Nature and Causes of the Wealth of Nations*）译成《原富》，由上海南洋公学译书院出版。这两本译著是晚清中国人翻译的介绍西方经济学的重要著作，影响深远。由于两者相隔二十年左右出版，所以他们对西方经济学的引入和摄取，在心态、目的和结果上有无变化，学术界尚无研究成果进行对比考察。所以，通过对两书的翻译背景、过程、反响进行比较研究，可以透视近代中国人在面临西方冲击而寻求民族独立和国家富强时对西方经济学的态度及认识。

一　翻译背景

陈寅恪说："古人著书立说，皆有所为而发。故其所处之环境，所受

---

① 张登德：《英国政治经济学在晚清的境遇——以〈富国策〉和〈原富〉译介为例》，《安徽师范大学学报》2022 年第 2 期。

之背景，非完全明了，则其学说不易评论。"① 我们在考察汪凤藻和严复翻译西方经济学著作之原因时，要充分考虑他们所处之时代环境。《富国策》和《原富》都是在近代中国寻求富强的前提下译出的。《富国策》是在第二次鸦片战争失败以后，清政府推行洋务新政之时译刻的；《原富》是在中日甲午战争失败后，戊戌维新运动至清末新政举行之时翻译出版的。

（一）《富国策》之译刻

两次鸦片战争的失败给清廷极大的刺激，尤其是与外国签订条约时清廷因缺乏懂外语的中国人，任凭侵略者蒙骗欺诈，导致外交上非常被动。为了培养能够从事对外交涉的人才，清廷于 1862 年设立京师同文馆。因缺乏教材，总教习美国传教士丁韪良督率馆内教习和学生翻译了公法、律例等社会科学和一些自然科学书籍。其中包括他督率汪凤藻翻译的《富国策》一书。

《富国策》英文底本为英国剑桥大学经济学家法思德的《政治经济学手册》一书，初版于 1863 年，后多次再版。丁韪良教授"富国策"时，对法思德比较推崇，认为："法思德，英国当今之名士也，幼而丧明，仍矢志勤学，先充国学教习，嗣擢为国会大臣，凡政务之涉于斯学者，无不与议，遂著此书。"而且该书内容丰富，较为详备，"论此学者，在泰西以英国为最。百年来名家迭出，如斯美氏、梨喀多、弥耳氏等，均未如法思德之详而且明"②。因此，1880 年他督率汪凤藻将该书以《富国策》之名翻译出版，以供学生使用。

有些学者认为《富国策》为丁韪良译、汪凤藻笔述而成。这大概是不相信中国人当时的外语水平，对汪凤藻能否独立翻译持怀疑态度所致。其实，汪凤藻作为同文馆的毕业生，英语和算学成绩突出，并以此升任副教习。曾纪泽称汪凤藻为馆中"通英文生之佼佼者，年富而劬学"，因赏识其之英语与才华，故他受命任出使英、法两国大臣时，曾推荐汪

① 陈寅恪：《冯友兰〈中国哲学史〉上册审查报告》，载《金明馆丛稿二编》，上海古籍出版社 1980 年版，第 247 页。
② 丁韪良：《富国策·凡例》，光绪六年（1880）同文馆聚珍版。

凤藻出任翻译官员，不过汪凤藻"方欲以词章博科第，则姑辞不行"①。丁韪良对汪凤藻的翻译水平也比较认可。1878 年，他对汪凤藻助其翻译《公法便览》便给了很高的评价："兹译以华文而词义尚能明晰者，则汪君芝房凤藻之力为多。芝房既具敏才，复精英文。余为之讲解一切易于领悟。其笔亦足以达之，且能恪遵原本，不减不增，使余省点窜之劳。"②丁韪良在《富国策》凡例中说，"译是书者为同文馆副教习汪生凤藻"，赞叹他"夙擅敏才，既长于汉文，尤精于英文"，"其原书先已熟读，备探秘奥。迨译本脱稿后，复经总教习详加核对"③。可见，汪凤藻熟悉中西之学，有能力完成《富国策》的翻译。

（二）《原富》之翻译

《国富论》为亚当·斯密的代表作，1776 年出版发行。该书在英国及世界风靡一时，"对人类经济思想和社会发展作出了重要贡献"④，许多国家都有它的译本，但为中国所知是在 1877 年。这一年驻英公使郭嵩焘、副使刘锡鸿与在英国考察财政的日本人井上馨等讨论"查考英之税课当看何书"时，曾提到过斯密的《国富论》。刘锡鸿在出使笔记中称《国富论》为《威罗士疴弗呢顺士》，并指出"书言丰裕其国之道"，但是"难于翻译，非习英文者不能阅"⑤。此后，《富国策》《富国养民策》《佐治刍言》《泰西新史揽要》等译作皆曾介绍过斯密学说，但所述多为取之所需，言之不详。

中日甲午战争的失败给清廷朝野上下以沉重的打击，强烈的屈辱感吞噬着国人的心灵，"每言及中东一役，愚父老莫不怆然泣下"⑥。变法图存成为当时社会各界共同的呼声，国内掀起了传播西学的热潮。译书更是受到维新之士的高度重视。马建忠指出译书为"当今之急务"，呼吁中国设立翻译书院；梁启超认为译书为"今日中国欲为自强第一策"。

① 曾纪泽：《使西日记》，湖南人民出版社 1981 年版，第 22—23 页。
② 汪凤藻、凤仪译：《公法便览·丁韪良自序》，光绪三年（1877）同文馆聚珍版。
③ 丁韪良：《富国策·凡例》，光绪六年（1880）同文馆聚珍版。
④ 张登德：《近代中国学界对亚当·斯密的纪念与评论》，《山东师范大学学报》2020 年第 2 期。
⑤ 刘锡鸿：《英轺私记》，岳麓书社 1986 年版，第 120 页。
⑥ 故宫博物院明清档案部编：《义和团档案史料》（上），中华书局 1959 年版，第 178 页。

严复撰文鼓吹变法维新，同时翻译西方著作。他首先翻译了《天演论》，用"物竞天择""适者生存"的社会进化论思想，激发人们的危机意识和民族意识。后他逐渐认识到经济学在国家富强中的作用："计学者，切而言之，则关于中国之贫富；远而论之，则系乎黄种之盛衰。"[①] 而"晚近欧洲富强之效，识者皆归功于计学。计学者首于亚丹斯密氏者也"[②]。于是，从1896年起他开始翻译斯密的《国富论》一书。

严复之所以选择此书进行翻译，主要有四个原因："计学以近代为精密，乃不佞独有取于是书，而以为先事者，盖温故知新之意，一也；其中所指斥当轴之迷谬，多吾国言财政者之所同然，所谓从其后而鞭之，二也；其书于欧亚二洲，始通之情势，英国诸国旧日所用之典章，多所纂引，足资考镜，三也；标一公理，则必有事实为之证喻，不若他书，勃窣理窟，洁净精微，不便浅学，四也。"[③] 同时，严复推崇斯密的自由经济主义学说，认为斯密学说适合当时中国的需要。1899年，他在给南洋公学译书院院长张元济的信中指出：《原富》"系要书，留心时务、讲求经济者所不可不读。盖其中不仅于理财法例及财富情状开山立学，且于银号圜法及农工商诸政，西国成案多所征引。且欧亚互通以来一切商务情形皆多考列，后事之师，端在于此"。此书"所驳斥者多中吾国自古以来言利理财之家病痛"，所以"当日选译特取是书"[④]。所以，他用了近五年的时间将《国富论》翻译成《原富》，由南洋公学译书院出版。

（三）选择英国经济学家著作之翻译原因

《富国策》与《原富》的底本都是英国经济学家的著作。当时德国的马克思的《资本论》和李斯特的《政治经济学的国民体系》在欧洲影响也很大，为何汪凤藻和严复都选择英国著作作为底本进行翻译呢？

林其泉认为，严复不翻译《资本论》而翻译《原富》，要与严复面临的当务之急联系起来考察。《资本论》揭露资本主义经济运动规律和

---

① 严复：《原富·译事例言》，北京时代华文书局2014年版。
② 严复译：《天演论》，科学出版社1971年版，第48页。
③ 严复：《原富·译事例言》，北京时代华文书局2014年版。
④ 卢云昆编选：《社会剧变与规范重建：严复文选》，上海远东出版社1996年版，第530页。

资产阶级剥削无产阶级的秘密，对工人阶级运动起着指导的作用。但严复所在时代，中国民族资本主义发展有限，工人阶级在数量上甚为微弱，他们反对资产阶级的斗争还不占主要位置。因此，严复认为向国人介绍如何发财致富，比向工人阶级宣传如何反对资产阶级剥削和压迫，似乎更为迫切些。① 赖建诚指出，严复选译《国富论》而不选译新古典经济学派的著作，是因为专业所限，知识不足，可能不知道有德国的历史学派可以借鉴。② 皮后锋则认为严复没有选译新古典经济学派的著作，除德语水平不足外，应与他的翻译习惯有关。③ 这些说法尽管有合理的一面，但是分析并不全面。英国经过工业革命以后，经济力量空前强大，成为资本主义世界的强国，而且经济理论也较为成熟。英国遍布世界的殖民扩张，使东方落后国家接触较多的外国人即为英国人。唐庆增曾指出：晚清时期中国译本原文多为英文本，"其原因极易了解。以西洋各国文字论，英文较易通晓。当时国人中以研习英文者居多，实为文字关系也。其次则因当时国人之政治及经济心理上，崇尚英人较对余国为深。英国与我国通商甚早。往来既烦，所知者亦较多。同时外交上着着失败，以英人压迫之势力为最大。不知不觉间乃养成此种心理，以为英国乃富强之国，在在足资取法也。又其时同文馆及制造局多系聘英人为顾问，故所译书籍，泰半为英国经济家所著。其思想皆不脱英国经典派色彩；绝无德、法、意诸国之经济思想，掺杂其间"④。颜德如指出："近代中国知识分子引介西方思想主要在两种语言世界进行：一个是英语世界，另一个是日语世界。早期以从英语世界引入西方思想为主，后来变为从日语世界输入为主。由于中西学之交流，一个无法逾越的障碍就是语言文字之隔膜。因此，学习西文是进行翻译的前提。"⑤ 京师同文馆和福州

① 林其泉：《简议严复对〈原富〉的翻译》，《中国社会经济史研究》1993 年第 4 期。
② 赖建诚：《亚当·斯密与严复：〈国富论〉与中国》，浙江大学出版社 2009 年版，第 139 页。
③ 皮后锋：《〈原富〉的翻译与传播》，《汉学研究》2000 年第 1 期。
④ 唐庆增：《清代泰西输入我国之经济思想》，载《中国经济问题》，商务印书馆 1929 年版，第 323 页。
⑤ 颜德如：《严复翻译思想新探》，载刘晓琴、江沛主编《严复与近代中国社会文化》，天津人民出版社 2015 年版，第 175—176 页。

船政学堂都将英语作为必修课。在丁韪良看来，当时世界经济发展潮流以英国为首，因此他在同文馆选择英国经济学著作讲授而不是其他国家之书。汪凤藻在上海广方言馆时就是英语高才生，到京师同文馆后更是因英语成绩优秀而升为副教习、译书纂修官。严复在福州船政学堂经过5年的学习，不仅具备了与当时大多数中国人不同的知识结构，而且英语水平也得到了较大提高。驻英公使郭嵩焘说严复外语"胜于译员"[1]。而且严复曾去英国留学二年，自然较为关注英国学者的著作。

总之，《富国策》是由丁韪良负责选择的底本，再由汪凤藻翻译而成，目的是为同文馆学生提供经济学科教材，后呈递总理各国事务大臣批阅，"蒙命付梓"，并由总理衙门大臣崇礼作序，属于官方行为。严复翻译《原富》是自选底本，目的是开启民智，振衰起弱，借着翻译斯密之书来强调求富的重要，以为中国的经济变革提出一条发展资本主义的路径；后由吴汝纶作序，经南洋公学译书院出版，属于自发行为。

二 翻译过程

汪凤藻从何时起开始翻译《富国策》，目前尚无明确资料证明，但是他经过"熟读备探秘奥"原著后才译成是肯定无疑的。《富国策》翻译出版后，山东登州文会馆、上海中西书院等学校都曾作为教材。严复所在的福州船政学堂以培养海军人才为目的，所开课程以自然科学类为主。至于严复是否读过《富国策》尚难以确定，但是他听说过该书。他曾说："曩闻友人言，已译之书，如《谭天》、如《万国公法》、如《富国策》，皆纰缪层出，开卷即见。夫如是，非读译书者，作读西书，乃读中土所以意自撰之书而已。敝精神为之，不亦可笑耶？"[2] 严复认识到当时包括《富国策》在内的译作，在质量上都存在重大欠缺，可能会对不谙西文的学者造成误导。因此，严复从1896年开始筹划翻译《原富》，利用五年左右时间译成；而且他和张元济在出版前就反复商量，确定译名的规范化问题，可见严复对翻译《原富》一书的重视。

---

① 郭嵩焘：《伦敦与巴黎日记》，岳麓书社1984年版，第880页。
② 王栻主编：《严复集》（一），中华书局1986年版，第90—91页。

（一）两书都不是完整地全文翻译，对原著有所调整

汪凤藻在翻译《富国策》时，并不是严格按照全文翻译，而是对原著有所调整。唐庆增指出《富国策》原书"固非第一流著作"，而译者"尤多创造"①。陈炽通过友人将《富国策》的英文原本与同文馆的中译本进行比较，"始知原文闳肆博辨，文品在管墨之间"，而同文馆本的翻译者却"弃菁英，存糟粕"，原书中的"名言精理，百无一存"②。虽然陈炽的评价有点过分，但也说明了《富国策》不是完整翻译。汪凤藻的译文与原著之间主要表现在三个方面：一是对原著内容的大量删削；二是译文中掺杂了不少汪凤藻的意见；三是对原著作了一些调整。③

严复对于原书略有删节，但基本上是完整的。④ 据严复自称，《原富》的译法与《天演论》有很大不同，"下笔之顷，虽于全节文理不能不融会贯通为之，然于辞义之间无所颠倒附益"。不过，严复所译《原富》，所加按语甚多，足有三百多条，计六万多字，很大程度上阐发了他对亚当·斯密学说的认识。严复曾为自己在翻译中夹批注的做法给以解释："每见斯密之言于时事有关合者，或于己意有所怅触，辄为案论。丁宁反覆，不自觉其言之长，而辞之激也。"⑤ 严复所加按语表达了其经济思想，对革除积弊，发展民族资本主义经济，具有重要的现实意义。汪凤藻在《富国策》中没有明确添加按语，只是在一些地方用括号形式说明费解之处。这是两书明显的不同之处。

（二）对具体名词和斯密赋税学说的翻译

作为能够独立从事翻译西方经济学著作的中国人，汪凤藻和严复是如何认识经济学理论的，我们可以从具体词汇和关于亚当·斯密赋税理论的翻译段落来分析两者之间的异同。

对"经济学"的翻译，汪凤藻将其译为"富国策"。他不仅将法思

---

① 唐庆增：《清代泰西输入我国之经济思想》，载《中国经济问题》，商务印书馆1929年版，第320页。

② 赵树贵、曾丽雅编：《陈炽集》，中华书局1997年版，第274—275页。

③ 张登德：《求富与近代经济学中国解读的最初视角：〈富国策〉的译刊与传播》，黄山书社2009年版，第164—177页。

④ 皮后锋：《〈原富〉的翻译与传播》，《汉学研究》2000年第1期。

⑤ 严复：《原富·译事例言》，北京时代华文书局2014年版。

德之著作译成《富国策》，而且在翻译中凡遇到"Political Economy"之时皆译为"富国策"。为何如此翻译，汪凤藻没有指明原因，大概与总教习丁韪良在同文馆课程中有"富国策"课和当时社会背景有关。"富国策"概念词汇的选择，反映了当时中国人渴求富强的心理。马敏曾说：一些关键词汇的演变与内涵，"不单纯是一个孤立的语言现象，而实为社会转型与文化变迁所留下的'符号'，其中包含极其丰富的社会内容和文化意蕴"，因此，应从社会史的角度深入探讨这一词汇背后所涉及的广泛和深刻的社会变动，从更深层次的社会关系结构性变动中把握这一词所积淀的社会内涵。[①] 19 世纪 60 年代开始的洋务运动就是围绕"求强""求富"这个中心开展的。"富""富国""国富""富强"等字汇更是频频出现在时人的言论和著述之中。而且中国古代词汇中即有"富国"和"富国策"。例如，《荀子》中有《富国》篇，包含了其政治、经济治国及理财思想。北宋思想家李觏写过《富国策》十篇，提出了一些发展经济的办法。可见，经济学确实同富国有关。赵靖认为，"中国古代对经济问题的研究，不是在'经济学'的范畴下，而主要是在富国的旗号下进行的"[②]；"富国之道与富国之学基本同义；富国之策意思是对富国的划策、献策，它不仅包括对具体方案、措施的建议，也多有理论上的说明、论证以及有关是非、当否的议论和评价。因此富国之策主要也属于学理的范畴，而不是政策的范畴。……在治生之学不受重视，而它自身也越来越失去活力的情况下，富国之学成了漫长历史时期中国传统经济思想的主要理论形式。因此，当19世纪后半期开始接触到从西方传入的经济学或政治经济学时，中国人士就从自己习惯的形式出发，把它译为'富国策'或'富国学'"[③]。与洋务派提出的"富国强兵"口号相呼应，汪凤藻把西方经济学理解为"富国策"也就顺理成章了。

严复在翻译《原富》之前，经济学已有"富国策""富国养民策""理财""平准"等译名，但严复不赞同前人的看法。他在为《原富》撰

① 付海晏：《十年磨一剑：马敏教授访谈录》，《历史教学》2004 年第 1 期。
② 赵靖：《中国古代的"经济学"和富国学》，《燕京学报》1995 年第 1 期。
③ 赵靖：《学术开拓的主要路标——赵靖文集》，北京大学出版社 2005 年版，第 121—122 页。

写的"译事例言"中用很大篇幅讨论"计学"译名问题。他说:"计学,西名叶科诺密,本希腊语。叶科此言家,诺密为聂摩之转。此言治言计,则其义始于治家。引而申之,为凡料量经纪撙节出纳之事;扩而充之,为邦国天下生食为用之经。盖其训之所苞至众,故日本译之以经济,中国译之以理财。顾必求吻合,则经济既嫌太廓,而理财又为过狭,自我作故,乃以计学当之。"① 严复之后,梁启超曾将经济学称为"资生学""理财学""富国学""平准学"等,后随着日译词汇的输入和流行,以上称谓逐渐为"经济学"所代替。

An Inquiry into the Nature and Causes of the Wealth of Nations 在晚清有《威罗士疴弗呢顺士》《富国策》《邦国财用论》《邦国探源论》等译法。其中《邦国财用论》是汪凤藻在《富国策》中对亚当·斯密《国富论》的译法。但严复没有沿用前人译法,而是将其翻译为《原富》。"原"即推求、察究之意,"原富"就是探求富强之原因。严复认为,这一简明扼要的书名,足以概括斯密原著的主要内容,即"察究财利之性情、贫富之因果,著国财所由出";同时纠正国人"重义轻利"的偏见,鼓励国人积极致富。

赋税理论是《国富论》书中的重要理论。《富国策》和《原富》中都有此理论的翻译。其中《国富论》英文原文如下:

2 \ The tax which each individual is bound to pay ought to be certain, and not arbitrary. The time of payment, the manner of payment, the quantity to be paid, ought all to be clear and plain to the contributor, and to every other person. Where it is otherwise, every person subject to the tax is put more or less in the power of the tax-gatherer, who can either aggravate the tax upon any obnoxious contributor, or extort, by the terror of such aggravation, some present or perquisite to himself. The uncertainty of taxation encourages the insolence and favours the corruption of an order of men who are naturally unpopular, even where they are neither insolent nor cor-

① 严复:《原富·译事例言》,北京时代华文书局 2014 年版。

rupt. The certainty of what each individual ought to pay is, in taxation, a matter of so great importance, that a very considerable degree of inequality, it appears, I believe, from the experience of all nations, is not near so great an evil as a very small degree of uncertainty. ①

《富国策》译文：

二、取民有常制。举凡征税之时，输税之法，纳税之数，务使较若划一，通国皆知，庶几无弊，否则权在胥吏，意为重轻，逼勒需索，无所不至，而民不聊生矣。盖胥吏之徒，虽洁己奉公，犹为小民之所恶，况税无常制，更有以启贪而纵其暴乎！故无常之害，尤甚于不均焉。②

《原富》译文：

二日信。赋必以信，信于时，信于多寡，信于疏数。上既定一赋之令矣，国之民所必供而不可以免，使取之不以信，斯大乱之道也。纳于何地，收以何人，输赋之月日，征收计量之何若，出财之多寡，必昭昭揭诸国门，使国之人共知之。设其不然，则出赋之民必为催科索赋者之所捉搦操持，所喜者便之，所恶者大不便之，不便之可畏，则胥吏之囊橐肥矣。故赋不信者，其吏必污，其民必病，欲不污不病，不可得也。信以赋民，国家所不可不谨守而力行之者也。吾尝遍观有国者之赋政，知不平民犹可忍也，至于无信，其民未有能忍之者矣。③

《国富论》（白话文）译文：

---

① ［英］亚当·斯密：《国富论》（英文版），陕西人民出版社 2005 年版，第 756 页。
② 汪凤藻译：《富国策》卷 3，光绪六年（1880）京师同文馆聚珍版。
③ ［英］亚当·斯密：《原富》，严复译，北京时代华文书局 2014 年版，第 610 页。

二、各国民应当完纳的赋税，必须是确定的，不得随意变更。完纳的日期，完纳的方法，完纳的额数，都应当让一切纳税者及其他的人了解得十分清楚明白。如果不然，每个纳税人，就多少不免为税吏的权力所左右；税吏会借端加重赋税，或者利用加重赋税的恐吓，勒索赠物或贿赂。赋税如不确定，哪怕是不专横不腐化的税吏，也会由此变成专横与腐化；何况他们这类人本来就是不得人心的。据一切国家的经验，我相信，赋税虽不再平等，其害民尚小，赋税稍不确定，其害民实大。确定人民应纳的税额，是非常重要的事情。①

对比汪凤藻、严复与郭大力、王亚南的白话文译本的相关翻译，可见他们表达的意思基本一致。基本的差异是：从篇幅上来看，愈新的译本译得越长；汪凤藻的翻译较为简化，严复的译文有添加之处（如下画线处）。对传达原文观点来说，汪凤藻和严复都对原著有改写或扭曲。

除以上翻译有所区别外，汪凤藻和严复在译介时各显才能，创造出很多名词和专门词汇的译法。汪凤藻在翻译《富国策》时，把工资（wages）译为"工价"，劳动力（labor）译为"人功"，社会主义（socialism）译为"均富"，流动资本（Circulating capital）译为"运本"，固定资本（fixed capital）译为"恒本"等。马尔萨斯提出的控制人口的两个办法：positive prevent（积极的限制）汪凤藻译为"天数"，preventive（预防的限制）译为"人事"。这些经济用语，用现在的眼光来看不是很成功的，后来没有一个流传下来。而严复在翻译《原富》时，既没有借鉴《富国策》的词汇译法，也未多使用日本创造的新词，而是有意用中国古书中的一些词汇来对应。例如，将资本（capital）译为"母财"，自由贸易（free trade）译为"大通商法"，原料（raw material）译作"生货"，制成品（manufactured goods）译作"熟货"，银行（bank）译为"版克"，重商主义（mercantile system）译成"商宗计学"，重农主义

---

① ［英］亚当·斯密：《国民财富的性质和原因的研究》（下），郭大力、王亚南译，商务印书馆 1974 年版，第 385 页。

（agricultural system）译成"农宗计学"，货币（money）译成"泉币"，工资（wages）译为"庸"，利润（profits）译为"赢"等。这些译法，与现代译有法很大的差距。所以，严复使用的不少词汇，除少量名词为学界沿用外，"绝大多数都竞争不过从日本转译的新名词"，商务印书馆在严复8种译著后附《中西译名表》共482条新词，仅有56条被学界采纳。[①] 实际上有些经济词汇的翻译，如对资本、利息、合同、财富、价值等的使用和分析，汪凤藻在《富国策》中的译法比较准确，只不过当时学界多从日本输入新词，而没有关注汪凤藻的翻译罢了。

汪凤藻和严复在翻译时都用了文言文，因此在寻找与西方经济学观点和词汇相对应的译词时，就必须要在中国古代文献中找寻。这样使人难以了解原著的真正含义，不得不使译著与原文的距离更大。胡寄窗指出："1902 年以前的译本，大都用文言文意译而成，对原书内容既有所省略，同时又常运用我国传统的旧经济概念与术语来附会外来经济学说，更使人难于理解原著的真正涵义，也不易看出中西经济思想之区别。"[②] 汪凤藻翻译《富国策》时用文言文翻译，可以理解。严复翻译时很多维新志士提倡白话文，但严复仍然采用文言文、而非白话文来翻译。对此，梁启超曾表示《原富》译文过于追求文章的华丽典雅，致使深奥难解："吾辈所犹有憾者，其文章太务渊雅，刻意摹仿先秦文体，非多读古书之人，一翻殆难索解。……著译之业，将以播文明思想于国民也，非为藏山不朽之名誉也。文人结习，吾不能为贤者讳矣。"[③] 梁启超赞同《富国策》译介的开创意义，但是他在《读西学书法》文中认为此书的翻译与英国传教士艾约瑟翻译的《富国养民策》一样"译笔皆劣"。梁启超本身不懂英语，并没有亲自将《富国策》与原著对比翻译，如此评价难免失之公允。但是两书采用中国经济术语和传统的表达方式，使人很难弄清中国经济思想与西方之间的区别，自然减少了大众的兴趣和注意。

两人虽都曾从事西方经济学著作的翻译，但在翻译思想、选材取向、

---

① 熊月之：《西学东渐与晚清社会》，上海人民出版社 1994 年版，第 700—701 页。

② 胡寄窗：《胡寄窗文集》，中国财政经济出版社 1995 年版，第 637 页。

③ 罗耀九主编：《严复年谱新编》，鹭江出版社 2004 年版，第 142 页。

技巧及表现形式上，都存在着很大的差异。汪凤藻对《富国策》的翻译没有选择权，只是在丁韪良指导下翻译的，以满足馆内学生的需要。严复对《原富》的选择翻译包含着深刻的思想。他译《原富》是为中国富强提供借鉴。同时，严复还在书中撰写"例言"和三百多条按语，表达自己的经济思想，这是汪凤藻难以望其项背的。

三　译作反应

两书翻译出版后都有一定的反响。《富国策》翻译出版后，引起了人们的广泛关注。除了京师同文馆在 1880 年以聚珍版的形式出版外，《富国策》后来曾被多次刊刻翻印。《湘学新报》（1897）、《东西学书录》（1902）、《中国学塾会书目》（1903）等书报分别给予了评介；《皇朝蓄艾文编》（1903）收录了该书的部分内容。1896 年陈炽与朋友重译《富国策》并在《时务报》上连载。梁启超在 1896 年将同文馆译本《富国策》收入《西学书目表》商政类书中，并在《读西学书法》中评价《富国策》。1897 年在《无锡白话报》中，梁溪勿我室主人以白话文的形式推演了同文馆《富国策》译本。可见，《富国策》的翻译刊行，对近代中国社会产生一定的影响。

《富国策》出版之后二十余年，严复翻译的《原富》也顺利出版，并立即引起了社会的巨大反响。人们趋之若鹜，唯求"案头置一编以立懂于新学场也"[1]。梁启超在《新民丛报》上撰文为该书做广告："严氏于中学西学，皆为我国第一流人物，此书复经数年之心力，屡易其稿，然后出世，其精美更何待言！"桐城派文学家吴汝纶这样的旧派人物也赞叹此书"思如芭蕉，智如泉涌"，"真济世之奇构"。浙江士人孙宝瑄在《忘山庐日记》中大段摘抄《原富》内容并作评论。浙江、湖南、广东、上海等地都先后出现了私人书铺翻印《原富》一书的情况。在清末科举考试中，出现以《原富》内容为题的试题；读书人喜欢在考试中大量引用《原富》内容。不过，俞政对《原富》的影响作了深入研究后指

---

[1]　孙应祥：《严复年谱》，福建人民出版社 2003 年版，第 194 页。

出，它"局限在文化素养高而且喜爱西学的维新知识分子中。因此可以这样说，《原富》影响的范围比较小，但它影响的社会层次则比较高"[1]。可谓对《原富》影响的客观评价。

可见，《富国策》与《原富》的主要影响都是在1895—1905年这十年间。这与当时中国政治经济形势密切相关。中日甲午战争以后，进一步寻求国家富强的主题再次摆在国人面前。"这也反映了近代国家在弱肉强食的游戏规则下只有'寻求富强'这一条路可走。"[2] 清廷放宽了对民族资本主义经济发展的政策，但是外国资本大肆向中国输入商品，控制中国市场，又阻碍着民族资本的发展；封建官府对民族企业的压制仍很严重。因此，追求变法的维新派开始呼吁经济自由主义思想，并将此作为他们描绘中国经济前景的理论依据，从而在近代中国激荡起一股极有冲击力的要求经济自由的思潮。《富国策》是"对自由主义经济学的标准解说"，原著者法思德也被称颂为"自由主义经济的旗手"[3]；严复推崇亚当·斯密的经济自由思想，并反复强调经济自由对国家富强的重要性和必要性等，自然引起了人们的关注。但是总体来讲，两书所宣传的自由竞争、自由贸易理论，不适合当时中国的国情。这是两书最终传播不广、影响有限的共同原因之一。

19世纪末20世纪初的中国，缺少实行自由贸易理论的历史条件。当时中国工业落后，处于被掠夺的境地。在这样的条件下同西方国家进行自由贸易，就是给列强以侵略自由，只能使中国的民族经济遭到进一步破坏。因此，面对外国资本主义的经济侵略，维护民族权益，保护民族工业和保护关税的现实选择无疑是正确的，故在此时宣传自由贸易理论，自然反响有限了。褚葆一曾论证丁韪良督率汪凤藻翻译的《富国策》中宣扬的自由竞争、自由贸易理论是为资本主义国家经济侵略行为

① 俞政：《严译〈原富〉的社会反应》，载王晓秋主编《戊戌维新与近代中国的变革》，社会科学文献出版社2000年版，第651页。

② 王天根：《媒介品牌视野下近代新闻纸发展探索》，《山东师范大学学报》2020年第3期。

③ ［日］狭间直树编：《梁启超·明治日本·西方：日本京都大学人文科学研究所共同研究报告》，社会科学文献出版社2001年版，第219—220页。

辩护，目的"不是要使中国发展工业，而是要使中国永远处于半封建半殖民地的状态"①。德国经济学家李斯特的《政治经济学的国民体系》也在 20 世纪初年传到中国。李斯特从社会发展五阶段说出发，认为在经济较为落后的国家不能采用自由贸易政策，而应采取保护贸易政策，以扶植国内生产力，提出与亚当·斯密自由贸易学说相对立的一套发展民族经济的思想。李斯特对自由贸易的攻击，引起当时不少中国人的共鸣。原来推崇自由贸易学说的梁启超到 1902 年后开始对该说采取敬而远之的态度。他在 1902 年所写《生计学学说沿革小史》中谈到读亚当·斯密的书应该"审其时、衡其势"，"斯密之言，治当时欧洲之良药，而非治今日中国之良药也"，而且"重商主义，在十六世纪以后之欧洲，诚不免阻生计界之进步，若移植于今日之中国，则诚救时之不二法门也"②。当然，一个国家无论是推行自由主义经济政策，还是贸易保护政策，其共同的前提条件是主权独立。近代中国主权沦丧，决定了在中国实行贸易保护政策也很难行得通。

　　唐庆增曾分析清末经济学译著没有在中国思想界产生重大影响的原因。他指出"社会人士，鄙视夷狄之心理，犹未尽泯灭""其时国民程度，当较目前更为幼稚，不能领略西洋学说之佳处""国人忙于政治问题，更无暇作学术上之详细研究""科举之毒，实亦应负几分之责任""介绍者本身所用方法，亦未尽妥善"五个原因，影响经济学译著的传播。③ 这几种原因值得借鉴，可以用来分析《富国策》和《原富》在晚清时期的社会反响。

　　民国时期，很少有人关注《富国策》，而《原富》仍然为学者所重视。商务印书馆曾多次重版《原富》。有些学者分析严复译《原富》的文笔和翻译方式。中华人民共和国成立后，学界对于两者的关系也有评价。例如，莫世祥指出，在《原富》出版之前，汪凤藻在 1880 年把英国人法思德的讲稿翻译为《富国策》出版，英国政治经济学说开始传入

---

　　① 褚葆一：《资产阶级自由贸易理论批判》，上海人民出版社 1956 年版，第 47 页。

　　② 梁启超：《饮冰室合集》文集之十二，中华书局 1989 年版，第 34、21 页。

　　③ 唐庆增：《清代泰西输入我国之经济思想》，载《中国经济问题》，商务印书馆 1929 年版，第 326 页。

中国。但"就学术价值及社会影响而言,《原富》远胜于《富国策》",因为《原富》第一次将英国古典政治经济学的一部名著较为完整地翻译成中文,再加上六万多字的按语,"这就使《原富》成为记载近代中外经济思想交流历程的重要经济学著作"①。沈福伟认为,在 1902 年严复《原富》译文正式发表以前,"《富国策》在中国知识界被认为是一本讲商情商理最为透辟,讲理财学繁简得中的佳作。……在清末 10 多年中,一直被当作新式学校的教科书加以推广,其社会效应远较《原富》为广"②。前者讲从学术价值角度看,《原富》胜于《富国策》;后者主要从社会普及度方面说,认为《富国策》作为教材的社会效应高于《原富》。当然,由于时空和历史语境的不同,晚清、民国、中华人民共和国时期,学界对《富国策》和《原富》的认识虽然有些变化,但这也说明两书在当时仍然具有一定的影响力。

结　语

汪凤藻和严复两人分别在翻译《富国策》和《原富》之前,已经具有扎实的知识储备、较高的语言能力和系统的翻译训练。具体来说,汪凤藻在上海广方言馆和京师同文馆学习、任教,曾协助丁韪良翻译《公法便览》;严复在福州船政学堂学习和留学英国,曾翻译《天演论》。可见,两人共同受益于洋务教育,属于中国近代新型知识分子,不仅英语水平高,西学知识丰富,而且中文基础扎实,所以他们能够独立翻译《富国策》和《原富》,改变了过去"西译中述"的翻译方式,代表晚清中国人向西方学习的重要进步。当然,虽然两人都翻译了西方经济学著作,但暂无史料证明两人之间存在交往。不过,严复在翻译《原富》之前,曾听朋友讲《富国策》的翻译存在不少错误和意撰之处,至于他是否读过《富国策》,暂无史料证明。《原富》从 1901 年至 1902 年 11 月

① 莫世祥:《开放经济的比较优势:珠江口特区群及台湾的实证》,中国时代经济出版社 2003 年版,第 232 页。
② 沈福伟:《西方文化与中国:1793—2000》,上海教育出版社 2003 年版,第 113—114 页。

陆续在上海南洋公学译书院出版时，适逢汪凤藻担任南洋公学的代总理、总理。所以，《原富》的出版固然与译书院院长张元济的支持有关，但时任总办汪凤藻的同意更为关键。

《富国策》和《原富》对近代中国社会产生了重要影响，使得中国人系统了解西方的经济学说，改变了他们的知识结构，并逐渐认识到经济学对国家富强的重要性。不过，对于汪凤藻来说，虽然翻译《富国策》，但思想很少受其影响；严复则在翻译《原富》时加了 6 万多字的按语，且深受斯密影响，成为近代中国经济自由主义的典型代表。当然，由于近代中国的经济社会文化等条件，与《富国策》和《原富》的要求相距太远，加之种种原因，所以两书的影响都是有限的。不过，正是由于汪凤藻和严复的翻译，《政治经济学手册》和《国富论》的影响和生命力变得更加广阔深远。

后　记

在完成《富国策》整理和校注后，我对《富国策》的研究终于告一段落。

2001 年，在北京师范大学历史系跟随龚书铎先生读博期间，因研究的需要，我开始接触《富国策》一书。龚先生知道我曾经做过关于早期维新思想家陈炽的研究论文后说，学术界知道陈炽著有《续富国策》一书，但具体如何"续"，《富国策》是怎样一本书，学界还缺乏认识和研究，如果把这个问题弄清楚，就是一个很大的学术贡献。受此启发，我时刻思考如何解决这个问题。恰好，北京师范大学图书馆藏有京师同文馆 1880 年出版的《富国策》。我如获至宝，经常翻阅，研究思路日渐清晰。为了便于日后研读，我用了大约三个月时间从图书馆古籍部将此书三卷予以仔细完整抄录。后来，我又借到国家图书馆藏的《富国策》英文原版来阅读和研究。在此基础之上，我顺利完成博士论文中"《续富国策》与《富国策》关系"章节的研究，并得到龚先生的肯定。2003 年 7 月入职山东师范大学历史系后，我继续进行《富国策》的资料搜集并做了相关研究，撰成《求富与近代经济学中国解读的最初视角——〈富国策〉的译刊与传播》（黄山书社 2009 年版）一书，系统地研究了《富国策》在近代中国的翻译、传播及影响。龚先生专门为拙作写了序言，指出这一研究"弥补了学界的不足"，是"到目前为止第一部研究《富国策》的专著，其学术价值是不言而喻的"，同时通过此书研究"借以考察西方经济学说在近代中国的传播和影响，不仅对拓展中国近代经济思想史的研究具有重要的学术价值，同时对我们学习马克思主义经济学说也有帮助"。此后，我仍未放弃对《富国策》及相关资料和研究成果的关注。

看着当年手抄的《富国策》资料，我感慨万千，有时将此资料放在地下室，有时又拿上来，总觉得放在手上有点可惜。其间，曾经有中南财经政法大学的博士研究生为毕业论文校对引文和注释时，需要查看这一版本的内容，给我来电子邮件希望能借阅相关内容。学术乃天下之公器。我不是狭隘之人，不会垄断资料的，欣然将所有手抄资料用手机拍照后给其用邮件发过去。近几年来，虽然学界对于《富国策》的资料整理有了部分成果出版，但仍存在一些问题。加之国家提倡我国文化"引进来""走出去"，实现中外文明互鉴，我更感受到有必要将此资料共享于国内外学界。直到今年夏天，在山东师范大学学报（社会科学版）编辑部和马克思主义学院的支持下，才有了出版的机会。

本书能够完成，还要感谢很多师友热心的帮助和支持。

首先，我要感谢导师龚书铎先生。如果当年没有龚先生的启发、指导和鼓励，《富国策》的相关研究工作就很难开展和进行。遗憾的是，当我校注的《富国策》问世之时，敬爱的龚先生已经去世十多年了。

其次，感谢对相关资料提供支持和帮助的师友。当年与我一起在北师大读博的外国语学院覃修桂教授（时为广西师范大学教授）帮助我从国家图书馆借出《富国策》英文原版。在中国人民大学读博的黄延敏，帮助我复印了《富国策》的其他英文版本。在复旦大学读博的陈海静帮助我复印了《无锡白话报》上的白话文《富国策》。《富国须知》的查阅，得到了山东大学图书馆馆长赵兴胜及古籍部主任穆允军的支持。山东师范大学外国语学院李玉麟老师，近80岁了，不辞辛劳地帮助我校订了《富国策》原书英文序言和相关摘要的翻译。我的研究生张健伟、杨晓晨、毕灵杰、杨书洁、刘明珠、顾淑娟等人帮我把《富国策》、白话文《富国策》《富国须知》《富国策》原书英文摘要等录入电脑。正是这些师友、学生的热情帮助，才使本书顺利成稿。

再者，在学报编辑部工作中，李宗刚主任一直鼓励大家要编研结合。当同仁得知我有这部书稿和出版愿望后，经常给予关心和督促。山东师范大学马克思主义学院王增福院长积极支持这部书稿出版，同意通过山东师范大学马克思主义学院"双一流"学科建设经费予以资助。中国社会科学出版社的编辑刘芳老师精心编校，使本书增色不少。我挚爱的家人也给我宽松的时间进行反复校注和修改。在此一并表示诚挚的感谢。

需要补充的是，本书出版之时，适逢我考入大学 30 周年。当年考入苏州铁道师范学院这所铁道部直属的高等师范院校时，在美丽的苏州石湖校区秉承"勤奋 严谨 团结 奉献"的校训，唱着"我们来自四面八方，在姑苏城外播种理想；美丽的铁道师院，是我们成长的地方"的校歌，我打下了历史学的初步基础。教授我们历史 93 级的老师们，尤其是中国近代史、现代史、中华人民共和国史的陈晓东、朱小田、李占才、胡绳玉等老师，勤奋传道、授业、解惑，使我坚定了以后选择中国近现代史的考研方向。1997 年，把我引进学术研究道路的硕士研究生导师山东师范大学孙占元教授，以及授课老师李宏生、郭大松、田海林等的引导，使我初步感受到了历史研究的乐趣。

同时，本书出版恰逢我博士毕业 20 周年。回想在北京师范大学读博期间，年事已高的龚先生孜孜不倦为我们讲授中国近代文化史专题，随先生畅游学术海洋的惬意和追求；课后我们同一专业博士生坦诚相待，相互激励，全力以赴赶写论文，唯恐不能达到"学为人师，行为世范"师大校训的目标；写作间隙，与覃修桂、孔凡保、李京廉、吴高歌、韩益民、张荣强、曹永知等不同专业的博士生（后）在师大校园内打羽毛球锻炼身心，与吴高歌在宿舍内观看当时热播的电视剧《情深深雨蒙蒙》等，这一切如在昨日……

2023 年亦是《富国策》英文底本 *Manual of Political Economy* 出版 160 周年（1863—2023）之际。估计英国学界也不一定想到当年出版的这本政治经济学普及读物，能在中国产生这样大的影响。所以，本书的出版，无论是从资料性还是学术性上说，无论是对中国读者还是英国读者，都具有较高的价值和意义。我真诚地希望本书的出版能够为国内外学界相关研究尽一点绵薄之力。

张登德

2022 年 10 月 23 日